Adolf Bastian

Der Völkergedanke im Aufbau einer Wissenschaft vom Menschen

Adolf Bastian

Der Völkergedanke im Aufbau einer Wissenschaft vom Menschen

ISBN/EAN: 9783743325814

Hergestellt in Europa, USA, Kanada, Australien, Japan

Cover: Foto ©ninafisch / pixelio.de

Manufactured and distributed by brebook publishing software
(www.brebook.com)

Adolf Bastian

Der Völkergedanke im Aufbau einer Wissenschaft vom Menschen

DER VÖLKERGEDANKE

IM AUFBAU EINER

WISSENSCHAFT VOM MENSCHEN

UND

SEINE BEGRÜNDUNG AUF

ETHNOLOGISCHE SAMMLUNGEN.

BERLIN

FERD. DÜMMLERS VERLAGSBUCHHANDLUNG

HARRWITZ UND GOSSMANN

1881.

Vorwort.

Es ist Nichts Neues unter der Sonne! Diesem Spruche der Volksweisheit steht das Wort des Dichterfürsten gegenüber: „Gar manche Dinge giebt es zwischen Himmel und Erde, von denen sich die Philosophen nichts träumen lassen". Noch nichts, müsste es heissen. Denn eines schönen Tages oder in einer stillen, ruhigen Nacht kommt es über sie im Traum, — in keimschwangerer Mutternacht vielleicht (jener modranecht, die dem Morgen vorhergeht), — und was sich dann in dunkler Nacht traumhaft vor dem Geist erhoben, das, unter den Arbeiten im Tageslicht, beginnt sodann Gestalt zu gewinnen, dem Verständniss sich zu nahen in klareren Anschauungen.

Sie sind ein Neues zwar; neu aber nur in dem Grade der Entfaltung, denn jedem Traume schon liegt ein Wirkliches voran, das dorthin seine Schatten geworfen, und dem Keime nach war das Neue also bereits vorhanden gewesen, mithin nichts neues an sich, neu nur im zeugenden Gang der Entwicklung. Und so bliebe es wahr, „nichts Neues unter der Sonne", weil nichts Neues sein kann, innerhalb eines fest geregelten Abschlusses, wo Alles nach nothwendiger Gesetzlichkeit zusammenwirkt. Wie tief das menschliche Auge dort hineinblickt, bleibt von seiner Geübtheit und Ausbildung abhängig, und ihm mag dennoch manch Neues auftauchen, neu nicht deshalb, weil vorher nicht vorhanden, sondern neu insofern, als bis dahin nicht gesehen.

a*

Auch für den in der Nähe bereits geschärften Blick, muss Manches unsichtbar bleiben, wenn der Standpunkt einer weiten Umschau fehlt. Dies zeigt sich in den in überraschender Fülle immer neu vermehrten Entdeckungen, wie sie aus dem in der Ethnologie angesammelten Material hervortreten, und innerhalb des früheren den Hauptlinien nach auf den alten Orbis terrarum beschränkten Horizont, schon deshalb nicht gesehen sein konnten, weil eben ausserhalb des Gesichtskreises fallend, — Neues überall, und doch wieder nichts Neues, da vielmehr die Ethnologie im Gegentheil das Gleiche durchweg in Gleichungen bestätigt. Aus neuen Gleichungen freilich werden neu veränderte Resultate herauszurechnen sein.

Manche der bisher als grundlegend geltenden Prinzipien in der Religions-[1]) oder Rechtsgeschichte werden eine durchgreifende Umgestaltung zu erfahren haben, seitdem in den aus allen Theilen des Globus zusammenströmenden Betrachtungen Gelegenheit gegeben ist, die verschiedenen Entwicklungsstufen in mannigfachsten Wandlungen unter und gegen einander nach relativen Gültigkeitswerthen abzuschätzen und zu bestimmen.

Es stehen hier vielerlei Reformen bevor, die auch in das practische Leben vielleicht, tief werden eingreifen müssen, wenn die naturgemäss geschichtliche Entwicklung der gesellschaftlichen Zustände betreffend. Die dafür leitenden Maximen sind auf der eigentlichen Grundlage unserer Gelehrtenbildung, in der classischen Alterthumskunde festgestellt, und in keine sorgsamere Hände hätte die Hut der socialen Palladien gelegt werden können. Dass indess im Fach-Collegium selbst über Verschiedenheiten Verschiedenheit der Meinungen herrscht, kann auch dem Profanen nicht verborgen bleiben, und, im Gefühl eigener Unfähigkeit zum selbstständigen Urtheil, wird dann die Auswahl schwer, wenn gleichberechtigte Autoritäten gegen einander abzuwiegen. Für die Allgemeinheiten fundamentaler Sätze ist in der Hauptsache Uebereinstimmung herstellbar, aber nicht immer solche zugleich mit den neu

hinzutretenden Resultaten aus vorgeschichtlichen und ausser-
geschichtlichen Forschungen, so dass Debatten über Dieses
und Jenes nicht mehr lange ausbleiben können und vom
philosophischen Gebiete bald auf die benachbarten überspielen
werden.

Für rechtliche Verhältnisse haben besonders Morgan's
Arbeiten, in internationaler Wechselseitigkeit des Zusammen-
arbeitens gefördert, Zersetzungskeime liefern müssen, und
damit beginnen Fragen allerlei Art sich zuzuspitzen, die
früher eine Beachtung, soweit überhaupt, nur in den Er-
holungsstunden fanden.

In Locke's Gesellschaftsvertrag lag noch ganz die römische Auffassung, wie aus dem Gang der Culturgeschichte
gewonnen, als natürliche Grundlage unter, wogegen Montes-
quieus, seit den neuen Entdeckungen, seinen Blick über die
Erde erweiterte, und klärlich genug, sich zunächst von
Abweichungen getroffen fühlte, von mehr weniger sonderbaren
Excentricitäten, und so folgte von selbst das Ueberwiegen des
der äusseren Umgebung (in klimatischen oder politischen
Verhältnissen[2])) zugeschriebenen Einflusses (während Bentham
subjective Verbesserungen mitreden lassen wollte).

Die Aufgabe der inductiven Ethnologie liegt nun
indess darin, unter diesen gewissermaassen oberflächlichen
Localfärbungen, die ihre spätere Erklärung geographisch oder
historisch zu finden haben, vor Allem und zunächst die
gleichartigen[3]) Wachsthumsgesetze der menschlichen
Völkergedanken festzustellen, und dies am einfachsten nach
genetischer Methode, von den Naturvölkern, als niedersten, und
deshalb durchsichtigsten, Organismen ausgehend. Und wie
aus solchen Keimen dann die Entwickelung fortschreitet zu
den erhabensten Errungenschaften des Geistes, muss sich
aus Vergleichung der nebeneinander verlaufenden Reihen
nach allgemein[4]) gültigen Grundlinien in der Naturlehre
selbst herausstellen.

Die Ethnologie hat vor ihren biologischen Schwestern

den Vorzug, sich frei halten zu können von den Gefahren
nebliger Umstrickung, die bei Speculationen über den ma-
terialistischen Ursprung auch den Nüchternsten bedrohen
müssen. Sie beginnt mit dem Menschen als deutlich um-
schriebenes Object im Gesellschaftszustand, für den ersten
Ansatz bereits im vollen Tageslicht, und dieses klärt sich
dann lichter und glänzender, beim Aufsteigen zu den freieren
Aether-Regionen des Denkens, von dem primitiven Anfange
der Naturstämme bis zu den höchsten Idealen der Cultur.

In der Scholastik (auch der botanischen künstlicher
Systeme) besteht die geistige Arbeit „ganz wesentlich in dem
Drehen und Wenden der Thatsachen", um sich dem „fertigen
Gedankensystem" zu fügen, so dass „Erfahrung im Sinn der
Naturforschung" dadurch unmöglich gemacht wird, und statt
im scholastischen „Spiel mit abstracten Begriffen" vorhandene
Widersprüche zu verdecken, „geht die echte Forschung gerade
darauf aus, etwa vorhandene Widersprüche schonungslos
aufzudecken und die Thatsachen so lange zu befragen[5]), bis
die Begriffe sich berichtigen" (s. Sachs). So also auch, wie
oft erwähnt, in der Ethnologie als Naturwissenschaft.

Thatsachen sind zu sammeln[6]), nicht durch Speculation
zu schaffen (nach Baco), denn der Mensch, als „Dolmetscher"
und Diener der Natur kann nur durch Beobachtung in der
Induction die Wahrheit erlangen. „Wir haben die Seelen-
lehre vor Allem zu betrachten, als eine Wissenschaft der
Erfahrung" (Wundt), und um inductiv vom Einzelnen zum
Allgemeinen aufbauen zu können, muss vorher das Baumaterial selbst beschafft sein. Unter Theilung der Arbeit,
und Ausverfolgung des genetischen Prinzip's (im Aufsteigen
von Niederen und Einfachen zum höher Zusammengesetzten),
wird es der Völkerkunde aufliegen, ihr massenhaftes Material
zu bewältigen.

Nägeli (s. Sachs) knüpfte die morphologischen Untersuchungen möglichst an die niederen Kryptogamen an, um
sie an den höheren und an den Phanerogamen weiter zu

führen, von den einfachen klaren Thatsachen zu den schwierigeren übergehend, wobei die Kryptogamen nicht nur in den Bereich methodischer Forschung hineingezogen, sondern geradezu zum Ausgangspunkt derselben erhoben wurden (indem die bisher an den Phanerogamen[7]) abstrahirten morphologischen Begriffe an den niederen Kryptogamen entwickelungsgeschichtlich untersucht werden).

Und wie hier jeder neu eingeschlagene Forschungsweg einen neuen neu eröffnet, so in der Ethnologie gleichfalls, mit welcher das Studium der Kryptogamen, in den Naturstämmen, für die Geschichte beginnt. Doch hatte auch für die (phanerogamischen) Culturvölker bereits die Ansammlung und Vorbereitung des Stoffes vorherzugehen. Auf Petrarca's geniale Anregung zur Wiederweckung des Humanismus folgt Boccacio, der („mit seiner Belesenheit und seinem Sammelfleiss") die „Wissenschaft mit dem stofflichen Interesse" ergreifend, „rüstig in die Breite gearbeitet" hat („aus der Lectüre der Alten einen ungeheuren Haufen von Excerpten gezogen und sie dann nach äusserlichen Gesichtspunkten geordnet, zu Werken compilirt"), in seinem „wüsten und geschmacklosen Notizenmagazin" aber zugleich „das erste zusammenfassende Handbuch einer Alterthumsdisciplin" geliefert (s. Voigt), bis es dann mit der von Poggio angeregten „Bücherjagd" (um „von den Resten des Alterthums zu retten, was noch zu retten war") besser und klarer wurde, als aus den „Ergastula" verstäubter Klosterbibliotheken[8]) (von Monte Cassino, St. Gallen u. s. w.) einer der alten Weltweisen nach dem andern wieder an's Tageslicht emporstieg. So vermochte dann die Gelehrsamkeit ihren Tempel der Classicität[9]) zu errichten, was ohne jene Vorbedingungen unmöglich gewesen, was unter der Gunst derselben jedoch sich ermöglicht hat, obwohl auch hier noch manche Lücken bleiben.

Nach Ambrosch fehlt es noch immer „an solchen Thatsachen, deren Combination zu einer in den Grenzen der Möglichkeit liegenden Darstellung der römischen Religion

führen könnte" und erst nach „Erkenntniss des inneren Zusammenhanges" durch Bearbeitung von einzelnen Gebieten
„werden sich grössere Darstellungen einzelner Hauptab-
theilungen derselben mit Hoffnung auf bedeutende Erfolge
unternehmen lassen". Wenn so auf ältestem, nächstem, wich-
tigstem Culturgebiete, einem räumlich und zeitlich fest um-
grenztem, was lässt sich dann auf den kaum betretenen Weiten
erhoffen, die der Ethnologie zufallen sollen.

Sie mag indess unter einem günstigeren Stern geboren
sein, weil für ingenia cultiora, (und in deren Augen), mit
ursprünglicher Simplicität bevorzugt erscheinend, in der
Naivität des Naturzustandes, um diesem zu entsprechen. Wer
Lustanwandlung spürt, sich die Völker Amerika's anzu-
schauen, in der durch der Zonen fünfe fast erstreckten Reihe,
stellt als selbstverständlich erste Forderung eine Revision
der Pässe, um über Herkunft und Heimathsrecht das Nöthige
regelrecht constatirt zu sehen, und der Fremdenführer hätte
sich zu schämen, wenn er auf einer Weltkarte beider He-
misphären die Etappen nicht anzutüpfeln vermöchte, längs
der durch die Windrichtungen bereits erleichterten Heer-
strassen, die aus jenem Omphalos zwiebligen[10]) Tsoungling's,
durch eine Göttin Panda gleichsam, nach allen Seiten gebreitet sind. Und auch auf den Wasserwegen ist kein
testimonium paupertatis zu fürchten, wenn mit geologischen
Hülfen die (in Guttland's Mythen anmuthenderen) Taucher-
künste der Lemurien gelernt wurden, um im Einvernehmen
mit dem jedesmaligen Stand kraniologischer Sammlungen
oder den im philologischen Hader bald geschlossenen, bald
gelösten Verwandtschaften, die Inselstämme in Reihe und
Glied zu stellen, jeden derselben in marschgerechter Ordnung an zugehörigem Platz (wie am leichtesten im Register
zu finden, um von exotischen Ausflügen dahin baldigst wieder
zu Hause zu sein). Ein Handbuch mässigen Bandumfanges
vereinigt daher als Vademecum in der Ethnologie das Erforderliche, um über Alles, was auf ungeschichtlicher Erde passirt,

oder früher passirt ist, kurze und bündige Auskunft zu ertheilen, mit der man sich zufrieden geben kann, (und dies zu thun froh ist im Genuss der reinlich vorgesetzten Wissensspeise, die hier geboten wird). Wer seinen Geschmackssinn mit solchen Näschereien verwöhnte, der hat für jede Frage in der Völkerkunde seine Antwort bereit, in allen fünf Erdtheilen, und am wenigsten kann es bei den vier ausländischen fehlen, je weiter, desto leichter. Man führe solchen Oedipus vor die Thore Berlin's, zu den Zpriawani im Spreewald, mit einer Specialkarte oder (bei Losius) Particular-Charten, „welche die gelehrte Welt | Immer mehr und mehr vorstellt" (seit (1708), und — er wird sich schon hinter den Ohren kratzen, bei diesen Lusici des Luch [11]), oder Lutizer und Weleter, mit Weltae, Weletabi, Wilzen, Wilten, Wilken bis in sagenhafte Verschwimmung aus Schattenbildern nordischer Epen. Ja, wie mit den Wenden überhaupt etwa, mit der Winidorum natio populosa eines Wenäjänmaa's, mit Veneter, Wanen, Wandalen zu Anten und Sclavinen hinüber? Oder, um von barbarisch nebligem Norden und „reliqua litora incerta" nicht zu reden, wie an den blühenden Gestaden des Mittelmeeres? mit Joniern, Jaonen, Javanen, mit Dorer dreigetheilt wieder und $T\varrho\iota\chi\alpha\ddot{\iota}\varkappa\varepsilon\varsigma$, wenn hinblickend schärfer auf bestimmte Localitäten, auf Kydoner und Eteokreter phrygischen Ida's, oder andere Inselpunkte im griechischen Archipel, der sich mit zunehmender Schärfe des Mikroskop's mehr und mehr in Detail zerfächert, während innerhalb des indischen, ein bieg- und dehnsamer Name, gleich dem der Malayen, den dort bescheideneren Ansprüchen, das Nöthigste deckt, und ähnliche Generalisationen für zugehörige Halbinsel genügen mögen, wogegen wir in Italien's näherer und kleinerer, bald schon auf Verstecke der Aborigines [12]) stossen, in arces (anteselenischer) Arcader (unter $\beta\alpha\sigma\iota\lambda\varepsilon\acute{\nu}\varsigma$ $'A\beta o\varrho\iota\gamma\acute{\iota}\nu\omega\nu$ $\varLambda\alpha\tau\tilde{\iota}\nu o\varsigma$, υ' $\varPhi\grave{\alpha}\nu\nu o\nu$), auf Phrygibus junctos Latinos, auf gens universa Veneti appellata (von Troja hier), und Rutiler (xanthischen Scamandros'), Siculer (vorrömischen Rom's am Anio und

Tiber), Ligurer (bis iberische Doppelgänger), Opiker
(Apia's) oder Osker, Teutanes oder Teutones (Graece lo-
quentes), Umbrer vorfluthlichen Schichtungen (die mexicanischen von Tolteken rückwärts auf Olmeken, und darüber
hinaus, wiederholend), im Herzen sodann (mit troischem
Kapys) auf samnitische Fragezeichen [13]) frommer Sabiner
(im Cult des Semo Sancus) und zahllos andere, geschweige
der turdetanischen gar, mit baskischen Sprachbeziehungen
nach Westen hin zur Atlantis, oder vom Süden her in
Mauretanien's dunklen Zügen zu den Siluren, und aus der
Nachbarschaft mit fenischen Finnen wieder zurück, wenn's
beliebt, zu gleichfalls benachbarten Aestyer und Esthen
oder — im Vorübergehen (phrygischer) Frisones oder Vriezen
(mit Saxones .im exercitus Alexandri) — hin nach Diwo's
Pruzzen, den Prussi oder Prusi, und (nachbarlichen Gefühlen
und dem Drange der Schädelgräber zu entsprechen) zur „Race
prussienne", $\pi\tilde{\alpha}\nu$ $\gamma\acute{\epsilon}\nu o\iota\tau o$ $\grave{\epsilon}\nu$ $\tau\tilde{\omega}$ $\mu\alpha\varkappa\varrho\tilde{\omega}$ $\chi\varrho\acute{o}\nu\omega$.

Für Alles dies, auf dem seit grauestem Alterthum best-
erforschten Terrain des Menschengeschlecht's ist zur Stillung
des Wissensdurstes jede Erquickung geboten, es lässt sich
hier auf stattliche Bänderreihen verweisen, auf eine Bibliothek, in gediegenster Gelehrsamkeit aufgenährt, aber, je ge-
diegener und besonnener der Gelehrte selbst, desto mehr
bleibt ihm ein „non liquet".

Die Forschungen in der Ethnologie zählen noch lange
nicht so viele Jahrzehnte, wie die geschichtlichen Jahr-
hunderte (ungefähr soviel Jahrzehnte, wie jene Jahrtausende),
und was den räumlichen Unterschied betrifft, so vermag ihn
auf der Karte Jeder sich selbst auszumessen, — und brauchte
sich dabei dann betreffs der weissen Punkte in Afrika, und
sonst, keine weissen oder grauen Haare wachsen zu lassen,
da wenn sie vorläufig auch vielleicht der Behandlung noch
entfallen, doch deshalb für Sorgen über Mangel an Stoff,
ernstlicher Anlass nicht grade vorliegt.

Immerhin gestatte man also der Ethnologie noch ein

Weilchen für ihre Materialbeschaffung, denn nur beim sorgsamen Verbleiben dabei, wird sie die in verwandten Ge-
schichtsläuften, wie die der Medicin[14]), warnend vorge-
haltenen Fehler vermeiden, wird sie im allmählig langsamen
Fortschritt zur Reife herangedeihen, gleich den übrigen
Naturwissenschaften.

Erst mit Boyle, der unbefriedigt durch die drei Elemente
der Alchemisten (oder die vier der Philosophen seit Empe-
dokles) vorausfühlte, dass mehr Grundstoffe in der Natur
vorhanden, begann mit dem Suchen nach denselben eine
chemische Wissenschaft[15]), begann die Zeit, „innerhalb welcher
die Chemie als besondere Naturwissenschaft betrieben wurde"
(s. Kopp). Man weiss wie wild und verworren es lange in
ihren Büchern aussah, und jetzt steht sie vor uns, das Muster
inductiver Naturwissenschaft, in praktischen Resultaten be-
währt.

Wie würden wir jetzt, wo in ihren Vorstadien eine
neue Wissenschaft zu keimen beginnt, die aus der Geschichte
anderer und älterer zu entnehmenden Lehren ignoriren dürfen?
Klar und schlagend liegen die Parallelen, in den nothwendigen Phasen organischer Entwicklung vor uns, mögen sie
uns also helfen, im Zusammenwirken Aller, die Allen einst
in ferner Zukunft ihren Abschluss versprechende Wissenschaft vom Menschen, zu seines, und somit zu eigenem,
Nutz und Frommen, richtig zu fördern.

So rasch wie der Wunsch, wie die drängende Noth in
dieser späten (und verspäteten) Arbeitsstunde es erheischen
würde, wird es freilich nicht gehen, denn noch liegen überall
ausgedehnteste Beobachtungsfelder unangebrochen und brach.
Selbstberäucherung, wenn allzu reichlich gespendet, droht zu
umnebeln, und noch bedarf es frischen Blickes und unge-
schwächter Kraft, bereit zum Tagewerk.

Wir sind mit der Welt wohl noch nicht ganz so fertig,
wie es die Lust zum Feierabend gern sich vorspiegelt, denn
trotz uralter Cultur, mit der wir uns zum Neide der Barbaren-

Völker zu schmücken lieben, trotz der in ihren Lehren eingesogenen Weisheit, kommt es sonderbarerweise noch immer einmal vor, dass die Natur entgegensträubt, sich dem, was wir im bessern Wissen decretirten, geziemender Weise zu fügen.

Kaum hatte zum Besten gleichsam der in den Volkskalendern fortlebenden Astrologen, in den ersten Jahren des Jahrhunderts, ein Grosser unter den Philosophen die Nothwendigkeit der (heiligen) Planetenzahl gerade für logisch bewiesen festgestellt, als das Teleskop zu addiren begann, und ein erster Kopf sich zeigte, mit langem Schwanz dahinter. Dann feierte die Genauigkeit der Methode ihren glänzenden Triumph in der Entdeckung des neuen Wandlers an der für Deckung der Störungen gewünschten Stelle. Seitdem indess haben sich die gerufenen Planetengeister unaufhaltsam vermehrt, ob in solchen Mengen nöthig? für das System oder vielleicht (bei befangloser Ungestörtheit durch ihre Störungen) überflüssig? wenn vorher schon Alles bereits genügend gestimmt hatte, — das bleibt Sache der Zionswächter auf ihren Warten.

Auch sonst mehren sich die Fälle von Störungen, unter dadurch bedingten Rectificationen der Theorien in allen Clausuren naturwissenschaftlicher Kopfarbeiten nicht nur, sondern auch historischer hie und da, und wer sich allzu exclusiv in privilegirten Deductionshäuschen abzuschliessen vorzieht, läuft Gefahr, dieselben unversehens zusammenratteln zu hören, wenn eine für den inductiven Aufbau der Völkerkunde bedürftige Thatsache sich in der Quere dazwischenschöbe. Die Weltgeschichte [16]), innerhalb des von den classischen Autoritäten bereits abgesteckten Bezirkes wohnlich eingerichtet, baute denselben nach den glänzenden Belebungen der Archäologie an manchen der in zweifelhafte Grenzen verlaufenden Vorsprüngen stattlich genug aus, sah aber, in den weiten Fernen Asien's, der Siner oder Chineser Land nicht viel grösser und deutlicher, wie deren Annalen westliches Tahtsin, und mit Indien ging es eine Zeit lang nicht besser.

Als dieses jedoch, unter dem Schutze glänzender Dios-
curenpaare, der Schlegel und der Humboldt, mit schwer-
wiegenden Gelehrtenschätzen seine Aufnahme unter die Bil-
dungsklassen erkaufte, fand sich die Historie bei genauerer
Beschäftigung mit der indischen Halbinsel von ihren Reizen
so angezogen, so reichlich belohnt durch Anpflanzung des
indogermanischen Sprachstammes im Schmucke vergleichender
Mythologie, dass sich keine besonderen Schwierigkeiten erhoben, ihr ein, wenn auch bescheidenes, doch wohlanständiges
Stübchen im Geschichtsgebäude anzuweisen.

Das war die Vorderansicht, im verlockenden Schmuck
der Brahmanen und Bayaderen. Die Pars posterior im
Hinteren Indien blieb ausser Acht, als ultragangetisch jenseits des heiligen Bezirks gelegen, eine pars aversa, für den
conventionellen Ton ungeziemend, sich damit abzugeben, und
wandte man sich naserümpfend ab.

So sassen die hinterindischen Völker da, in Sack und
Asche trauernd, denn eine hochachtbare Autorität hatte sie
eindringlich und scharf verwarnt, dass sie eines vollen
Blickes des Historikers sich nicht würdig bezeugt hätten
(méritent à peine les regards de l'histoire).

Dies war im Jahre 1861, und damals gerade gelangte
nach Europa die Trauerkunde von dem Hinscheiden des
Reisenden Mouhot. Er hatte sich jene gleichgültig erachteten
Länder „Hinterindiens" zum Forschungsfelde erwählt und
dort verdanken wir ihm: die Wieder-Entdeckung des alten
Kambodia.

Als dann in seinen und seiner Nachfolger Veröffent-
lichungen die Pracht der alten Monumente ans Licht trat,
da erklärte, mit dem Gewicht massgebendster Stimme, der
Geschichtsschreiber der Architectur: [17] „Seit der Enthüllung
der in Assyrien begrabenen Städte, ist die Auffindung der
kambodischen Ruinenstätte als die wichtigste Thatsache zu
betrachten, die sich für die Kunstgeschichte des
Orientes verwirklicht hat". So 1867. Und mit jedem Jahre

seitdem, wie wir mehr und besser in die Einzelnheiten blicken, wächst das Staunen über die ungeahnte Pracht, die wir hier vor uns sehen, — aus bis jetzt zwar dunkler Vergangenheit noch, schwankend erst hervorschimmernd, aber im strahlenden Hoffnungsscheine bereits ihre Lichtesstrahlen hinaussendend, nach China[18]) auf der einen, nach Indien auf der andern Seite, und weit über Java jenseits, in des Grossen Oceanes Weiten.

Vielleicht wenn es ihnen unter guter Aufführung einst gelingen sollte, das strenge Urtheil des Historiker gnädig umzustimmen, vielleicht werden dann diese Tempel als Mittelpunkt[19]) einer Geschichtsbewegung dastehen, von räumlich mächtigerem Umfange, wie je eine andere vor ihr oder neben ihr, und innerhalb des dadurch mitgewölbten Riesenbaues einer Weltgeschichte würde die europäische, auch wenn man ihr, unter gebührenden Ehren, die ganze Suite der Staatszimmer im besten Stock zur Verfügung stellte, doch immer nur mässigste Räume, verhältnissmässig, beanspruchen.

So scheint für uns, die wir mit dem für uns historischen Winkel des Erdballs ziemlich schon genug zu thun zu haben meinten, noch manche Riesenaufgabe herantreten zu wollen, und willkommen wäre es deshalb vor Allem, dieselbe durch Vervollkommnung der Rechnungsmethoden[20]) einigermaassen zu erleichtern.

Mit inductiver Bearbeitung des in den Gesellschaftsgedanken vorliegenden Materials wird die naturwissenschaftliche Psychologie durch die vergleichende Methode auf statistische Grundlagen geführt, um einen ethnischen Gesammtüberblick unseres Globus zu gewinnen.

Schon hat man die bei methodischen Massenbeobachtungen (s. Engel) unter Herbeiziehung des Calcül[21]) zuerst auf die „Ratio Status" staatswissenschaftlich zur Anwendung gekommene Statistik zur Demographie (s. Guillard) erweitern zu sollen gemeint oder zu (Quetelet's) Social-Statistik, und noch gleichzeitig fast mit Achenbach's sorgsamer Prüfung erster und unterster Fundamente, sprach Gatterer von dem „Ideal einer allgemeinen Weltstatistik" oder Süssmilch von „Göttlicher Ordnung in den Veränderungen des menschlichen Geschlechts". Die Statistik hat für den Staat den Zweck „of ascertaining the quantum of happiness enjoyed by its inhabitants and the means of its future improvement" (s. Sinclair), den Zustand der Gesundheit zu wahren, als „Physiologie der Staaten" (s. Fischer) und zugleich „la connaissance approfondie de la société (s. Moreau de Jonnés), als „Wissenschaft ewig neu quellenden Lebens" (bei Fr. Meyer). Die „Verwirklichung der das Leben der Menschheit beherrschenden Entwicklungsgesetze und dadurch den wirklichen Fortschritt oder Rückschritt im Leben, den Standpunkt der menschlichen Cultur nachzuweisen" bildet die höchste Aufgabe der Statistik[22]" (s. Jonák) und (nach Wörl) „aus dem vielfach Wandelbaren das Constante zu ermitteln, und im wieder Neuen ein bestehendes Gesetz zu erkennen".

In Beobachtung und Erforschung der Thatsachen sind die „physischen und ethnischen Factoren" (s. Wappäus) in ihren Combinationen für die Einzelwirkungen und in ihren Wechselwirkungen zu erforschen, die Causalverknüpfungen der einzelnen Erscheinungen des öffentlichen Lebens, die Regel in den scheinbar „zufälligen und willkührlichen Erscheinungen".

Die Möglichkeit einer „politischen Arithmetik" beweist nun eben das Organische des Status als Staat, weil sie darin liegen muss und darin allein liegen kann, denn nur indem in dem aufgestellten Exempel ein innerlich in sich abgeschlossenes Ganze gegeben ist, lässt sich Gesetzliches herausrechnen, durch waltende Einheit in der Vielheit.

Wie im Staat haben wir in jeder Gesellschaft, in jedem der jenen zusammensetzenden Kreisungen, einen Organismus vor uns, einen Organismus dann aber auch in der höchsten und letzten Kreislinie die das Ganze umschliesst, in der

Menschheit als Gesellschaftskreis der mit ihr abgerundeten Erde.

„Wollte sich die Statistik die Auffindung von Gesetzen, d. h. allgemein gültiger Regeln für das Leben der Menschheit zur Aufgabe setzen, so müsste sie vorläufig zur Feststellung ihrer Resultate noch so viele geschichtliche Gesichtspunkte herbeiziehen, dass damit ihr eigenthümlicher Character verloren ginge" (Jonák), aber ein ethnographischer gewonnen wäre.

Die allgemein vergleichende Statistik (neben der Special-Statistik) trägt vielleicht noch „die Elemente oder die Keime von neuen besonderen Disciplinen in sich, deren Begriff bis jetzt mehr geahnt als klar erkannt worden, wenn man gesprochen hat von einer exacten Gesellschaftswissenschaft oder einer Mechanik der Gesellschaft oder einer Physique sociale, die Quetelet erstrebt, oder was man auch wohl bezeichnet hat, als Naturlehre des Staats oder der Gesellschaft oder als „Gesellschaft-Psychologie" sagt Wappäus (s. Gandil) über die „Zukunftswissenschaft". Zu dieser wird die jüngste der Wissenschaften zu rechnen sein, die Ethnologie, in naturwissenschaftlicher Durchbildung der Psychologie zur Wissenschaft vom Menschen.

Seit der mit dem Weltverkehr eingeleiteten Krisis wird in der Ethnologie der Zögernde die eigene Schuld zu zahlen haben, wie bei den sibyllischen Büchern, den τρία ἢ ἐννέα. Wie aus alten Weisthümern hervor, wie in den Versen Herophyle's, als marpessischer Sibylle (oder Amalthea's, der Amme des idäischen Zeus in ihrer Beziehung zu Adrastea, als Nemesis), Traumerinnerungen klangen, wie dort in dunkler Orakeldeutungen mancher aus eigenem Alterthum, so hallt es ahnungsvoll wundersam, in vorzeitlichen Mythen, rings um den Erdball, gleichsam auch hier heilige Palladien kündend, worin bei jenen die „fata romana"[23]) eingeschlossen lagen. Nicht jedoch hier im acrostichischen Spiel dürfen die Interessen des Wissens aufs Spiel[24]) gesetzt werden, sondern

eine allgemein verständliche Auslegung gilt es, um in ergänzenden Zusammenwirken gemeinsam zu zehren vom
Gemeingut der Menschheit und dessen zu geniessen. Vor
dem Genuss freilich die Arbeit, und solche wächst, statt zu
mindern. Vacuua in Sabinis dea, quae sub incerta est specie
formata (*Varro*). Ungewiss! gewiss. Sobald wird es Musse
noch nicht geben. Nicht eher wenigstens, als bis in den
Sammlungen ein erstes Fundament gelegt ist, für den Ansatzpunkt und die Stütze der inductiven Studien (um den Epi-
gonen ihre Erbschaft zu sichern).

Seitdem die verfliessenden Gradunterschiede früherer
Psychologie, (die für die Entwickelung von Aristoteles bis
zur Scholastik erklärende Parallelen im Abhidharma besitzt),
verneinend, Cartesius (im Wesen der Ausdehnung und des
Denkens) den „specifischen Unterschied[25]) von Geist und
Materie" erkannt, sinkt im Animismus (und mit dem Suchen
bis zu einem punktuellen Sitz der Seele) die Vorstellungs-
weise wieder auf das Niveau niederen Grades in den Naturstämmen zurück, aber doch Gewinn bringend, weil jetzt in
schärfer abgrenzenden Umrissen eine Arbeitstheilung (ohne
frühzeitige Störungen zwischen einander) eintreten kann, und
das Primat der Res cogitans („omnium prima et certissima"
im Ego, wogegen nach Lichtenberg: „cogitat ergo est") die
Ausbildung einer empirischen Psychologie (seit Locke) er-
leichterte. Jetzt, nachdem auf jedem der beiden Gebiete,
feste Anhalte für selbstständige Forschung gewonnen sind,
wird man es wagen dürfen, sich gegenseitig wieder zu nähern,
um (ohne allzu grosse Furcht vor bedenklichen Missverständnissen) Vereinbarungen für einheitliche Auffassung zu
versuchen, ehe der beständig weiter klaffende Riss civilisatorischer Weltanschauung eine Ueberbrückung in Frage stellt.

In den unendlich-klein dunklen Vorstellungen, aus denen
das Bewusstsein erst hervorgeht, wird (nach Leibnitz) die
„Harmonie zwischen der materiellen und moralischen Welt"
(s. Erdmann) zu erklären sein, und dass nach solchen An-

fängen zunächst in den primitiven[26]) Stadien der Naturstämme zu suchen, wird durch die Natur der Sache selbst
an die Hand gegeben.

Eine Wissenschaft muss einen Gegenstand haben, den
sie erkennt; sie beginnt mit der Entdeckung ihres Gegen-
standes, der ihre Voraussetzung und die Bedingung ihrer
Möglichkeit ist (*Harms*). „Die Entdeckung ihres Grund-
begriff's ist der positive Anfang der Wissenschaft" (wie
jetzt für die Ethnologie der Völkergedanke einer inductiven
Psychologie, als Naturwissenschaft). La vraie science et le
vrai étude de l'homme c'est l'homme, so schon Montaigne,
der Vorläufer jener Periode, mit der in der Geschichte
der Philosophie die „Neuzeit" anhebt.

Berlin, im September 1881.   A. Bastian.

Anmerkungen.

¹) When the complicated structures of Egypt, Greece and Rome are
brought under comparison with the simple and unpretending scheme of
theology of the children of the forest, there is found reason to marvel at
the superior acuteness and profundity of the Indian intellect (s. Morgan)
bei den Irokesen (with no tablet on which to write the history of passing
generations, save the heart of man). Leider wird der mehr und mehr
unersetzliche Mangel an Material den Forschungen hier eine, wie zu fürchten,
unübersteigliche Barriere vorschieben. The people are extremely un-
willing tho speak of what is mysterious or akin to the spiritual in their
ideas (s. Sproat). They generally begin by saying, that no white man is
able to understand the mysteries of which they will speak. „You know
nothing about such things, only old Indians can appreciate them" is a
common remark. And in nine cases out of ten, so many lies and mis-
statements are mixed up with the account, either directly for the purpose
of mystifying the inquirer or owing to the unenlightened confusion
of the savage in thinking upon religious subjects, that little reliance
can he placed upon it (unter den Aht). Siehe auch: Heilige Sage der
Polynesier S. 9 ff., und andere Erfahrungen.

²) Aus dem ewigen Grundgedanken alles Rechts" oder (bei Schmidt)
dem „Geist des Rechts überhaupt", als „Grundlage und Quelle aller Rechts-

gestaltungen der Griechen und Römer, sowie sämmtlicher anderer Völker"
erklären sich „deren häufig überraschende Aehnlichkeiten, wo nicht Ueber-
einstimmungen", obwohl die Strahlen im „Durchgang durch das Mittel des
germanischen und römischen Geistes eine verschiedene Brechung und Färbung
erfahren" (s. Röder). Die ethnische Psychologie hat hier ihre Kriterien
festzustellen, wie in den andern Naturwissenschaften. Die Aehnlichkeiten
und Unähnlichkeiten der Formen, aus denen das Wesen (substantia) der
Pflanzen besteht, sind für die Gründe der Eintheilung zu suchen (nach
Caesalpinus), nicht diese in den zufällig hinzukommenden Dingen (quae
accidunt ipsis). Die Psychologie (im Mittelpunkt aller Wissenschaften) als
Geschichte von dem Leben der Seele (bei Hugo von St. Victor) hat die
Entwicklungsstufen darzustellen, welche zu durchlaufen sind (s. Harms),
und zwar für den Völkergedanken (in der Volksseele).

³) Vom praktischen Gesichtspunkt aus würde es weniger auf die Gleichartigkeit der Menschengedanken, als auf ihre Verschiedenheit ankommen
für Erklärung und weitere Nutzbarziehung aus derselben. Zunächst indess
werden, (unbeengt in freier Umschau durch Hinrichtung auf bestimmte
Ziele), die Thatsachen als solche überall entgegenzunehmen und zu beobachten sein. Die Chemie war ihrer selbst Willen, als inductive Wissenschaft zu betreiben, ehe sich ihre (dann immer reichlicher fliessenden
Hülfen) für praktische Verwendungen benutzen liessen. In vorläufig nöthiger
Arbeitstheilung, ehe (nach Feststellung der Grundsätze im jedesmal eigenem
Kreis) gefahrlos wieder Berührungspunkte zur Herstellung verbindender
Einheit gesucht werden können, ist es oft angezeigt, Grenzen möglichst
scharf zu markiren (um auf verschwimmenden Uebergangsgebieten nicht zu
gleiten), und den ersten Ausgangspunkt der Forschung entfernt zu nehmen,
um aus ihm dann allmählig wieder (mit Materialien für umfassendere
Wappnung, je weiter der Weg) auf den Kreuzungspunkt zurückzuarbeiten,
vor Allem aber die (noch elementaren) Relationsrechnungen nicht zu verwirren durch Mithineinziehung incommensurabler Grösse, im Anschluss an
Absolutes im Anfang oder Ende, für den Ursprung. Verbindende Einheit
kann je nach dem Niveau der Ueberschau gewonnen werden, für sämmt-
liche Pflanzen in der Urpflanze fingirbar oder in jeder Species schon durch
das Centrum gegeben, um welches die Varietäten schwanken. Bei Aufstellung eines Règne humain, als psychisches oder geistiges (im Social-
verbande) liesse sich das gesammte Pflanzenreich in Parallele setzen, (die
Naturstämme mit Kryptogamen, die Culturvölker mit Phanerogamen,
neben anderen Vergleichungen), oder bei Wahl einer bestimmten Art (bei
Herabkommen bis auf Detailbetrachtung einzelner Rassen) könnte z. B. die
hochstämmige Eiche den Glanz der Geschichte, die Zwergeiche oder andere
ein in dieser verkrüppeltes Geschlecht andeuten u. dergl. m. Immer wird
bei solchen Bildern, wenn wie in der Ethnologie die ganze Erde zu um-

fassen, die erste Peripherie eine weit gezogene sein müssen, um auch für die Unterabtheilungen noch gleichwerthige Seitenstücke zu finden. Wie aber immer, ob so oder so, jedenfalls hat als unbedingter der Grundsatz völliger Voraussetzungslosigkeit zu gelten, bei diesem ersten Beginn der Forschung auf einem noch durchaus fremden Terrain. Zunächst kann keine andere Aufgabe vorliegen, als die überall erste der Induction, die erste und für wissenschaftlich gesicherten Aufbau unumgängliche: das thatsächliche Material zu sammeln und deutlich vor Augen zu stellen. Dann frisch hinein an die Arbeit, und in der Arbeit selbst wird aus harmonischen Verwandtschaftsgesetzen sich klären, was wir arbeiten, und wozu? Aus der Natur selbst werden sich die gestellten Fragen so beantworten, wie sie der, mit den aus eigener Qual erzwungenen Deutungen nicht länger befriedigte, Geist schon seit lange ersehnte.

[4]) „The tone of thought common among us, all our hopes, fears and speculations would be materially affected, if we had vividly before us the relation of the progressive races to the totality of human life", denn unsere Civilisation (of Western Europe) „is a rare exception in the history of the world" (s. Maine). Und im unaufhaltsam gesteigerten Wachsen der Incongruenz findet sich die Ausnahme auf dem Weg zur Regel.

[5]) Eine theoretische Ansicht in der Naturwissenschaft ist niemals an sich selbst wahr, sie ist nur wahr für die Zeit, in der sie sich geltend macht (Liebig), so lange sie sich mit der Kenntniss der Thatsachen deckt, diese eben deckend.

[6]) Und so auch für naturwissenschaftliche Psychologie keine Hülfe, noch Aussicht ohne vorheriges Sammeln, was trotz aller Einwendungen verehrlicher Kritiker nun einmal nicht erspart werden kann, und gerade in der Ethnologie dringendster Noth sich am dringendsten aufdrängt. So drängend, dass kein Drängen im Uebermaass der Hyperbeln schaden kann, und es deshalb auch gerne hinzunehmen, wenn ad verbum und ad literam genommen, im Staunen der durch Eulenspiegeleien gleichsam Genarrten über das Aufhäufen psychischer „Rohstoffe", für sieannische oder madegassische Seelenflicker etwa brauchbar. Wer in den Tabulae Petri Mosellani de schematibus et tropis den Index figurarum (auf 4 Seiten) zu lang findet, möge beachten, dass „die Allegorie von dem wörtlichen Ausdrucke, ihrer Natur nach, weit entfernt sein kann", so dass die Erklärung nicht immer „gegeben, sondern oft dem eigenen Nachdenken des Lesers überlassen werde" (*Blair*), statt „s'attacher servilement au sens littéral des mots" (s. Quitard). Allegoria autem ad multiplices ambiguitates so extendit (*Camerarius*), und so ist Manches in den Kauf zu nehmen, ohne volles Recht darüber zu klagen. Die für eine psychologische Naturwissenschaft vielfach aus den chemischen herangezogenen Vergleiche hätten indess darauf führen mögen, dass die in der Ethnologie gesammelten „Rohstoffe" um so unbekümmerter (wenn die Noth

kein weiteres Bekümmern erlaubt) durcheinander geworfen werden mögen, weil sie als lebendige ihren eigenen Mund und Stimme besitzen, den ihnen zukommenden Platz anzuzeigen, lebendige Beinchen auch, sich selbst dahin zu stellen, wenn ihre Zeit gekommen ist. In den inductiven Wissenschaften haben wir auf die Lehren der Natur zu warten, die, wenn das Sammeln ohne Falsch und ehrlich war, nicht ausbleiben können, und dann zuverlässigere Resultate ergeben, als die voreilig mit der Weisheitsbrille ausgespäheten. Mit solcher erhalten wir allzuleicht in loser Verbindung gewaltsam zusammengezwängter Elementargruppen derartige Detonationsstoffe, wie sie in den Explosionen der Modetheorien verpuffen, während es erst vielfacher Analysen und Prüfungen bedarf, um im Gang der Untersuchungen für die Elemente die richtigen Aequivalente ihrer Verwandtschaftsverhält-nisse festzustellen, um dauernde Verbindungen zu schaffen. Was objectiv aus der Gesetzlichkeit gewonnen, wird dann durch diese selbst verbürgt. Es mag passiren (sofern Jean Paul nicht scherzt), dass man „ein Buch nicht einmal recensiren, geschweige denn lesen" kann, wenn aber recensirt, lassen sich die Weherufe über Einführung des Sammelprincips in die Völkerkunde mit der Betrachtung ersparen, dass sie auf einer Principien-frage abprallen müsse, mit welcher das Ganze steht oder fällt. Wer im Uebrigen die Waffe zu kreuzen wünscht, dem liegt der Handschuh auf dem Gebiet der Völkergedanken für die naturwissenschaftliche Durchbildung der Psychologie und im Laufe eines Vierteljahrhunderts ziemlich, seit den ersten meiner Schriften (und alle folgenden hindurch) haben sich aus dem „Rohmaterial" objectiv damit eingeführte (und so factisch gegebene), Verar-beitungen desselben bereits genugsam aufgespeichert, um im Für oder Wider zu dienen. Und im letztern besonders, im Wechselaustausch streitender Ansichten, könnten die Complicationen der Zeitaufgabe weitere Klärung gewinnen. Das Zusammenschleppen wird schwer genug, wenn das Tem-perament zur εὐοργησία und ruhiger Verarbeitung in der Studierstube neigt. Statt also mit Vorwürfen, dass die Rohmaterialien schon allgemeiner Mit-benutzung überlassen sind, die Zeit zu verlieren, thäte man besser, eine Hand zu leihen, denn jede Minute ist kostbar.

⁷) Die Phytotomie begann deutlicher aufzuhellen, als Moldenhawer, statt der Dicotyledonen, für seine Beobachtung die einfacheren Monocotyledonen wählte, und der Fortschritt in der Zoologie beschleunigte sich mit der auf die Wirbellosen hingelenkten, und stets verschärften Aufmerksamkeit. Und dieser Fortschritt wird, durch die Induction gesichert, ein stetiger, im Gegensatz zu Sprüngen und Gesprühe der Geniestreiche. C'est le privilege du vrai génie et surtout du génie, qui ouvre une carrière, de faire des grandes fautes (s. Voltaire). Gewiss, ohne das wird es nicht bleiben, aber wenn möglich, nicht mehr als nöthig, und wenigstens kein Patent darauf nehmen.

⁸) Der Universalität allerdings entbehrend, gleich den durch Caesar und Theodosius, sowie durch Omar untergegangenen Büchersammlungen aber seit Wiederanfachung benedictinischen Geistes, durch den zwölften gleichnamiger Päpste, bis zur Herstellung der maurischen Congregation fortschreitend. So mancher Schätze Rettung ist den Bibliophilen zu danken, (besonders wenn unter königlicher Huld, wie der Matthias Corvinus', gedeihend), dass man die Bibliomanen in den Kauf nehmen mag, selbst wenn bis zu den Preisen eines Roxburgh-Club's sich versteigend oder wenn (1717) „librorum copia nimia ad misocosmiam ducit (Schweder). „Eine ausgewählte Büchersammlung ist und bleibt der Brautschatz des Geistes und Gemüths, Bücher sind immer noch die wohlfeilsten Lehr- und Freudenmeister, und der wahre Paraklet hienieden für Millionen bessere Menschen. Je älter man wird, desto lieber geht man mit den Todten um" (K. J. Weber). Freilich giebt es auch sauertöpfische, unter diesen „Spirits" in der Höhle des arabischen Magier, und man kennt die von Washington Irving beschriebene Scene, wenn „the old authors [the portraits about the walls became animated] descended with fury in their eyes, to claim their rifled property". Unsere Ansichten über geistiges Eigenthum werden sich freisinniger gestalten, wenn nicht für Monopole oder privilegirte Patente, sondern zu allgemeiner Benutzung für Jedes Beste veröffentlicht wird, und der historischen Rechten geschuldete Zoll im Quellennachweise, wie für das Gedruckte, auch für das Herausgelesene geziemend abgetragen wird. In ethnologischer Literatur im Speciellen handelt es sich im gegenwärtigen Stadium noch um gemeinsames Zusammenarbeiten, in gegenseitiger Berathung und Ueberlegung zum Besten der neuen Wissenschaft. Utrum liceat jurare in verba magistri (des Aristoteles) frägt Campanella (statt selbstständig die Natur zu erforschen).

⁹) Die neugestaltende Behandlung der griechischen Geschichte nahm von der Akademie der Inschriften (1717) ihren Ausgang, und die Reformatoren der römischen stehen der eigenen Generation noch nicht fern. Der Wendepunkt für unsere Geschichtsanschauung datirt nicht gerade sehr alt. „Die Vergleichung des Zustandes der historischen Thätigkeit in Beziehung auf Griechenland und Rom vor 1750 mit dem heutigen lehrt, dass besonders für diesen Theil des Geschichtsstudiums eine neue Zeit angebrochen ist, fruchtbar an wichtigen Ergebnissen und erfreulichen Erwartungen" (s. Wachler), gepflegt in philologischen Schulen der Niederlande (mit Hemsterhuis u. s. w.) und Deutschland (durch Gesner und Ernesti) mit Heyne im Kranze gefeierter Koryphäen (1833).

¹⁰) Halbwegs zum Himmel nach den Pilgern des Lo-Yang Tempel (s. Beal), und der Platz, wo fromme Pilger des Westens die Engel im Himmel bereits singen hörten, ist auch nicht fern.

¹¹) Wie sehr der in bestimmten Dörfern des Spreewaldes (wie Leipe,

Schleife etc.) hervortretende Localtypus innerhalb dieser an sich nicht all-
zugrossen Conclave wieder seine Specialbehandlung verlangen wird, kommt
bei maassgebenden Sachkennern immer mehr zur Ueberzeugung, da hier,
wie bei Ausgrabungen, Vertiefung erheischt wird, bis der Mutterboden
erreicht, weil vorher eben noch kein fester Boden unter den Füssen.

¹²) Aborigines appellati sunt, quod errantes convenerint in agrum, qui
nunc est populi Romani (s. Festus) oder Aberrigines (als Pelasger).

¹³) Varro (bei Servius) Dardanum refert, deos Penates ex Samothrace
in Phrygiam et Aenean ex Troia in Haliam tulisse (als Apollo und Neptun
bei Nigidius). Samothraces horum Penatium antistites Saios (suos) voca-
bant, qui postea a Romanis Salii appellati sunt, hi enim sacra Penatium
curabant (*Servius*). Strabo identificirt die Saiier (mit dem Heros Saion)
oder Sapaier und die Sintier, während in Thracien τῆς Αἴνου δε πλησίον
ἐστίν ὁ ποταμὸς Ἕβρος mit αἱ Ὀρφέως δρύες oder Ζηρύνθιον ἄντρον in
sibyllinischen Verschlingungen, und Aeneas' Bund (bei Lycophron) mit
Odysseus (zu nordischen Gestaden weiterwandernd). Und dann in Jung-
mann's Identificirung der Winden (oder Wenden) mit Hindu (oder Indier)
zu Biesters Ausruf: „die Sache wird widerlich, zu Ende geeilt", weil fröhlich
fort in die Symbolik, (mit Hülfe der vom ägyptischen König bereits in
Phrygien gesuchten Ursprache), unter eiligstem Ueberspringen jener (im
schrittweisen Vorgehen Eile aus- und umständliche Präliminarien dagegen
ein-schliessenden) Detaillirungen, bis auf Friedhöfe und ausklingende Sagen
wendischer Dörfer, als nächstliegenden zunächst, und ferneren ferner, sowie
noch bis auf individuelle Schwankungen hinab, für das Durchschnittsmaass
(unter Rechnung mit gleichwerthigen Verhältnisszahlen). So ergiebt sich auch
in den Museen die Verbindung der prähistorischen Sammlungen mit den
ethnologischen, unter gegenseitig einander ergänzenden Aufhellungen. Dabei
mag älteren Wissenszweigen geschuldete Hülfe mitunter abgetragen werden,
wenn sich in einfacherer Umgebung Pfade finden lassen für manches Lope-
ro-hunt, wie in dem von Ariki gewährten Schlüssel für die Aeneaden (und
τὸ πολλαχῇ λέγεσθαι τε καὶ δείκνυσθαι τάφους Αἰνείου) seit Trennung der
Linie von Assarakus her bis auf Askanius (mit Anschluss an phrygische
Vorbilder heimischen Flussgottes) und dem italischen Abbild in Julus
(Silvius Neffen), wiedergespiegelt noch in den Caesaren.

¹⁴) L'histoire des querelles médicales de 1811 à 1840 suffirait à l'im-
pression de quelques in quarto bien compactes. Qu'est-il resté de tout
cela? Une sorte ruine fait pour décourager les plus intrépides doctrinaires
(*Perret*). Que faut-il pour que l'édifice soit solide: deux choses: l'observation et l'expérimentation (in der naturwissenschaftlichen Schule). Die
Bewunderung pflegt in den Aussenstehenden zu wachsen, während man
intra fanum den Hergang, bei gebührender Anerkennung wissenschaftlicher
Verdienste, in seiner Natürlichkeit versteht. So in der Medicin, wenn

Wunder - Curen auch solchen aufgedrängt werden, in derem nüchternen Vorstand der Charlatanismus vertrocknen würde, wenn er überhaupt in Gedanken kommen könnte. Wenn die Auguren sich begegneten, mochten sie nicht so sehr über sich lächeln, als über die Glaubensseeligkeit, die ihnen entgegen getragen wurde.

[15]) Boyle hatte bereits die Freude zu beobachten, novissimis annis Chymiam coeptam esse, uti meretur, a viris doctis, qui primo eam spreverant, excoli (1661) obwohl noch Ende des nächsten Jahrhunderts, „la révolution, qui placerait la chymie dans le rang, qu'elle mérite" beschleunigt gewünscht wurde (bei Venel). Doch „Rien ne se fait sans le temps" (im französischen Sprichwort), und mit Virya erlangt der das Meer auslöffelnde Buddhist sein Mani zurück.

[16]) Megerlin's Ideen von göttlicher Weltregierung in der Geschichte (1683) fanden in Bossuet einen beredten Advokaten, wie ferner bei Schlözer („beseelt vom frommen Glauben an göttliche Weltordnung und menschliche Bestimmung"), und getrieben von begeistertem Streben, höhere Sittlichkeit und bürgerliche Kräfte und Tüchtigkeit in gesellschaftlichem Zustande durch Befruchtung des Geistes mit geschichtlichen Erinnerungen und anschaubaren Belehrungen zu fördern" (bei Joh. Müller) in der Weltgeschichte, während in Mylaeus' consilium historiae universalis scribendae (1584) bereits Vorarbeiten (oder Vorgedanken) geliefert waren für die unter Versuchen zu Encyclopädien (seit Coronelli 1700) mit Meiners deutlich kennbarer hervortretende Geschichte der Menschheit (die in der Ethnologie jetzt eine naturwissenschaftliche Basis zu suchen hat). „Weltgeschichte hebt aus dem Vorrath der Universalhistorie bloss die Weltbegebenheiten, d. h. diejenigen aus, welche auf den Zustand der Erde und Menschheit von bedeutendem (mittelbaren oder unmittelbaren) Einfluss waren, und sucht durch die systematische Verknüpfung derselben zu einem Ganzen eben jenen Zustand zu erklären" (s. Rotteck). Nicht auf dem vom Winde des Augenblickes zugewehten Hypothesen darf das Wissensgebäude erhoben werden, sondern das Aufmauern erst beginnen, nachdem ein gut fundamentirtes Gerüst thatsächlichen Materiales festgestellt ist. Für allgemein vergleichende Geschichtswissenschaft erscheint das Wesentliche: „dass ein systematischer Kopf mit ausgebreitetem Wissen bei allen Völkern, in allen Zeiten, auf allen menschlichen Lebensgebieten heimisch, seine Kenntnisse unter dem Gesichtspunkt der Causalität zu ordnen unternähme" (Scherer), ein-Kopf mit 100 Händen (im russischen Sprichwort).

[17]) Since the exhumation of the buried cities of Assyria by Mons. Botta and Mr. Layard nothing has occurred so startling or which has thrown so much light on Eastern art, as the discovery of the ruined cities of Cambodia (s. Fergusson). Rasch stieg der Enthusiasmus zu Kopf; dass in Indien nichts vergleichbares sei, war bald erkannt, aber nicht genug,

um dieses jüngste Wunder der Welt allen voran zu stellen. It may be doubted, whether there is anything in the whole world more wonderful in its way, than the magnificent temple of Angkor Vath (s. Keane). So in der Nachbarschaft des angrenzenden Djampa (Regnum nomine Zampa) Odericus: Breviter hoc palacium est dicius et pulcrius aliquo quod hodie sit in mundo, auf Java, „and the Kyng of that Contree hathe a Paleys fulle noble and fulle marveyllous and more riche than any in the world" (Maundevile) in Java gleichfalls mit seinen, die Kambodischen des Festlandes rückstrahlenden, Monumenten im Inselmeer, ein Cambalu, wo St. Thomas „ingenti Populorum multitudini" predigt (s. Georgi), in Sciam-phala (Siam's).

[18]) Bei Kublai Khan's Eroberung wird Sri Rama als Herrscher genannt (im Tarikh-i-Wassaf) 1292 (s. d'Ohsson). Der wunderbaren Beschreibung des chinesischen Gesandten (bei Rémusat) über diese, in die, bis sumatranisches Klein-Java nachklingenden, Alexandersagen (bei Riba deneyra) verflochtenen Bauwerke eines Mul-Java (bei Ibn Bathuta) mit dem Hafen Kumara (der Khmer), entspricht das Staunen des Mönchs (1318) über das, was er in Java sah, Marignola's in Saba oder (nach Meinert) Java, wo früh die Vorgeschichte Tritrarashtsa mit einer Prinzessin Kambodia's vermählt, und bei Browiyaya's Gründung von Mendang Kamulan in Aru Bandan bereits ein Fürst der Molukken hinzutritt, aus dem von Kolandiophonten schon (wie später von Weltumsegler) gesüchtem Ausgangsthor der Schiffersagen, mit denen der Name Ava-iki oder Savaii durch das stille Weltmeer getragen wird, bis ausklingend in Hawaii, in jenem neuen Völkerwirbel, wo aus dem Untergang japanischer Yonken, die unter König Kamaloobua in Maui (s. Fornander) gestrandete in dortigen Chroniken sich erhalten hat. Die Hawaiier sprachen aus der Vorzeit ihrer Wandersagen von grossen Canoes mit Oberdeck und allen Vorrichtungen für lange Schifffahrt, und Procop sah in Rom das aus einem Stück gefertigte Reiseschiff der Monere, worin Aeneas angelandet (gefeiert, wie das Arawa-Canoe der Maori).

[19]) Les Archéologues anglais placent les œuvres de l'ancien Cambodge bien au-dessus de celles de l'Inde. L'art Khmer, en effet, résume en même temps, qu'il les surpasse les arts de toutes les contrées dont le Cambodge occupe géographiquement le centre. En France, c'est donc surtout de la collection Khmer que devront se grouper plus tard tous les monuments d'archéologie de l'extrème Orient (*Delaporte*). Zunächst durch die orientalischen Studien aus seiner Einengung befreit, wird sich der Geschichtsblick jetzt in der Ethnologie über alle Weiten des Erdenrunds verbreiten.

[20]) In der Sprache zieht das Denken das Facit aus seinen psychologischen Rechnungsoperationen, und sobald wir also die Ziffernwerthe (wie in den verschiedenen Rasseneigenthümlichkeiten für die Zahlen ange-

b**

nommen) kennen sollten, möchten wir dadurch in Stand gesetzt werden, die Einzel-Resultate nachzurechnen, um sie durch einen Calculus ratiocinator (bei Leibnitz) für das im Allgemeinmenschlichen Gültige controllirend zu rectificiren, zum Besten des jedesmaligen Gesellschaftskreises.

[21]) Les données élémentaires (in der Statistik) doivent être essentiellement exprimées par les termes numériques, puisque c'est seulement ainsi qu'on peut fair emploi du calcul (s. Dufau), denn „man will rechnen" (s. Jonák). Plus le nombre des individus, que l'on observe est grand, plus les particularités individuelles, soit physiques, soit morales, soit intellectuelles, s'effacent et laissent prédominer la série des faits généraux en vertu desquels la société existe et se conserve (Quetelet). Ein wirklich bewiesenes Causalitätsverhältniss ist für jede nicht ganz träumerische Anschauung geschichtlicher Ereignisse das Hauptelement in dem Nachweis der Gesetzmässigkeit, der eigentliche Hauptschritt zu ihm (s. Kries).

[22]) Neben ihrer realen Seite (in der Entwicklung der Gesellschaft) begreift die Statistik die „Entfaltung des Menschengeistes in idealer Richtung, welche die ästhetische, intellectuelle, moralische und religiöse Cultur erzeugt", als „Théorie de l'étude des lois, d'après lesquelles se développent les faits sociaux", in Statistik (bei Dufau). Realisatio finis civilis est per culturam conditionata (s. Kolbay).

[23]) ὅτι Σιμβύλλας χρησμὸς ἐφάσκετο Καπιτώλιον Κεφάλειον ἔσεσθαι τῆς οἰκουμένης μέχρι τῆς τοῦ κόσμου καταλύσεως (s. Planud). Nach dem Brande des Capitol bedurfte es der Reisen viele bis zum Niederlegen im Tempel des palatinischen Apollo (und oft ist Vieles durch Verspätung unrettbar verloren).

[24]) In Sibyllinis ex primo versu cujusque sententiae primis litteris illius sententiae carmen omne praetexitur (Cicero). Futura praedicta notis litterarum, ut per unam litteram significet aliquid (für die Quindecemvirn). Mit der Vergangenheit belastet, geht das Gegenwärtige schwanger mit der Zukunft (Leibnitz), und so bebt oft in ahnenden Vorschauern der mit den Zeitideen emporwachsende Geist.

[25]) Wie früher, auch im Buddhismus fehlend, wo Rupa zwar die Mahabutarup einschliesst, aber sonst Aristotele's εἶδος entspricht (und Nama dann der ἐντελέχεια). Im Gegensatz zu nichtiger Maya wird Nirwana ein Nicht, statt des Nichts, in Erfüllung des Dhamma, mit den Kräften des moralischen Weltgesetzes auch das physische durchdringend.

[26]) Auf numerische Zahl, auf Vielheit kommt es zunächst nicht an, sondern auf den Gedanken, als solchen, der ob von Millionen, Hunderttausenden, oder Tausenden, und Hunderten nur gleichmässig gedacht, derselbe bleibt, aber dennoch, wenn räumlich auf der Erdfläche einen grossen Abschnitt gleichmässig deckend, hierfür bei statistischen Ueberblick zu be-

rücksichtigen wäre. Die mächtigst leitenden Gedanken in der Weltgeschichte ruhten nur auf einer jetzt auf 1¹/₂ Millionen (und in der Blüthezeit vielleicht das Drei- oder Vierfache) anzuschlagende Bevölkerung, und haben bewiesen, wie weit bereits eine Oberfläche von kaum 2000 Quadratmetern übergreifen kann. Wie also bei jenen ungeheuren Massen-Ausdehnungen, um welche es sich in der Ethnologie zu handeln hat. Der Felder zu bebauen sind viele und weiteste, das Werk, das vor uns liegt, ist ein unermesslich grosses, die Zahl der Arbeiter dagegen eine leider kleinste noch. Und doch drängt die Zeit bei der heranziehenden Nacht des Versinken's und Vergessen's, in der dann Keiner mehr wirken könnte.

Druckfehler-Verzeichniss.

Seite 14, Zeile 1: Geschichtsphilosophie statt Gesichtsphilosophie.
- 14, - 25: eine statt ein.
- 35, - 15: simulacrum statt simulaerum.
- 36, - 6: Hingabe statt Hergabe.
- 36, - 14 ist hinter Gottheiten zu setzen: „spiegelnd".
- 36, - 19: unter statt oder.
- 37, - 17: Wie statt Die.
- 38, - 18: den statt dem.
- 45, Anmerkung ⁕ Zeile 2 another statt anotther.
- 47, Zeile 2: Matchi-manitou statt maniton.
- 48, - 11: Geschichtsentwickelung statt Gesichtsentwickelung.
- 48, Anmerkung * Zeile 8: speech statt sprach.
- 52, - ⁕ - 8: bedeckend statt bedenkend.
- 53, - ⁕ - 1: θεός statt δεός.
- 59, Zeile 9: Berosus statt Bersus.
- 62, - 16: der statt den.
- 62, Anmerkung ⁕ Zeile 1: den statt dem.
- 63, - - 1: rühmen statt rühren.
- 63, - - 4: mit statt unter.
- 64, Zeile 5: θεοί statt δεοί.
- 65, Anmerkung, Zeile 5: keine statt eine.
- 70, Zeile 7: terrestrischen statt terristrischen.
- 72, Anmerkung ⁕ Zeile 2: various statt varions.
.- 74, Zeile 24: kleinsten statt kleinste.
- 76, - 1: Zahl statt Ziel.
- 86, - 24: des statt das.
- 87, Anmerkung, Zeile 16: bietet statt bereitet.
- 92, - ⁕ - 5: within statt coithin.
- 99, - ⁕ - 2: gelten statt gelte.
- 107, Zeile 12: gigantic statt gigantie.
- 108, - 19: ferreus statt fererus.
- 126, Anmerkung ⁕ Zeile 11: dasjenige statt desjenigen.
- 129, - * - 9: hunc ipsum mundum esse.
- 135, Anmerkung, Zeile 24: Einzelne statt Einzelse.
- 136, - Zeile 8: Reis statt Kreis.
- 137, Zeile 1: . statt ,
- 138, Anmerkung, Zeile 2 von unten: kleinen statt kleineren.

Der in unserer Gegenwart unter accumulirenden Progressionen gesteigerte Fortschritt der Ethnologie, diese rasche Popularisirung einer vorher kaum beachteten, ja kaum existirenden Wissenschaft beweist dieselbe, als natürliche Consequenz des Zeitgeistes, als eine in geschichtlicher Entwicklung naturgemäss herangereifte Frucht. Und diese in Fülle der Entfaltung plötzlich aufbrechend, breitet Licht nach allen Seiten, neue Ausblicke eröffnend, — so Verheissungen kündend, auf die in dunkeln Vorahnungen bereits gewartet war: Die Vorzeichen, bis in das vergangene Jahrhundert zurückzuverfolgen, zuckten schon länger durch die Luft, allmählig beginnen sie in schärferen Zügen hervorzutreten, ihre Umrisse deutlicher zu umschreiben, eine neue Bildung ringt sich zu fester Gestaltung empor, und man erkennt in ihr, was alte Orakel bereits gefordert, die Wissenschaft vom Menschen.

Indem sich diese, in der inductiven Behandlung einer auf die allseitigen Wandlungen des Völkergedanken, auf den Menschen als Gesellschaftswesen begründeten, Psychologie allmählig vorbereitet, ergiebt sich die Ethnologie als die naturgemässe Completirung jener gegenwärtig massgebenden Zeitrichtung, die sich von der philosophischen der *Septem Artes Liberales*, mehr und mehr einer realistischen zuwendet, um die Forschungsergebnisse der Theilarbeit, in esoterisch abgeschlossenen Kasten, fortan dem Grossen und Ganzen zu Gute kommen zu lassen.

Die weiten geographischen Horizonte, wie sie, in heutiger
Ueberschau des Globus in seiner ganzen Weite, für die ge-
deihliche Entwicklung unseres Staats- und Volkslebens nothwendig verlangt werden (wie sie von weiter und klarerblicken-
den, bereits so vielfach bedauernd vermisst sind), sie werden,
weil in der Ethnologie dem allgemein menschlichen Verständniss
am Nächsten stehend, auch in ihr am leichtesten ihre volle Anerkennung erhalten, mit all den practischen Folgen, die sich für
die Politiker und Diplomaten nicht nur, sondern für Kaufleute, Seefahrer, Fabrikanten und jeder Art der Gewerbe-
thätigkeit zum Nutz und Frommen Aller werden ziehen lassen.

Die Geographie, als vielbrüstige Mutter all dieser über
den Erdball gesponnenen Verzweigungen, hat auch hier
bereits vorgearbeitet, der Ethnologie den Boden zu ebnen,
und indem diese dann den in der Physiologie eingebetteten
Wurzeln der Psychologie unter den Phasen ihres organischen
Wachsthumsprocesses bis zu der geschichtlichen Bewegung
der Völkergedanken nachgeht, wird der Materialismus den
soweit formlosen Torso seiner Weltanschauung durch die in einheitlicher Forschungsmethode geweihte Vermählung mit dem
Idealismus (in Zufügung des denkenden Hauptes) zu derjenigen Vollendung gebracht sehen, welche bisher ermangelte,
um dem in der Tiefe der Menschenbrust schlummernden
Sehnen harmonische Befriedigung zu gewähren.

Man spricht von der Wissenschaft, die ihrer selbst Willen
zu betreiben, und das war ein volltönendes Wort so lange
unfruchtbare*) Wissenschaften in dem Vordergrund standen.

---

*) Und selbst die fruchtbarste Wissenschaft in eine unfruchtbare zu
verwandeln, mochte es „vertrockneten Botanikern" gelungen sein (s. Jessen).
„Was in früheren Jahrhunderten ein allgemeines Interesse an den Pflanzen
erregt hatte, ihre vielfache Anwendung in Medicin, Haushalt und Gewerbe,
stand vernachlässigt, und darum kümmerten sich Wenige der Pflanzen-
kundigen. Pflanzensammeln, Pflanzentrocknen, war die Hauptbeschäfti-
gung" (und allerdings freilich wieder durch „den naturgemässen Ent-
wicklungsgang der Botanik bedingt").

Jetzt indess erkennt sich, dass jede Wissenschaft, die des Wissens werth ist, in das wirkliche Leben, auf directem oder indirectem Wege, eingreifen muss. Manche jener anscheinendlich unfruchtbaren sind durch die Fortleitung natürlicher Verknüpfungsfäden bereits in fruchtbringende Quellen übergeführt, und nicht am schlechtesten wird solche Proben die Ethnologie bestehen, auf Grund der von ihr für unsere rechtlichen und socialen Verhältnisse gelieferten Controlle, begründet in ihren bis zu den Praeexistenzen der religiösen Vorgedanken vertieften Schachten, in tiefste Gründe hinab, um die für Selbsterkenntniss angeschlagenen Schätze zu heben.

Aus den (nach der in allgemeine Natur verschlungenen des Menschen) im Geiste liegenden Keimen wächst durch die sinnliche Wahrnehmung genährt, der Denkorganismus unter den Formen der Categorien in den Phasen seiner Entwickelung zur Gestaltung empor, zur Gestaltung der an dem ethnischen Horizont projicirten Schöpfungen.

Von dem Sinnlichen in Raum und Zeit gebannt, trägt die Spuren ihrer Fesseln der Denkprocess, doch wenn in allen seinen Fäden durch drängende Reize erregt, dann schwillt er an im Gegenstrom, und im vollen Schwunge des Wachsthums ringt er sich frei, fortschreitend hinüber, bis zu ahnender Annäherung an das Unendliche und Ewige.

Indem uns überall mit eiserner Nothwendigkeit der gleichartige Gedanke unter seinen localen Variationen aus den fünf Continenten entgegentritt, lässt sich hier die Controlle der Identität direct schon auf die Gesetze prüfen, die zu Grunde liegen, und auch bei dem freieren Schwung der an Kraft gewinnenden Entwickelung würde sich die Fortleitung*) festhalten lassen müssen, soweit die mit den Com-

---

*) Je höher, complicirter und mannigfaltiger der Organismus ist, desto unabhängiger ist seine Individualität von dem erzeugenden Individuum, desto mehr ist (in der Pflanzenwelt) seine Eigenthümlichkeit eigenes Verdienst, und nicht ererbte Anlage (s. Nägeli).

plicationen wachsenden Schwierigkeiten noch ihre Bewältigung
erlauben werden.

Bei dem raschen Eroberungszug der Induction liess
sich, als die Scheidelinie der Physiologie erreicht war, vor-
aussehen*), dass bald auch die Psychologie von den Naturwissenschaften würde beansprucht werden. Dies geschah
dann, als die richtige Zeit gekommen war, in der Biologie,
im Widerstreit gewissermassen zum philosophischen Standpunkt.

Doch hatte auch von ihm aus bereits neben Fries und
Apelt, besonders Beneke diese Reform anzustreben gewünscht.
An thatsächlichem Material, das richtig als unumgängliche
Vorbedingung erkannt wurde**), dachte er nicht zu ermangeln,
da es nöthigenfalls aus der Selbstbeobachtung reichlich zu
vermehren.

---

*) Nachdem in die Naturphilosophie die inductive Methode eingeführt
sei, würde nach ihr auch die Moralphilosophie zur Ausbildung kommen
(meinte schon Newton).

**) Wie für die Naturforscher die äussere, so bleibt für die Philo-
sophen die innere Erscheinung die alleinige Quelle aller Wahrheit (nach
Beneke). Der Seelenforscher geht ebenso, wie der Naturforscher, zuvörderst
den Weg der Induction (Aufzählung des Einzelnen), d. h. er sammelt die
einzelnen Thatsachen, stellt sie zur Vergleichung zusammen, und verfährt
also zuerst synthetisch. Dann zerlegt er in Gedanken das so Gefundene,
das immer aus mehr weniger zusammengesetzten, oft sehr verwickelten
Processen besteht, in seine Factoren, und gelangt so auf analytischem
Wege zu den Grundkräften und Grundgesetzen, durch welche die Seelen-
vorgänge bedingt sind (s. Dressler). Das Eigenthümliche der inductiven
Methode besteht darin, dass man überhaupt zunächst von allen Hypothesen
abstrahirt, kein Princip voraussetzt, sondern von dem unmittelbaren Gewissen, von den einzelnen Thatsachen ausgeht, diese rein und vollständig
auszusondern sucht, nach ihrer neuen Verwandschaft anordnet und ihnen
selbst dann die Gesetze, unter denen sie stehen, die sie, als Bedingung
ihrer Existenz voraussetzen, abfrägt und so rückwärts fortschreitet bis
man zu den höchsten Begriffen und Gesetzen gelangt, bei denen sich eine
weitere Ableitung als unmöglich erweist (s. Schleiden).

Aber in Betreff dieser eben — vor welcher nicht nur Kant gewarnt, sondern deretwegen Comte die Psychologie überhaupt, für den von der Phrenologie zu liefernden Ersatz, beseitigt — eben in Betreff dieser war im Voraus ein Fragezeichen voraufzusetzen. Mit dem Denken, im eigenen Denken sich selbst zu denken, schien man nicht weiter zu kommen, als mit dem Herausziehen am Schopfe. „Vom seelischen Leben selbst haben wir keine Vorstellung mehr" (H. Wolff), indem wir es eben leben in der Seele (oder als Seele). „Die Vorstellungen sind unbestimmte Grössen, welche einer exacten Betrachtung erst zugänglich werden, wenn sie in bestimmte Grössen verwandelt und gemessen sind" (Wundt). Wie würden also die Aufgaben der Psychologie zu formuliren sein, damit der Mensch sich selbst verstehe? in Autopsie.

Da er in dem von ihm selbst gelebten Process subjectiv verschlungen ist, kann er ihn nicht während dieses Werdens anschauen, sondern nur in dem daraus Gewordenen; und dann aus diesem Seienden, (aus diesem Sein) vielleicht durch Reconstructionen später wieder dahingelangen auch in jenem genetischen Flusse*) Gesetzlichkeiten zu fixiren. Hier würde nun in individueller Psychologie (um Differenzirungen zu gewinnen), das Material auf pathologische Abweichungen, in den Geistesstörungen, beschränkt sein, oder auf die abgestuften Phasen der Kinderseele, mit manch lehrreichem Seitenblick, unter vorsichtiger Controlle auf die Thierseele**).

---

*) Von allen Formen (der Vermögen und Kräfte), welche in der ausgebildeten Seele wahrzunehmen, hat sich ergeben, dass sie erst durch eine längere Reihe von dazwischenliegenden Processen erzeugt werden, indem die Entwickelungen der Seele allgemein menschlich nothwendig prädeterminirt im Angeborenen, aber nicht präformirt sind (Beneke).

**) Von den Keimen, brachliegend im Geiste des Menschen („und die Wurzel des Wortes Mensch bedeutet denken") wird nie eine Spur irgendwo als im Menschen, entdeckt werden (s. M. Müller), im règne humain (b. Quatrefages).

Innerhalb all' dieser Beschränkung steht aber ausserdem noch ein anderes Fragezeichen voran, das die Beschränkung in der Individualität selbst schon betrifft.

Der Gedanke des Einzelwesen ist ein steriler, erst der gesellschaftliche*) produktiv, erst dieser ruft psychische Schöpfungen hervor, welche der Geist anschauen und im Studium zu erforschen vermag. Und mehr: Der Gedanke des Einzelnen erhält die Möglichkeit seiner Existenz erst nach, und innerhalb, dem Gesellschaftsgedanken. Wenn indess dann der Mensch als Gesellschaftswesen am ethnischen Horizonte gespiegelt ist, für seine Selbstbeobachtung, so wird sich jedwede Individualität wieder enthüllen bei richtig verwandter Methode der Zerlegung. In den Völkergedanken lassen sich also nach Maass und Zahl geordnete Schöpfungen der Betrachtung unterwerfen, und nachdem sie als Krystalle in ihren Umrissen constatirt sind, mögen sie auch wieder in die Mutterlauge elementarer Gedankengährungen, aus deren embryonalen Vorstudien sie hervorgeschossen sind, zersetzt und analysirt werden.

Hier wäre nun kein Mangel zu fürchten, und eher würde (bei der Nothwendigkeit statistischer Umschau über den Globus) Ueberfülle des Stoffes, ein *embarras des richesses* drohen, bis fortschreitende Erkenntniss anordnende Gruppirung, zur Verdichtung unter höheren Einheiten, erlaubt.

Wenn die Psychologie bisher von Vorstellungen, Gefühlen, Abstractionen u. s. w. handelte, so wird sich Alles das in einer vergleichenden Psychologie noch weit ausgiebiger zur Verhandlung bringen lassen, und neben den Idealen in Kunst und Wissenschaft würden sie der Religion practische Aufschlüsse gewähren, und auch den socialen Institutionen zur Beurtheilung der eigenen, wenn in einer allgemeinen

---

*) Das gesellschaftliche Bewusstsein umfasst diejenigen Seelenzustände, welche den Gesellschaftsgliedern in Folge ihres Wechselverkehrs gemeinsam sind (Lindner).

Menschheitsgeschichte die, vielleicht fossil bereits verknöcher-
ten, Typen complicirter Culturen sich mit dem Einblick in
niedrige Entwicklungsstufen durchsichtigerer Einfachheit*) mit
dem Schlüsel, der von dort erlangt ist, gesetzlich klären
und so im eigenem Kreise zum Verständniss gelangen. Innerhalb des als abgeschlossenes Ganze vor Augen stehenden
Gesellschafsgedanken lassen sich dann wieder durch Theilstriche die componirenden Einzelgedanken**) markiren und auf
die physiologische Basis zurückführen, unter Schliessung der
Kette im Natur-Mechanismus. Und vielleicht werden dann
die organischen Wachsthumsgesetze, die in den im Gesichtskreis vergrösserten Reflexbildern in ihren Zeugungen erkannt
sind für mikrokosmische Schöpfungen, gelegentliche Streif-
lichte zu werfen im Stande sein auf die makrokosmischen
im Universum.

Wenn wir in einem Ueberblick des Globus die gesammten Wandlungen des Menschheitsgedanken in allen seinen

---

*) Die natürlichen Vorstellungen über das Problem des Pflanzenwachs-
thums (in einer der empirischen Lösung zugänglichen Fassung) sind neuerdings erst aus den Untersuchungen über die Entwicklung niederer Pflanzen
hervorgegangen (1864) und ausschliesslich diesen gehören die „ersten Versuche an, das Wachsthum einer Pflanze aus einer nothwendigen und ge-
setzmässigen Folge der Zellbildung nachzuweisen, gleichsam den architec-
tonischen Plan zu zeichnen, nach welchem die Natur bei der Gestaltung
der Pflanzenformen verfährt, und den ganzen Aufbau einer Pflanze schritt-
weis, wie den eines Gebäudes, dessen Pläne und Risse vorliegen, von
Baustein zu Baustein zu verfolgen, zu beschreiben und somit auch zu begreifen." (Pringsheim). Die Kryptogamenforscher (s. Jessen) suchten „von
dem einfachen leicht verständlichen Bau der einfachsten Gewächse Auf-
klärung für die complicirtere, schwierigere Structur höherer Pflanzen zu
erlangen".

**) „Das wahrnehmende Ich bringt sich durch sein wahrnehmendes
Bewusstsein selbst hervor" (s. Bergmann) als gleichsam ein Svayambhu
also, während bei dem noch nicht zu den Göttern der Meditationshimmel
aufgestiegenem Mensch (auf seiner ihm von Confucius bereits angewiesenen
Erde) das „wahrnehmende Ich" sich innerhalb der Gesellschaft mit dem
Sichselbstbewusstwerden als integrirender Theil (des, seine eigene Existenz
erst ermöglichenden, Ganzen) wird begnügen müssen.

Phasen vor uns haben, wird damit dann das Gesammtbild
des Wachsthumsgesetzes, — wie es webt, wie es lebt, wie
in Entwicklung emporstrebend, wie es unter localer Modification in seiner Phaemenologie buntschillernd variirt, — der
Reflex des geistigen Mikrokosmos, den Augen entgegenge-
treten sein, zur Kenntniss und, durch sie, zum Verständniss.

Während die Culturgeschichte das abgeschlossen voll-
endete Product in umrundeter Formung erzeugt, — strahlende
Kunstideale oft, denen der von Bewunderung umfangene
Geist sich mit des Forschers nüchternem Blick kaum zu
nahen wagt, — überrascht uns in der Ethnologie der Mensch-
heitsbaum in den jugendlich wild und frisch zur Geltung
drängenden Stadien der Vorentwicklung. Wir treffen ihn,
wenn eben und kaum leichte Schossen aus der Erde spriessen,
wenn das Stämmchen Blätter ansetzt, wenn es sich in Blüthen
entfaltet, in Blumen prangt, mitunter selbst wenn schon
Früchtchen gewährend — und wo wir ihn so treffen, da mögen
wir ihn packen, ihn greifen und zausen, zerblättern, zer-
pflücken zum Besten der Wissenschaft, auch viviseciren,
denn es handelt sich ja doch nur um den verachteten Wilden,
der aber in solchem Opfer geweiht, mit Fülle des Wissens
bereichert.

Diese Anknüpfung an die Naturvölker mag auf dem Gebiete der Culturgeschichte eine ähnliche Umwälzung hervor-
rufen, wie Hofmeister's vergleichende Untersuchungen auf
dem der Botanik, seitdem Nägeli „die Kryptogamen nicht nur
in den Bereich methodischer Forschung hineingezogen,
sondern geradezu zum Ausgangspunkt derselben erhoben“.
(s. Sachs), indem er seine morphologischen Untersuchungen
möglichst an die niederen Kryptogamen anknüpfte, um sie
„an den höheren und an den Phanerogamen weiterzuführen“
(unter den niederen Kryptogamen lehrreiche Beispiele für
allgemein morphologische Sätze aufsuchend).

Wie wir in einem Kunstwerk die Züge des begabten
Genius zu erkennen streben, der dasselbe geschaffen hat, so

mögen wir in der socialen Institution den anfänglich unbe-
wussten Regungen im Organismus des Durchschnittsmenschen,
der sich darin verwirklicht hat, nachgehen, um aus dem objectiv niedergelegten Grundriss auf die subjectiven Processe,
welche durch diese hervorgerufen, zurückzuschliessen. Auch
in der weiteren Entwicklung des Staates bleibt derselbe der
Abdruck seiner Nationalität, aber unter den geschichtlichen
Complicationen, die sich im Gang der Ereignisse mit einander
verschlingen, klären sich dann die Willensäusserungen bewusster Eingriffe.

Wir leben innerhalb eines Gebäudes von Anschauungen,
das von uns selbst errichtet, auf unbewusst in dunkler Vorzeit gelegten Fundamenten, die sich so lange der Einsicht
entziehen, bis aus dem Verständniss der deutlich im Tageslicht emporsteigenden Constructionen, der nothwendige Zusammenhang derselben mit der stützenden Grundlage begriffen
werden kann.

In der Metaphysik soll die Ontologie (derjenige Inhalt,
den wir aus den logischen Formen herüberzunehmen haben)
zur Kosmologie hinüberführen, „deren Aufgabe ist, zu zeigen,
wie aus den Verhältnissen und Beziehungen der einzelnen
Seienden nebst ihren Veränderungen das Weltall hervorgehe“
(v. Lotze), aber in unserem Existenz-Winkel vermögen wir
nicht einmal im Planetenreiche den nächst zugewiesenen
Theil in genügender Abrundung zu überblicken, so dass die
leisen Fäden, welche sich hie und da bis zu Anknüpfungen
mit dem Fixsternhimmel verfolgen lassen, kaum die unbe-
stimmtesten Ahnungen rechtfertigen.

Die Welt, welche wir uns für ersten Ansatz zum Verständniss zu schaffen vermögen, ist eine rein psychologische,
die, wo sie sich mit dem materiellen Dasein rings um uns
her berührt, die Formen dieses unter subjectiver Auffassung
reflectirt. So weit sich dann für das in diesen objectiv
Realisirte aus dem Product die Componenten der Factoren
herausrechnen lassen, erhalten wir ein Ganzes in innerlich ab-

geschlossener Wechselwirkung, das damit allerdings die Keime zu höheren Offenbarungen wird einschliessen müssen.

In den Culturvölkern haben wir die Meisterstücke der Menschenbildung vor uns, in vollkommenster, doch deshalb auch complicirter, Gestaltung, der Blick trifft in ihnen glänzende Spitzen, aber somit seltene Ausnahmsfälle, die in dem Durchschnittsmassstab eher ab, als hinleiten. Dieser ist schwer in unserer eigenen Gesellschaftsform zu finden, wo die vielerlei fremden Einströmungen, die unter mächtiger Geschichtsbewegung durch einander gerüttelt sind, überall verschwimmende oder in einander verstrickte Uebergangszustände hervorgerufen haben, die es oft unmöglich bleibt (für die Eliminirung, wie sie gefordert sein würde) aus solchem Zusammengewirr deutlich und bestimmt in ihre Componenten wieder auseinander und frei zu legen.

Dafür nun, um den Durchschnittsmenschen zu finden, werden die einfachen Verhältnisse der Naturvölker zur Aushülfe eintreten, indem sie in ihrer klaren Durchsichtigkeit leicht durchschaut werden, und uns das Gesuchte, das allgemeine Niveau der Menschennatur um so umfassender zu gewähren vermögen, weil zugleich unter vergleichender Zusammenstellung sämmtlicher Wandlungen in den geographischen Provinzen über den Globus, das Allgemeingültige, als Gleichartiges, von selbst zusammenfällt, und somit dann, ebenfalls von selbst, das Particuläre, also Singuläre, als solches für sich allein stehen bleibend, dadurch markirt ist.

Die Verwicklungen unserer socialen Zustände beruhen zum grossen Theil darauf, dass dem zu sehr durch die Culturfragen gebundenen Blick, unserem durch das Gelärm der Tagesinteressen betäubtem Ohr, der Durchschnittsmensch verloren gegangen ist, und wenn sein Verständniss zunächst aus den Naturvölkern wieder gewonnen würde, hätte damit bereits die Ethnologie einen Dienst geleistet, der befähigen mag, die Gesellschaftsbedürfnisse auf gesetzlicher Naturgrundlage, und (unter den daraus gezogenen Lehren) also naturgemäss, in Behandlung zu ziehen.

Als Vorbereitung, eine gesicherte Grundlage zu breiten, bieten sich die ethnologischen Sammlungen, wenn sie zu dem für statistische Ueberschau erforderlichen Grad der Vollständigkeit gelangt. Sie haben die Materialien vorzuführen, um die ethnischen Typen in der psychischen Welt zu gewinnen, und von den schriftlosen Völkern werden sich in ihnen allein die einzigen Documente bewahren. So ist Acht zu haben, dass wie diese, dem Entwicklungsgange der Geschichte gemäss, nacheinander in das Grab steigen, keins derselben aus dem Leben entlassen werde, ehe nicht seine Zeugen im Tempel der Völkerkunde niedergelegt sind, um dem künftigen Studium bewahrt zu bleiben.

Längst schon besitzen wir, wie recht und billig, Museen für Steine, Pflanzen und Thiere und erkennen dieselbe als eine *conditio sine qua non* für das wissenschaftliche Studium. Für das inductive Studium des Menschen ist im laufenden Jahre erst zum ersten Museum ein erster Baustein gelegt.

„Wir mahnen daran, dass wir Menschen sind, und das Studium des höchsten Geschöpf's der Natur, billig dem der Mäuse, Käfer und all des übrigen zoologischen Ungeziefers voranstehen sollte." So nicht etwa ein Ethnologe, der hier *pro domo* kämpfen könnte (für die eigene Behausung, die so nothtbut), sondern ein Zoologe, einer der kenntnissreichsten und geachtetsten seines Faches. Dabei der Nachsatz: „Eile thut Noth, da mit jedem Jahre die Grenzen sich mehr verwischen." Das war im Jahre 1847 gesagt. Wie viel Tage sind seitdem vergangen? und bei den uns (in Europa) räumlich nächsten Objecten ethnologischer Beobachtung „müssen wir beschämt gestehen, dass wir wohl die Mäuse des von den Samojeden bewohnten europäischen Landstrichs scharf zu unterscheiden wissen, die Menschen aber noch nicht ethnographisch bestimmt haben." Darin ist in der Zwischenzeit noch wenig geändert.

Was der Mensch in socialen Institutionen schafft, geschieht anfänglich unbewusst, als nothwendige Verkörperungen der in dem gesellschaftlichen Zustande (seiner innerlichen Organisation) liegenden Bedürfnisse.

So lange der Geist in halbträumerischer Naturheit dahinlebt, umgiebt er sich (aus unbestimmt verschwimmenden Schöpfungen der Sinnesauffassungen und ihren sprachlichen Deutungen im Gedankenaustausch) mit einer mythologischen Gespensterwelt, aus der sich, bei tiefer auftauchenden Ahnungen, zum befriedigenden Ausgleich mit dem All, die Götter verklären in der Religion, in künstlerische Gestaltungen eingekörpert.

Wenn klar das Bewusstsein erwacht, so zersetzt die Wissenschaft die magischen Operationen der Mythologie in controllirbare Experimente, sie verscheucht die Phantasien der Todtenseelen und Dämone und definirt aus der Religion das soweit Verständliche, sowie von dem Rest das Warum des noch Unverständlichen, indem zugleich im Staat die gesetzliche Grundlage gesellschaftlicher Existenz erkannt wird.

Die Welt, soweit wir sie kennen, besteht nur aus unseren Vorstellungen, sagt Wundt, und wenn Schopenhauer mit dem Gehirn, worin die höchste Objectivation des Willens sich zeigt, die Welt als Vorstellung geschaffen sein lässt, mit Raum, Zeit, Formen, Vielheit, Causalität, so hätten auch die (objectiven) Einkörperungen (subjectiver) Abstraction hinzuzutreten. Der immenente Zweck der Seele, als Entelechie, die (neben der Vergleichung mit der Flötenkunst) dem Leibe das ist, was das Sehen für das Auge (bei Aristoteles), würde sich, wie individuell im Körper, gesellschaftlich dann in dem ethnischen Horizont verwirklichen, wohin sie (wie die Netzhaut in der Richtung bestimmter Graden) ihre Vorstellungen projicirt hätte, welche im Total-Abschluss aus der Gesammtheit der Sinnesempfindungen (unter ordnendem Zutritt des νοῦς von Jenseitsher oder θύραθεν) als Resultat gestaltet, demnach, über das Sprachliche noch hinaus, ὁμοιώματα *τῶν πραγμάτων* darstellen würden, als Verwirklichungen des Geisteslebens. Mit diesem im Aussen erkannten Ganzen fänden dann wieder die Einzelnheiten ihre Erklärung, denn (bei Aristoteles): „Wer das Allgemeine weiss, weiss auch das Einzelne" und zum Wissen des Allgemeinen wieder wird erst durch allmählige (oftmals, weil noch vergleichungslose, damit vorläufig unverständliche) Bemeisterungen der Einzelnheiten gelangt, während dann nach dem Abschluss des Gesammtbau's allerdings die Möglichkeit gegeben ist, rückwärts das richtige Theilverhältniss jedes Einzelnen (aus den zusammengetragenen Materialien der Bausteine) innerhalb des Ganzen zu verstehen.

In einer für die spätere Behandlungsweise nach inductiver Methode vorbedeutenden Eintheilung wurde die Psychologie längere Zeit unter die Physik gestellt, während sie im ethnischen Gesammtresultat, bei objectiver Verwirklichung des psychologischen Processes (in dem aus den Componenten der Individualitäten zusammengetretenen Organismus der Gesellschaft*) die Metaphysik beanspruchen würde. Als Lehre von den Völkergedanken gefasst, repräsentirt die Psychologie damit den geistigen Horizont, sowie der Mensch (in dem ihm zugehörigen Mikrokosmos) lebt, soweit dieser sich als reine Schöpfung ethnischer (social-psychologischer) Thätigkeit ergiebt, — nicht jedoch (in supponirter Identität des Denkens und Sein's) den Makrokosmos im Grossen und Ganzen, da die aus dem Bythos oder Hades eines Nichtseins hervorgetretene Materie nur in ihren Vorstellungen darüber begriffen wird, ohne das Ding an sich zu berühren. Rosenkranz nennt es eine „Monomanie", (bei dem Anstreben

*) „Der Trieb der Objectivirung kommt nicht nur dem einzelnen Menschen, sondern auch der Gesellschaft zu", als Inbegriff von Individuen (s. Lindner). „Insofern diese Individuen von einem gemeinschaftlichen Bewusstsein beseelt sind, wird auch die von jedem derselben ausgehende Objectivirung des eigenen Gedankenkreises einen übereinstimmend einheitlichen Character in sich tragen" (als sociale Physiognomie).

einer „Gesichtsphilosophie") „Alles unter dem Gesichtspunkt
des psychischen Processes zu begreifen" („Alles auf die Psychologie zurückzuführen"), denn „das Psychologische ist hier
nur noch ein Moment, nicht aber das tonangebende Element".
So freilich bei individueller Auffassung der Psychologie, wogegen die dem Zoon politikon angehörige Psyche, wenn die
im Gesellschaftsorganismus aufsteigende Spirale seines Wachsthumsprocesses verfolgend, sich auch in der ganzen Weite
realisirt, an den Zweigen des Menschheitsbaumes in Früchten
schwellend, und diese, nach den Verschiedenheiten ethnologischer Kreise, unter all den auf der Rundung des Globus
möglichen Formgebungen gewandelt.

Indem der Mensch in dem aus eigenem Mikrokosmos
reflectirten Horizont seiner Vorstellungen*) lebt, ergeben sich
die an demselben umherbewegten Gestaltungen als die in der
Umgebungswelt projicirten Schöpfungen innerer Denkthätig-
keiten (für die Psychologie).

Da nun als früheste Grundlage dafür die sinnlichen
Empfindungen und Wahrnehmungen*) unterliegen, so ent-
halten die nach Aussen geworfenen (und dort für objective
Auffassung verkörperten) Vorstellungen bereits ein Element
aus dem (im vorläufigen Gegensatz materiellen) Makrokosmos
in sich eingeschlossen.

Das ideell Gestaltete ist deshalb als ein Product des
psychischen Wachsthumsprocesses aufzufassen, als ein nach
dem Gesetze des menschlichen Organismus durch äusserlich
einfallenden Reiz angeregte Bildung**), und zwar der (für

---

*) Der Wahrnehmungsvorgang (Perceptions- wie Apperceptionsprocess)
ist der Grundprocess im gesammten Seelenleben und Erkenntnissvorgange
(s. II. Wolff).

**) „Das wirkliche Denken bewegt sich in Vorstellungen" (s. Lange)
und (nach Herbart) „existiren die Begriffe als solche nur in der Abstraction". Die Allgemeinheit wird durch die angeborene Rechnungsmethode
des Denkens von selbst gewonnen, mit zunehmender Geübtheit vervoll-
kommnet, ob freilich richtig oder unrichtig (was von dem psychischen
Gesundheitszustand abhängig bleibt).

den Begriff der Menschheit charakteristischen) Gesellschaftsnatur gemäss, in den Völkergedanken (worin sich rück-
schliessend erst wieder Theilstriche für die Einzelngedanken*),
nach ihren Verhältnisswerthen zum Ganzen, würden ziehen
lassen). „Das Vorstellen stellen wir gar nicht wieder vor,
sondern indem wir vorstellen, ist ohne Weiteres dadurch dem
Vorstellen gewiss, dass es vorstellt" (sagt Baumann), oder
(naturwissenschaftlich ausgedrückt), die Vorstellung **) ist das
aus dem zum Denken angeregten Geist, unter der Nothwendigkeit organischer Gesetze, hervorspringende Erzeugniss, das
nach der Gewohnheit des, unter den Sinnen überwiegenden,
Sehorgans nach Aussen hin projicirt wird, und dort dem
geistigen Auge ebenso deutlich gegenübersteht, wie der
optische Gegenstand dem körperlichen. Das materielle Ding,
das in den Anreizen zu dieser Gestaltungsthätigkeit des
Geistes verborgen liegt, wird durch die Vorstellung als
solche, weder erklärt noch begriffen, und hat direct mit derselben, seiner Besonderheit nach, nicht viel mehr zu thun,
als die in den Magen eingeführte Speise mit den Ernährungs-
functionen, die sich aus den verschiedenartigsten Gerichten
überall dieselben Zellcomplexe bilden, wie sie den einzelnen
Gliedmaassen, ihrer speciellen Aufgabe nach, entsprechen,
obwohl bei Zusatz stärkerer Stoffe, narkotischer oder sonst
medicinischer, diese ausserdem ihre specifische Wirkung zu
äussern vermögen.

Aehnlich bei den Vorstellungen. Nachdem durch den
einfallenden (in der Majorität der Fälle die Netzhaut treffen-
den) Sinnesreiz der Denkapparat in dem Einzelnindividuum

---

*) Indem die „Verbreitung der Vorstellungen in der Gesellschaft ein
Hindurchgehen durch viele Privatbewusstsein von Einzelmenschen voraussetzt", folgte (s. Lindner): „dass die Elemente des socialen Bewusstseins
nicht Vorstellungen im psychologischen Sinne, sondern allgemeine Begriffe
oder Ideen sind".

**) Die Vorstellung bildet den Inhalt des Bewusstseins oder vielmehr
die Vorstellung ist der Act des Bewusstseins (s. Wundt).

in Bewegung gesetzt ist und die aufgährenden Elementar-
vorgänge der Gedanken im sprachlichen Austausch unter
Hinzugesellung der Hörbilder weiter durchgearbeitet*) sind,
tritt in dieser wogenden Mutterlauge derjenige Moment ein,
wo die Affinitäten der Wahlverwandtschaft in einem rationellen
Proportionsgesetz zu einander stehen, und dann springt,
krystallartig messbar und umschreibbar, die Vorstellung, als
in sich abgeschlossen hervor, und steht jetzt dem Studium
gegenüber.

Ebenso wie hier die componirenden Molecüle bald für
die Krystallform gleichgültig, oder wenigstens nicht aus-
schliessend specifisch, sein mögen, bald wieder (in gewisser
Ausdehnung) bedingend für dieselbe, in dimorphischen, iso-
morphischen, isomerischen, polymerischen und anderen Erscheinungen; so (um einen Vergleich zu ziehen) hängt es
von den begleitenden Umständen ab, ob in der Vorstellung
das äusserliche Ding, das allein für sich, oder neben und
mit andern zusammen, dazu mitgewirkt hat, dominirend
daraus hervortritt, oder unter den sonstigen Herumbildungen
vorläufig verschwindet, bis es etwa durch geistige Analyse
später darin wieder aufgefunden werden mag.

Knüpft sich die Vorstellung direct an das sinnliche
Substrat, an den Baum, den Hügel, den Fluss, den Mond,
die Sonne, den Donner u. s. w., so wird das Haupt-Interesse
auch von diesem selbst absorbirt und so mag unmittelbar
bereits eine Art von Verständniss gewonnen sein, die eine
Zeitfrist hindurch genügt, bis das Bedürfniss zu schärferem
Eindringen erwacht und sich aus der mythischen Umhüllung,
die anfangs auch hier gefangen hält, bald herauswickelt.

---

*) In dem Ganzen jeder Gesellschaft verhalten sich die einzelnen Per-
sonen fast so, wie die Vorstellungen in der Seele des Einzelnen, wenn die
geselligen Verknüpfungen eng genug sind, um den gegenseitigen Einfluss
vollständig zu vermitteln (s. Herbart). L'harmonie convenable entres les
organes, qui agissent les uns sur les autres, est une condition nécessaire
de l'existence de l'être, auquel ils appartiennent (s. Cuvier).

Anders dagegen, wenn es sich um solche Mythen und Vorstellungen handeln würde, wie die Krankheit, die Gottheit,
die Entstehung u. s. w. Auch hier finden sich überall
die sinnlich-körperliche Andeutungen zwischeneingesprenkelt,
welche, anregend und fördernd, während des gegenseitig
geistigen Verkehrs absorbirt wurden, als sich aus embryonalen
Vorbereitungsstadien jene Denkverkörperung bildete, die,
seitdem zu temporärer Lebensfähigkeit gelangt, damit dann
am ethnischen Horizonte schwebt und in ihren vergrösserten*)
Umrissen dort studirt werden kann (um auf den inneren Ge-
staltungsprocess zurückzuschliessen, Anhalt gewährend). Eine
Identificirung oder Definirung dieser aus den Agentien ma-
krokosmischer Aussenwelt in die psychischen Processe ein-
gewickelten Realien, wird erst nach statistisch angestrebter
Umschau aller ethnischen Wandlungen, (durch die vergleichende Methode) einer inductiven Behandlung (der
Psychologie als Naturwissenschaft) ermöglicht werden. Der
so in Betrachtung der Naturvölker (im Studium der, weil
niedersten, einfachsten Anfänge) gewonnene Einblick in die
Wachsthumsprocesse des Menschengeistes (in dem physiologischen Gesetze der innerlich emporstrebenden Spirale sowohl, wie für den Contact nach Aussen) wird dann auch
für seine höheren Stadien Leitungsfäden abgeben, bis zur
vollen Entfaltung in den Culturvölkern.

Manche der primären Vorstellungen sind im Gange
civilisatorischer Entwickelung so völlig eliminirt, dass der
Zusammenhang mit den gegenwärtig geltenden fast gänzlich
abgeschnitten ist, und jene also nur die Bedeutung archäisti-

---

*) Die vornehmsten Eigenthümlichkeiten des Seelenlebens können da,
wo es sich um Massen handelt, oft sichtbarer hervortreten, während unter-
geordnete Besonderheiten sich ausgleichen und verschwinden. Schon Platon
hofft, auf den Staat und die Gesellschaft hinblickend, in grossen Zügen
das geschrieben zu finden, was die Seele des Einzelnen in kleiner Schrift
in sich enthalte (s. Brentano).

scher Ueberbleibsel bewahren (aber eben auch die volle
Bedeutung derselben, als für unerwartete Aufschlüsse oft
folgenreich). So würde es unter den oben angeführten Beispielen für die Vorstellungen von der Krankheit gelten (die
allerdings im Anschluss an ethnologische Analogien noch im
Volksglauben spuken, für wissenschaftliche Theorien der
Pathologie und Therapie dagegen practische Verwerthung
verloren haben), während die andern beiden, die von der
Gottheit oder die der Entstehung, mit ihren Verzweigungen
noch tief in unsere heutige Weltanschauung hineinragen, für
Religion sowohl, wie für Philosophie. Und dies liesse sich
in den Vorstellungsreihen an vielerlei Parallelen weiter verfolgen.

Manche derjenigen, die die wichtigsten Interessen des
Lebens berühren (oder vielmehr alle die für das irdische
Leben wichtigsten, nächst individueller Selbsterhaltung), berühren den gesellschaftlichen Zustand in seinen mit dem
Staat zusammenfallenden*), und sich übereinander verschie-
benden**) Kreisungen (in Ständen, Kasten, Gilden, Gemeinden, Genossenschaften u. s. w.).

---

*) Der öffentliche Gleichgewichtszustand, den wir eben den Staat
(Status) nennen, bildet nur ein meist jämmerliches Compromiss der verschiedenen öffentlichen Interessen, anstatt eine dauernde naturgemässe
Ausgleichung und Versöhnung derselben darzustellen (s. Lindner), wie nur
bei einem Verständniss der organischen Entwickelung eingeleitet werden
kann.

**) Zu der Anerkennung, „dass der Staat der einheitliche Organismus
des Gesammt-Volkslebens sei, und somit die ihn begreifende und aus-
legende Wissenschaft der Wissenschaft des Einzellebens gegenüberstehe"
kam (s. Mohl) die Erkenntniss, „dass das gemeinschaftliche Leben der
Menschen keineswegs im Staate allein bestehe", sondern dass zwischen der
Sphäre der einzelnen Persönlichkeiten und der organischen Einheit des
Volkslebens „eine Anzahl von Lebenskreisen in der Mitte liegt", als Folge
der complicirten Lebensverhältnisse moderner Bildung, für die sich beim
Hinblick auf die einfacheren Anfänge in den Naturvölkern manche Schwierigkeiten aus dem Thatsächlichen selbst schon aufhellen würden. Auf dem Grund-
gedanken, dass zu unterscheiden sei zwischen der bürgerlichen Gesellschaft

Ehe die Ethnologie indess Aussicht haben könnte, die hier herrschenden Vorstellungen methodisch zu durchforschen, wird sie, *εἰκότως γε*, den Organismus, innerhalb welcher sie zum Ausdruck kommen, vorher begriffen zu haben, als ihre erste Aufgabe erkennen müssen, also den gesellschaftlichen Organismus selbst, dessen Verständniss (wie an sich verständlich) seiner Physiologie vorherzugehen hat, wie der des somatischen Körpers in der Anthropologie seine Anatomie.

Der Staat (die Verwirklichung des Staatsbewusstseins) „ist ein Organismus höchster Art, eine Person, d. h. ein selbstbewusstlos, sich selbst beherrschendes, sich selbst aussprechendes, mit eigenem Willen handelndes Wesen" (*Bluntschli*) und es käme nun darauf an, seine Structur und Biologie zu erforschen, denn die Fragen über seine Entstehung haben, bei der dem Menschen immanenten Gesellschaftsnatur, vor der Thatsache des Vorhandenseins zunächst zurückzutreten*), in diesem Falle ebensowohl, wie bei dem Einzelmenschen, oder anderen Producten der Naturreihe, innerhalb der Peripherie deutlicher Relationsforschungen, nachdem die Gespenster eines

und der politischen, erbaut sich die sociale Politik (s. *Riehl*), um den Begriff der Gesellschaft von der des Staates (mit der Bureaukratie) zu trennen. In Indien beginnt das aufwachsende Beamtenthum der Kayasth-Kaste die Bramahnen aus ihren politischen Stellungen zu verdrängen. In Beziehung zum Staatsleben unterscheidet *Ricci* als gesellschaftliche Kreise (unitá) oder Einheiten: Patriziat, Stamm, Kaste, Korporation, Lehre, Bezirk, Gemeinde.

*) Der Staat ist uranfänglich (s. *Dahlmann*). Die organische Entwickelung der Gesellschaft mit all ihren inneren Phasen und äusseren Schicksalen ist ursprünglich ein Naturwerk, eine geschichtliche Thatsache (s. *Lindner*). Der Staat ist ausgestattet mit der Majestät Gottes und ist die Machtvollkommenheit auf Erden (s. *Rossbach*). Outre l'école historique, l'idée du Contrat social compte parmi ses adversaires l'école naturaliste. Selon cette dernière la société humaine n'est pas une œuvre de la volonté, mais un produit de la nature, elle n'est pas un contrat, mais un organisme, elle n'est pas une libre création, mais une évolution nécessaire. Au fond, l'école historique et l'école naturaliste se ramènent à une seule, l'historien constate les faits, le naturaliste les explique (s. *Fouillée*).

mythischen Frühmorgens daraus vertrieben sind (und ehe noch die Kraft genugsam gewachsen, um den in das Unendliche fortstreichenden Tangenten zu folgen). Vorläufig ist das an sich Gegebene entgegenzunehmen, um die Totalbedeutung aus den Verhältnisswerthen (die sich, mit fortschreitender Auflösung der Unbekannten, in Formeln fixiren lassen) herauszurechnen. Wenn dann einst ein höherer Calcül (für psychologische Arithmetik) erfunden, wird sich auch das Uebrige schon finden.

Die Gesellschaft nun (die in ihrer Morphologie auf Familie, Stamm, Staat, in ihrer Biologie auf Sippe, Volk, Nation führen würde) steht, ob gross oder klein, überall vor Augen, wo dieses den Menschen schaut, denn in der Realität existirt dieser als Gesellschaftswesen, als Einzelwesen *) nur in der Abstraction, und noch in der Paarung, der für Arterhaltung erforderlichen Ehe, kaum sporadisch (von der Bedeutung als Theilgrösse innerhalb höherer Ganzen abgesehen).

Mancherlei Missverständnisse entstehen hier aus unbestimmter Terminologie, wie in Verwendung von „Stamm“ (Clan, Geschlecht, Bande u. s. w.), für Tribus und Phyle (von Curie und Phratrie abgesehen) für γενος (ganas) und gens, dann auch aus den in der Behandlung der Culturgeschichte nächstvorliegenden Prototypen in der römischen Gens (und ihrer patria potestas mit den daraus fliessenden Folgen), da gerade diese einen auffälligen (einen für das Uebergewicht der dadurch bedingten Geschichtsentwickelung desto bedeutungsvolleren) Ausnahmsfall unter der ungeheuren Masse des in der Ethnologie zusammenströmenden Beweismaterials bildet, mit äusserst wenigen Coincidenzen (wie bei

---

*) Die Nation ist Ein Wesen sowohl wie der Einzelne (W. v. Humboldt). Wenn die Individuen von einem Geist bewegt sind, dem kein Einzelner sich eigen und auch keiner sich fremd fühlt, so mögen sie ihn ansehen, wie eine Seele, die in ihnen Allem, in ihrer Gesammtheit lebt (s. Herbart), als beseelte Gesellschaft (oder Volksseele).

den Khond, oder sonst patriarchalisch). Auch ist die unter
den vorwaltenden Theorien als Grundstock der ganzen Entwicklung untergelegte Familie für solche Betrachtung in Wegfall
zu kommen, da so lange, wie in der Mehrzahl der Paradig-
men eine exogame Ehe herrscht, so lange es sich um Ge-
schwister (in den Cognaten) handelt, (während die Gebrüder
im agnatischen Mannesstamm zur Geltung kämen) die Familie
noch nicht existirt*), und wenn weiterhin Mann und Frau verschiedenen Gentes angehören (und so für die Kinder das
Neffenrecht folgt, oft in gynocratischen Weiterergebnissen),
kann sich eine Familie, klärlich genug, eben noch nicht
zusammenschliessen, und eher mag sie sogar ausserdem in
Geschlechtsklassen (wie bei den Kamilaroi) auseinanderfallen,
(also eine Art Anticipation der Geschlechter, in Wortbedeutung).

Unser heutiger Begriff der Familie (seit *Singuli singulas
familias incipiunt habere*) ist natürlich ein fest umschriebener
und bestimmt erfasster, weil eben (mit den heutigen Hilfs-
mitteln logischen Denkens) aus dem heute bei uns factisch
Vorliegendem abstrahirt (und so innerhalb des Gesellschafts-
ganzen an dem zukommenden Platz localisirt). Als demgemäss aus den Factoren herausgerechnetes Product, muss
hier deshalb die Probe richtig zutreffen, nicht jedoch, wenn
diese anderswo angelegt wird, etwa bei der römischen *Familia* (mit Zurückgehen auf oscisches *famel*) oder der im οἶκος
begriffenen Familie der Griechen, (neben dem in fictitiver
Adoption herausgebildeten Clan), von fremden Fernen gar
nicht zu reden.

Wir haben allerdings die schematischen Formen von
Familie und Stamm vor uns, die wir uns auseinander entstanden denken können, weil sie sich ineinander zerlegen
lassen, aber eine thatsächliche Einheit tritt erst in der Sippe

---

*) Das alt-italische Haus kann gar nicht für sich alleinstehend gedacht
werden, weil es auf rechter Ehe beruht, und noch weniger sich fortpflanzen,
ohne mit andern Häusern in einer weiteren sacralen Gemeinschaft zu stehen
(s. Nissen). So überall in verschiedenen Continenten.

hervor (der Phratrie, oder irokesisch, *De-a-non-da-a-yoh*), bei
der sich bereits die Spuren halbbewussten Eingreifens spür-
bar machen, die im „*Contrat**) *social*" dann zum Staat führen
sollen (der schon φύσει zu setzen).

Dieser gelangt aber nicht mehr zu seiner ideal berechtigten Verwirklichung, zu der Weihe eines in monumentaler
Ruhe thronenden Kunstwerkes, weil das jetzt brausend er-
wachende Leben des Volksgeistes in immer gewaltigeren
Fluthen anschwillt, um seine ethnischen Gefühlsströmungen
mit politischer Machtstellung in der Nation zu einen
und vermählen. Aristoteles Hauptformen der Regierung
im Königthum (oder Monarchie), Aristokratie und Politie
(neben Tyrannis, Oligarchie und Demokratie oder Ochlokratie)
war bereits, bei Heranziehung des semitischen Gesichtskreises
zu dem classischen, die Theokratie zuzufügen und bei dem
jetzt über den ganzen Globus erweiterten Blick drängen
sich so vielfache Modificationen der Berücksichtigung auf,
dass vergleichende Zusammenstellung der characteristischen
Typen tiefeingreifende Umgestaltungen der bisherigen Systeme
mit sich bringen würde.

Die Priesterkönige gliedern sich unter vielfachen Masken
(neben den archaistischen Formen im Basileus und Rex) von
dem in Cochin und Meroe, in Kioto, Tonga, Sogamoso
zum Muata-Yamvo oder östlichen Regenmachern, der
Herzog ex virtute, (auch ein Archonten zugegebener
Stratege) findet, wie in Lucian's Scythenland (und Asien
vielfach) seine Analogien in Amerika des Nordens und Südens,
die Orang kaya des indischen Archipelagos treffen ihre

---

*) Die Gesetzgebung auf dem Sinai, wo Jehovah als Bräutigam der
Braut entgegenkommt, wird als eine Eheschliessung betrachtet (s. *F. Weber*),
indem Israel dort volljährig geworden (nach Pesikta) im Bunde ewiger
Treue (mit der Thora das Königreich vom Himmel übernehmend), erneuert (nach dem Abfall im Stierwerk) seit den Tagen des Achaschwerosch
(durch Esra).

Seitenstücke*) bei den Beluchen sowohl, wie bei den Aht und Benachbarten, zu dem Senat (kirgisischer) Weissbärte weisen auch die Weisen und Greise**) in den Gnekbade unter den Altersstufen der Kru, und die Ariki, die vor den polynesischen Fahrten jenseits des Gesichtskreises lagen, führen ins Jenseits hinüber in der bei Mikronesiern schon im Leben eintretenden Apotheose.

Bei Stämmen, die (nach Art der Celten am macedonischen Hofe) nichts fürchten, als dass der Himmel etwa einfalle, die den Todesgott höhnend schelten (wie die Angbami und Sumba) und ihn zum Kampf herausfordern, ob des Mordes ihres Freundes, die, gleich den Abor, die sonst sorgsam in heiligen Hainen gepflegten Walddämone durch Baumumhauen zu schrecken suchen — bei dieser Art wilden Gesellen wird von Regierung***) nicht viel die Rede sein, und nur der priesterlichen Festordner bedürfen sie vielleicht, um die für den Lebensunterhalt unentbehrlichen Mächte (wie die des Pflanzenwachsthums, der Aussaat und Ernte) in guter Stimmung zu halten. Abgesehen von diesen Spruchmännern für die unsichtbare Welt, finden sich in den Dörfern der Naga (soweit nicht bereits aus der Zeit der Ahom-Raja Assam's beeinflusst) z. B. nur solche Beamte, welche die öffentlichen Arbeiten (besonders an den Wegen) versehen und beaufsichtigen. Ausserdem bietet das Gebot der Selbsterhaltung, um, innerhalb der Befestigungen des auf steiler Höhe liegenden Dorfes, sich der Existenz gegen die ringsumgebenden Feinde

---

*) Auf den Gilbert wurde der Rang durch Reichthum ertheilt. In Acalan herrschte der Reichste (s. Gomara). Kosi (bei den Beschuanen) bezeichnet den Häuptling als den Reichen (s. Burchell).

**) Die Häuptlinge (in Australien) sind „those, who were oldest" (s. Howitt). In Nicaragua herrschten die Guegues (als Rath der Alten), wie die Huehue, als Pilli (Häuptlinge) der Chichimeken

***) Die Cyclopen herrschen über Frauen und Kinder ohne weitere Versammlungen (bei Homer). Unter den brasilischen Wilden herrscht der Mann (nach dem Recht des Stärkeren) über das schwächere Geschlecht, und über den Sohn, so lange dieser noch nicht zum Erstarken herangewachsen.

zu wahren, das festeste Band eines Zusammenschlusses, und
für die Vertheidigung sind dann die im Langhaus (nach
spartanischer Einrichtung) zusammenschlafenden Jünglinge,
nach ihren Rotten, streng militärisch organisirt. Da bei Gemeinsamkeit des Landbesitzes und Beschränktheit des Handels
(in der Isolirung) Anhäufung von Privatbesitz nicht (oder doch
nur in der, ovale Hausform gestattenden, Maassbeschränkung)
statthaben kann, werden vorkommende Zwistigkeiten beim
gemeinsamen Mahle erledigt*), auf Einladung des Klägers
und, wenn Appellation zulässig scheint, auch des Beklagten.

Im Uebrigen herrscht bei diesen (vom Fremden oder
Hostis) gefürchteten Kopfabschneidern friedliche Einigkeit
innerhalb der Gemeinde, und wenn derartige oder andere Wilden,
die bezüglich des eigenen Kreises gewissenhaft ihre Moral-
gebote beobachten, solche dem Barbaren gegenüber nicht
kennen, behandelten die Hellenen diesen nicht viel besser.
Dem Volke der Thora ist der Handelsverkehr mit den
Heiden gestattet, sofern diesen daraus nicht Vortheile, sondern
Schaden erwächst (nach Aboda Sara).

Das in den Buddhisten ihrem Decalog zugefügte Verbot
des Lügens, wird in Senegambien und andern Theilen Afrikas
sowohl, wie bei den Khond u. A. m. als Gebot die Wahrheit zu reden, auf das unverbrüchlichste gehalten**).

----

*) Damit konnten sich als Präcedenzfälle die Themistes feststellen, die,
im Zeus' Schoss (bei Homer) ruhend (oder durch Bath-Kol verkündet), später
das Material zur gesetzlichen Durchbildung abgeben, wie aus einem (in
Birma) juristischen Dammathat für den Codex Menu's. Die Gesetze oder
νομόι (Gesänge) wurden, ehe sie aufgeschrieben waren, gesungen (nach
Aristoteles), wie die carmina (als Gesetzesgesänge) bei den Römern.

**) Indem „die Philosophen bei allen Abweichungen in Ansehung des
ersten Princips der Sittlichkeit doch in der Bestimmung der einzelnen
Tugenden und Pflichten meist übereinstimmten" (s. Stäudlin), scheint zu
folgen, dass man entweder „Eines gemeinschaftlich höchsten Princip's in
der Moral nicht bedarf, oder dass die Philosophen unvermerkt und ohne
deutliches Bewusstsein doch nur durch Ein solches Princip in der Bestimmung des Einzelnen geleitet worden sind" (bei Uebereinstimmung der
verschiedenen Systeme in Aufzählung der ethischen Begriffe).

Die Mari fliehen bei dem Nahen von Fremden, und bei den Maria geht das Princip des stummen Handels bis auf die Tributzahlung*) über, die Gond bringen die (englischen) Richter durch Selbstgeständnisse oft in Verlegenheit, und gleiche Aufrichtigkeit und Treue (gegen den Herrn) wird von den Khond gerühmt, die aber dann wieder in den blutigen Opfern der Meriah sich an Martern ergötzen. Die scrupulöse Gewissenhaftigkeit übertreibt bei den Gond die Ceremonialgesetze, wo sie solche von den Hindu angenommen, bis zum Waschen des Holzes vor Verwendung zur Feuerung, und da sie doch auch wieder die einheimischen Götter nicht entbehren können, bedecken sie das Kuhfleisch, wenn für die Riten erforderlich mit Tuch, ehe sie es an den Mund bringen**).

---

*) Bei dem Jahrestribut der (wilden) Maria (oder Madya Gond) „the officer of the Rayah having beaten a drum outside a village, hides himself, and then the villagers bring out their tribute to the appointed spot". (mit „a singular character for truthfulness and honesty"). Die (umherziehenden) Maris are truthful and honest, and so exceedingly timid, that the whole population of a village will flee on the approach of a stranger (unter den Gond). The Gonds are among themselves honest, faithfull and trustworthy, courageous in some points, and truthful as regards faults they have committed, (exceptionally faithful and obedient to his employer, so much so, that he would not hesitate to commit any crime at his order and sooner, than turn informer, would himself die), nämlich „the really wild Gonds, who have not become contaminated by contact with spurious civilisation" (s. Hislop). Die Dhur Gonds (the lowest of the race) „are so remarkably simple and honest, even the wildest of the tribes, that they will fulfill any agreement, which they make, no matter the difficulties in the way and the personal distress, which they may have to endure (s. Sterring). Their word (bei den Khond) may be wholly relied on, and they will never desert those, to whom they have promised to adhere, or betray those, they have engaged to protect (s. Jenkins). Torquemada fand die Indianer „de tanta simplicidad y pureça de alma, que no saben pecar", und die Beichtväter darüber „embaraçados".

**) Nothwithstanding their adherence to Hindu usages, they are obliged occasionally to visit their own deities, and even put cow's flesh to their lips, folded in cloth, to ward off evil from their houses (*Sherring*) die Gond.

Bei den Samojeden, die (des Kleider-Trocknens wegen)
nackt zusammen im Zelte liegen, würde es doch gegen den
Anstand sein, wenn ein Mädchen den blossen Fuss (beim
Wechseln der Fussbekleidung) zeigte (in chinesischen Weiter-
führungen der Vorstellung), wie ähnliche Vorschriften im
malayischen Pomali. Bei den Kamtschadalen ist es Sünde,
Schnee mit einem Messer von den Schuhen zu schaben,
Feuer damit zu berühren u. s. w., bei den Awam-Samojeden
muss der Kopf des erlegten Wild-Rennthiers roh gegessen
werden, da es Sünde sein würde, ihn zu kochen (s. Middendorf), und bei den Kurnai (s. Howitt) bestehen genaue Bestimmungen über Vertheilung der Jagdbeute, je nach dem
Thiere. Solche Vorschriften würden nie gebrochen werden.
Ein junger Kroatun gefragt, ob er das ihm verbotene Opossum-
Weibchen nicht essen würde, wenn kein Alter in der Nähe,
dies zu sehen: replied „J could not do that, it would not
be right". Er würde daran ebensowenig gedacht haben, als,
wenn es von ihm verlangt wäre, über das Wasser zu gehen,
ohne im Stande oder veranlasst zu sein, deshalb über die
Gesetze der Schwere, die dies nicht erlaubten, eine Erklärung
zu geben*).

Aehnlich den Scheidungen der κάκοι und ἀγαθοι in
Megara (durch Theognis), bilden die Begüterten (*boni homines*
oder Godos) die Guten, und entsprechend wird bei Samojeden
und Jakuten (s. Middendorf) „arm" und „schlecht" durch
dasselbe Wort ausgedrückt, wie im Schwedischen (das schlechte
Volk) und im Esthnischen.

---

*) Obwohl Eisen dem Samojeden werthvoller als glänzendstes Gold,
fehlte an dem seit hundert Jahren auf der Tundra gestrandeten Boote
kein Nagel, da es (nach Toitschum) Eigenthum des Sonnenhellen Zaren sei,
und Middendorf weist dabei auf den Hühnerhund bester Rasse hin, der
„unregsam vor dem Wilde steht und bei ärgster Abmagerung zum Aerger
des Jägers nicht dazu zu bringen ist, Wildknochen, nicht mal wenn sie in
Butter gebraten wurden, zu fressen".

In solchen durch die Natur der Sache nun gegebenen Gesellschaftsverbindungen, wie z. B. (zur Wiederholung obiger Darlegung) in den Nagadörfern, wo ohne eigentliche Regierung (von den gemeinsamen Nutzen dienenden Beamten öffentlicher Arbeiten abgesehen) nur etwa gegen die Feinde der unsichtbaren Welt (schädigende Dämone) durch priesterliche Functionen (der Festordner in besonderer Rücksicht auf Erntegottheiten) vorgesehen*) ist (denn gegen die greifbaren Feinde schützt die militärische Jünglingsschaft), in solchem bei den vom Kläger und Beklagten veranstalteten Mahlzeiten in gegenseitiger Besprechung etwaige Zwistigkeiten schlichtendem Communismus, da (neben der geschlechtlich aufliegenden Blutrache) nur wenig Anlass zu rechtlichen Entscheidungen**) unter gemeinsamem Eigenthum gegeben ist, wird der durch aussergewöhnliche Gunstfälle, in glücklicher Handelsoperation etwa, oder (wenn Vorsprecher für die Verhandlungen nach Aussen) durch Geschenke Fremder zum Privatbesitz Gelangte, diejenige vorwiegende Stellung (in Erlaubniss eines ovalen Hauses, wenn durch Liberalität populär) erhalten, wie sie sich in den erwähnten Orang kaya des Archipelagos und sonst ausspricht (und unter den Haidah dann wieder freigebiges Verschenken bis zu eigener Verarmung verlangt).

Wenn dann etwa eine Amphictyonic, gleich der der Irokesen, sich in solcher Einigung***) für weitere Kriegs-

---

*) Dio Magistrate (*οἱ ἐν τέλει*) par les offrands, qu'ils font au foyer, assurent le salut de la cité (s. Coulange).

**) Themistes (Vielheit in Themis, als Beisitzerin Zeus') are the awards themselves, divinely dictated to the judge. Kings are spoken of, as if they had a store of „Themistes" ready at hand (isolated jugements). The only authoritative statement of right or wrong is a judicial sentence, after the facts, not one presupposing a law, which has been violated, but one which is breathed for the first time by a higher power into the judge's mind at the moment of adjudication (s. Maine). Dio Rechtssentenzen des Dhammathat wurden in Menu's Gesetzbuch methodisch vereinigt (als Responsa Prudentum).

***) Auf den Tagesatzungen der Lykier stand den Städten ein nach der Volkszahl abgestuftes Stimmrecht zu. Bei der von jedem Stamm in

züge stark genug fühlt, und für Organisation derselben ein
Tapferster an die Spitze gestellt werden muss, lehrt es die
Vorsicht (wie bei dem Zweikönigthum Sparta's oder in
den beiden Consuln Roms) die neben den (unter den durch
die Bundesbegründung · festgestellten Namen fungirenden)
Sachem (den Ho-yar-ra-go-war mit ihren Gehülfen in den
Ha-sa-no-wä-na) erforderten Würde des Kriegshäuptlings
(Hos-gā-a-geh-da-go-wä) zu verdoppeln, um der Gefahr
vorzubeugen, dass der triumphirend von Siegen Heimkehrende
sich als Dictator proclamire, eine Tyrannis auszuüben, und
den Rath der Gerousia missachten sollte.

Diese in der „Civitas", als solche, regelrechte Entwickelung kann nun hie und da abgelenkt werden, durch Keime,
welche noch aus früherer „Societas" her in derselben einge-
streut liegen mögen.

Ein umschriebener Ansatzpunkt der Betrachtung mag
sich hier in den Wanderungen der Maori ergeben, an den
verschiedenen Landungspunkten der neu zu besiedelnden
Insel in getrennten Canoe's anlangend, die dann später in
Iwi und Hapu den Stamm repräsentiren (mit seinen in,
wenigstens fictitiver, Verwandtschaft gedachten Ngati oder
Mitglieder), in Naukrarien (s. Phot.) gleichsam.

Hier hatte die für längere Seefahrt erforderliche Organisation unter einheitlicher Leitung hervorragende Persönlichkeiten, wie Turi, Tama-te-kapua, u. s. w. an die Spitze gestellt,
und auf diese (in den durch das Wappen des Moko im Whare-
Runanga als Eupatriden dauernden gekennzeichneten Familien)
übertrug sich dann naturgemäss der Titel eines Rangatira-nui
unter den Rangatiras (den in Tahiti bereits herabgedrückten
Ratira entsprechend).

---

der Zahl der ihm zustehenden Sachem beschickten Versammlung der
Irokesen wurde nach vorheriger Meinungsgleichheit jedes Stammes abge-
stimmt.

Indem nun in der Familie des Häuptlings der älteste
Sohn zur Bewahrung der (bei Herkunft aus entschwindender
Fremde desto wichtigeren) Stammestraditionen (unter Verknüpfung der Genealogie mit Theogonien) ausgewählt und
meist durch den bei seiner Mündigkeit noch vollkräftigen
(und also dem Ansehen des Vaters noch voranstehenden)
Grossvater unterrichtet wurde, so gewann derselbe (gleichsam im Koiranos oder Basileus, dem Zeus das Scepter
ertheilt) in solcher Communication mit dem Göttlichen (und
als geeignetes Gefäss, um Tu beim Krieg oder Rongo beim
Ernten herabsteigen zu lassen), jene Heiligkeit, die sich in
Nukahiva bereits in der Bezeichnung Atua für die Taoua
(den Tiou, als Arii tabu in Tahiti) beweist, hier dann neben
(und über) den Akai-ki oder Hakaiki (als Häuptlingen),
während priesterliche Ceremonien (wie im tahitischen Tempel-
dienst der Tahua) den Tahuna (Tohunga bei den Maori)
überlassen bleiben, für kriegerische Unternehmungen aber ein
jugendkräftiger Tua berufen wird, indem auch die Priester-
fürsten der Maori (als sie mit Fütterung ihrer, als Kai bezeichneten, Söhne durch die Priester verweichlichten) eines
für die Gelegenheit eintretenden Major-domus, als Rangatira-
toa im Kriege, bedurften.

Bei der mystisch die Ahnenreihe einleitenden Thierform,
wie sie sich, indianischem Totem oder australischem Kobong
entsprechend, auch in Afrika (bei Beschuanen und sonst)
findet, stellte sich dann die Verbindung mit dem (zugleich als
Eponymos auftretenden Heros) her, wie ebenso bei dem in
Roms Vorgeschichte (in der Glorie heiliger Aeneaden aus
mythischem Troja) spielendem Prototyp des Rex sacrificulus
ein Wolf (mit den zu Romulus' Ehren gefeierten Lupercalien)
und dem von Picus durch Faunus zum alten Saturnus
führenden Specht, der bei der Speisung mithalf (während
bei Koloschen dem Wolf der Rabe zugesellt ist in der Abstammung, mit Bildern nördlicher Sagas).

Wie dann in geschichtlicher Bewegung weltliche und geistliche Macht auseinanderbricht, liegt bei Ergamenes und dem Perimaul vor Augen, und wie dasjenige geworden, was in späterer Auffassung für das Königthum besonders zum Paradigma diente, ist aus der Entwickelung des Feudalismus zu ersehen, in historischer Begründung auch bei Azteken (und mit vielfachen Analogien aus den übrigen Erdtheilen zu dem uns bereits in Europa bekannten Verlauf).

Während in geschichtlichen Epochen ein Eponymus, als Vorfahr, an der Spitze des Stammes steht, und als Heros im Halbgottthum den (innerhalb der Familie meist auf 3 Generationen beschränkten) Ahnencultus*) erweitert, findet sich in den Vorstadien des Totem das Wappenthier (wie in Amerika bei Basuto, in Africa, bei Khasya, Jakuten, dann in Australien u. s. w.) mit den Essverboten, wodurch von dem (grönländischen) Verbieter die Erlaubniss sonstigen Genusses gesucht wird, wie in den Mokissos zu Loango, während die kühnen Maoris die, Tiki's Nachkommen zustehende, Herrschaft auf Tu's Siege zurückführen.

Auf die Zeit, wo Menschen und Thiere friedlich noch zusammenlebten (in Birma), gingen auch die Peruaner zurück, und bis auf die thierischen Vorbilder in den Constellationen (gleich den Abiponen).

Die Irokesen führen die Emblemen der Stämme als Thiere**) (mit Bär und Reh als ursprünglichen bei den Seneca),

---

*) In Hecataeus' Phratrie wurde der gemeinsame Ahn auf das 16. Geschlecht zurückgeführt wie in den meisten Genealogien der Maori. Dionys. Hal. übersetzt Lar familiaris mit ὁ κατ' οἰκίον ἥρως.

**) Die Australier am Darling zerfallen in Stämme, als Emu, Wild-Ente, Känguruh. Die Urghi redenden Stämme in Maramoa (in Queensland) sind nach Wappen getheilt. Die Heirathen reguliren sich nach den Thieren der Stämme oder Murdoo in Australien (in den Benennungen), unter den Mudji (oder Totem der Indianer). Bei den Tungusen sind die Abtheilungen nach Thieren: Pferd, Hund, Rennthier, genannt. Bei Bechuanen meidet der Stamm das Thier seines Namen's (nomen oder numen) zu essen. Die Gebeine wurden bei Cherokesen in einer mit dem Wappen des Geschlechtes

wie die Odjibways, als Totem (Dodaim), und so die Azteken auf ihren Heereszügen. Bei den Jakuten hielt jedes Geschlecht ein Thier heilig, das nicht gegessen werden durfte (*Yves*).

Wie der Einzelne*) seinen Schutzgeist, besitzt bei den Narrinyeri (am Lake Alexandrina) jeder Stamm (Clan oder Lakalingeri) sein Wappen oder Ngaitye (nach Thieren, auch Insecten, benannt), gegen die Brupar oder Dämone, und sonst. Den Kili der Ho ist das Essen des (thierischen) Namensvetter verboten, wie den Fahinga Tonga's.

Die den dii Penates (des Haus-Inneren) entsprechenden ϑεοί μύχιοι (als verborgen) in den *sacrificia occulta* (s. Cicero) bei den *Sacra gentilicia*, bekundeten, als ϑεοί ἐγγενεῖς der am Heerd**) Vereinigten jene Eifersucht gegen Fremde, wie sie sich in Samoa selbst auf Mitbenutzung des Canoe ausdehnt

---

bezeichneten Lade bestattet. In Wappen treten neben den Thieren emblematische Zeichnungen, wie das Brettspiel (Holub's) in dem der von Prittwitz mit der mauretanischen Mohren-Prinzessin. Das schlesische und meissnische Geschlecht von Löben erhielt das Wappen von dem Ahnen aus der deutschen Leibwache der Mohrenkönigin. Ausser aus den Wappen der Heeresabtheilungen (oder dem im frühesten Wildzustand Gegenseitigfressen's von den Einzelnländern gewählten Merkzeichen) und aus dem Nutzen der verschiedenen Thiere, giebt Diodor vom ägyptischen Thierdienst, abgesehen von der priesterlichen (als geheim gehaltenen) noch folgende Erklärung: Man sagt, in der Urzeit sei die Zahl der Götter klein gewesen, und die Menge und Zügellosigkeit der erdgebornen Menschen habe sie überwältigt, nun haben sie die Gestalt gewisser Thiere angenommen, und sich auf diese Art gegen die Gewaltthätigkeit jener Wilden gesichert, nachdem sie aber die Herrschaft über die ganze Welt erlangt, haben sie aus Dankbarkeit gegen die vormaligen Werkzeuge ihrer Rettung, die Thiergattungen, in welche sie sich verwandelt hatten, für heilig erklärt' (s. Wurm).

*) Je nachdem der Schutzgott des mütterlichen oder väterlichen Stamms beim Abschneiden des Nabelstranges ausgesprochen war, gehörte das Kind diesem oder jenem (in Mangaia). Der Vater als den Rang des Kindes bestimmend, ist (auf Yap) regelmässig tättowirt (nicht die Mutter).

**) Das trauliche Heerdfeuer wurde dann so vertraut, dass sich in ihm Agni verbergen konnte, um mit den Frauen der heiligen Rishi zu kosen (im Mahabharata), und in Rom auch entsprang aus solchem Heerdfeuer ein königlicher Spross.

und bei den Naga die Abschliessung durch Genna verlangt, nach dem Grundsatz: *Suo quisque in ritu sacrificia faciat* (s. Varro). Die Franken waren ἐξ ἡγεμόνος genannt (s. Laur. Lydus).

Neben dem Aitu fale (Hausgott) wurde das Kind in Samoa auch dem Dorfgott geweiht (wie in Griechenland unter Opfern in der von dem φρατριάρχος presidirten Phratrie ihrem Heros Eponymus) und stand dann ohnedem unter dem über den District wachendem Gotte, dessen Zeichen getragen wurde, sowie, je nach eigenen Neigungen oder Prädilectionen der Grossen, unter den Grossen Göttern, über und unter der Erde, und in Betreff ihrer Schöpferkräfte jedenfalls für die Ernte (also O-Le-Sa etwa, der deshalb Heilige κατ' ἐξοχήν in Samoa) von practischem Interesse, oder dem Fischfang auch in Naturbeherrschung (wofür sich Karakia lernen liessen gegen Wind und Wellen).

Wie im Ahnen-Cult der Chinesen handelte es sich auch am Heerde der Griechen und Römer (im πατριάζειν oder parentare) um Vorfahren, die unter begünstigten Verhältnissen zu Heroen aufsteigen*) mochten (gleich siamesischen Chao) oder weiteren Deificationen, obwohl in der Zwischenzeit gewöhnlich (nach Uebergang der Societas in Civitas) der Staatscult Auswahl genug bot, für jede Art Bedürfnisse.

Wie Buseliden von Buselos (Claudier von Clausus, Cloelier von Cloelus) von Eumolpos stammend, wandten sich die Eumolpiden noch im Besondern der Demeter von Eleusis zu oder die Butaden (des Butes) ihrer Athena auf der Burg (dann Nautii ihrer Minerva, Potitii dem Hercules u. s. w.), indem die Gestalten physischer oder politischer Götter unter den

---

*) Laneae effigies Compitalibus noctu dabantur in compita, quod Lares, quorum is erat dies festus, animae putabantur esse hominum redactae in numerum deorum (*Verrius Flaccus*). Sibirische Schamanen lassen sich an Kreuzwegen begraben, Opfer zu erhalten. In Ceylon bedarf es eines den Yakseyo von Wessamouni ausgestellten Wurun oder Erlaubnissscheine's, für Opfer quälen zu dürfen.

ἑστιοῦχοι oder ἐφέστιοι eingeführt wurden. Bei den Zulu hat jede Familie und jeder Stamm einen Ahn, neben dem Ahn des ganzen Geschlechts, des Ukulunkulu (Ururgrossvater) aus einem Rohr entstanden (s. Callaway) neben der Frau Uthlanga (Schössling).

Im Allgemeinen reicht das genealogische Band im Privatkult von der Familie etwa bis zur Phratrie, während es sich darüber hinaus dann nicht mehr festhalten lässt, und in Polynesien reisst es bei den Atua fanau po ab, als Atuafaka-Bolotu in Tonga mit den mythischen Wanderungen verknüpft, und so in andere Vorstellungskreise überleitend.

Der polynesische Todtencult indessen, obwohl Gebete an den Gräbern gesprochen werden (freilich zur Abwehr nur von Krankheiten), kann sich (von einigen abortiven Versuchen in Häuptlingsgeschlechtern, und formlosen Idolen, abgesehen) nie zu eigentlichen Deificirungen entwickeln, da dem ursprünglichen System nach die Seele (wie im Reinga der Maori) mit jeder tieferen Stufe an Kraft verliert und sich endlich in Gestank*) (im Meto des Reinga) auflöst, also keine Kraft für wirksame Hülfe (höchstens die Fähigkeit zu gelegentlichem Entschlüpfen, um Unheil zu stiften) besitzen kann (wie ja in Griechenland ebensowenig, wenn nicht als Halbgott nach oben**) erhoben und durch Theilnahme am Unsterblichkeitstrank bevollmächtigt). Die Verehrung ging also zurück (auch die individuelle, wie im

---

*) Gegen die von der Unterwelt her wirkenden μίασμα (μίαμμα et expositum βαμμά) der Manen und deren Zorn, bedurfte es des Schutzes der Reinigungen.

**) Solche nach Oben vernichtender Abschwächung entgangene Geister konnten dann zur thatkräftigen Unterstützung der Amakosa (oder Lokrer) im Kampf herabkommen, mit derartiger Hülfe seiner Ahnen streiten die Schamanen gegen die Dämone, und wie zu ihnen der Angekok der Eskimo, reisen die Priester der Lappen nach Jabme-Aimo, um von den Jabmek (Seelen der Abgeschiedenen) Rath und Auskunft zu erhalten. Stoici negant quemquam, nisi sapientem, divinum esse posse (Cicero).

indianischen Totem gleichfalls) bis auf den mythischen Ahn-
herrn im Thier, und in Thierform erscheint daher der Atua-
fale sowohl, wie der Districtsgott (mit seinem Tattoo oder
Wappen), während in der classischen Zeit auch bei den
Grossen Göttern die heiligen Thiere als Symbole verblieben.

Im Volksglauben hat sich noch die wahrsagende Kraft
der Thiere*) erhalten (beim Hund, als Todtenreder, beim
Kuckuck, Storch, Hahn u. s. w.), aber der frühere Thier-
Cultus, der sich von Aegypten aus durch ganz Afrika reflectirt (während er in Indien zu den halbthierischen Formen
der Avataren entstellt ist), war am Mittelmeer bereits erblichen, als die dortigen Volksstämme in die Geschichte
eintraten, und mit letzten Resten (wie in den Sagen von
Io u. s. w.) bald von mythologisirenden Dichtungen verflüchtigt,
oder reducirte auf den Namen (s. Varro) *ab utroque pecore*
(Porcius, Ovilius, Caprilius oder Equitius, Taurus). Dagegen
finden wir wieder weiter im Binnenlande die Thiere in Tempel-
hainen (*publice aluntur*), der Pferde *praesagia ac monitus* (bei
Tacitus), und später noch bis an den Strand der Ostsee bei
den Preussen (bei Lutizer, Rugier, Liven) und die Pferde-
köpfe auf den Bauernhäusern mögen „mit dem heidnischen
Glauben zusammenhängen" (Grimm). Die Celten schworen
beim Stier (s. Plutarch) und der persische Urstier (mit
Gayomert erschaffen) führt auf scandinavische Audhumbla
(und ihr Wiederschein in heiliger Kuh der Brahmanen),
während dem „Heiligbär" mit ostasiatischen Reminiscenzen
der Fuchs als (japanischer) Reineke zur Seite steht, und (von
gegenseitiger Küste, von Koloschen, herüber) der Fenris-Wolf

---

*) Das Thier empfindet die Zukunft voraus, es zeigt in dem, was es
hervorbringt, eine Kunst, einen Verstand, der jede menschliche Production,
besonders des rohen Wilden weit hinter sich zurücklässt, und doch scheint
das Thier nicht nach Ueberlegung und Vernunft, wie der Mensch, zu
handeln. Daher sieht er in ihm gleichsam die Hülle eines Gottes, das Leben
eines Naturgeistes (*Richter*). Nach den Papagos unterhielten sich früher
Menschen und Thiere in gegenseitig verständlicher Sprache.

weit in Wehrwölfen schweift. Dazu kommen dann Vögel in Zahl, und die Schlangen wie überall.

Im Allgemeinen stehen die hochfliegenden Vögel in directer Beziehung zu Himmelsgöttern, und entziehen sich menschlicher Sorge, die sich dagegen den nähern zuwendet, und auf Samoa das Tödten der (wie in Babylon einst, bei den Mandan unverletzlichen) Tauben, zum Besten der Häuptlinge, verbietet. Wer eine sterzmeise fahet, der ist umb leib und guet und unsers herrn ungnad. Wie auch: „Wer da fehet ein bermeisen" (in den Weisthümern) und „wer eine kolmeise fienge", wird mit höchster „Busse" (s. Grimm) bestraft. Bei den Letten heisst der Wahrsager Schluecks (von sihle, Meise oder Zaunkönig gleich dem Papagei Hawaiki's).

Die Langobarden verehrten *Viperae simulacrum*, und den Unken giebt man „Kuhmilch zu saufen", wenn mit Goldkronen einer Schlangenkönigin (in Immeneich). Das Weibchen des Schröter erscheint in Böhmen als Babka (Grossmütterchen) und der Sonnenkäfer in seinem Namen.

In Uebertragung der Kobong auf umfangreichere Verhältnisse ergeben sich bei Bulgaren (s. Schafarik) der Türke als Schlange, der Russe als Fischotter, der Litauer als Auerochse (Tur), der Bulgare als Stier (Bulgarin byk), der Serbe als Wolf. Neben Adler und Wolf führten die Römer den Mannstier in den Feldzeichen. Wie die Könige Abyssiniens von urweltlicher Schlange, stammen*) die Ashantie vom Schlangenmensch, Bore, und in Indien blicken Naga überall hervor.

Während der Atua, der, wenn böswillig gesinnt, in Thiergestalt in den Körper eingeht, um Krankheiten zu erregen, auch die Seele verschlingt, liegt der Thiergestalt des Wiesels**)

---

*) Einwohnender Seele schon darum nahe, weil nach dem Volksglauben das Junge aus dem Munde gebärend.

**) Der Choctaw stammte vom Hummer, mit dem halben Leib noch unter der Erde, descendirend oder ascendirend, die vom Wolf stammenden Californier haben ihre Schwänze durch die Gewohnheit des Sitzens ver-

oder der Maus, worin die Seele (bei den Longobarden) aus dem Munde des Träumenden hervorgeht, die Beschützung schon zur Selbsterhaltung nahe. An einen derartig (nicht nur berathend) begleitenden Dämon als Haltia der Seele, sondern als diese selbst gewissermaassen, würde dann die unbedingte Hergabe folgen, in geweihter Uebereinkunft, als unauflöslich verbunden.

In der mystischen Verknüpfung mit einem Natur-Object aus nächster Umgebung (nach Art des Fetisch, subjectiv oder objectiv, zum neuen Abgleich gewonnen) liegt vorerst das eigentlich religiöse Element, während die grossen Naturerscheinungen nur die durch aufragende Geister in ihnen erkannten (in poetischen Schilderungen vielgestaltig verschönerten) Gottheiten ‚ den kleinen Mann kalt lassen, so lange sie nicht zu ἑστιοῦχοι geworden, und sich so an Ort und Stelle nützlich beweisen, besonders mit den in ihrer specifischen Natur liegenden Influenzen, so dass sich Localformen gewinnen (wie für Athene, Hera, Apollo u. s. w.) oder Herbeiziehung der in der Pracht des olympischen Hofstaates Aufgewachsenen für die Dienste des Feldbaues*), wo einem Stercutius oder (bei St. Augustin) Sterces keine Prüdereien erlaubt sein konnten, und der Ἀιχμητής oder Ἀικνίτης (s. Klausen) die Hände zu rühren hatte, wie Pilumnus oder andere „Dreschdämone".

Dass während bei passivem Verhalten für den Fetisch ein Stein oder Klotz genügen mag, bei activer Thätigkeit, wo auch selbstständig actives Eingreifen erforderlich werden könnte (wie in den vielfachen Gefahren des Jägerlebens), eine

---

loren und ihre nördlichen Nachbarn gingen, als sie noch Bären waren, auf zwei Beinen umher, Keulen als Waffen führend. Der aus dem Schneckenhaus hervorgekrochene Indianer hatte einen längeren Weg der Entwickelung zu durchwandern.

*) Sterculius, Sohn des Faunus, oder Pilumnus (Pithumnus), Sohn des Picus, führte das Felddüngen ein durch Herakles, der es bei Augeas gelernt hatte (s. Plinius), als Picumnus (mit eingestecktem Saturnus).

thierische Form des Schutzgeistes (gleich den lappischen
Saivathieren) wird vorgezogen werden, ist psychologisch
begreiflich genug und nebenher thatsächlich überall constatirt*).

· Nach Plinius sterben die Frösche im Winter, um im
Frühjahr wieder aufzuleben, und konnten so (gleich häutenden
Schlangen am Orinoco) zum Bild der Unsterblichkeit dienen,
wie der Mond (bei Hottentotten, Eskimo u. s. w.). Im
Rigveda wird Indu (der Mond) durch das Gequiek der
Frösche herabgezogen, um mit Indra über den Regen zu
verhandeln (s. Gubernatis). Unter Emblemen findet sich
(1591) der Frosch unter der Umschrift: *spes alterae vitae*
(s. Friedreich). In Lykien und Aegypten (mit der Lebens-
mutter als Hek) diente der Frosch als Sinnbild des Früh-
lings, wogegen (in der Altmark) giftige Pilze als Poggen-
stühle.

Die bei den Amakosa als Schlangen, kommen bei den
Maori die Seelen der Vorfahren (auch um Vergehen zu
strafen) als Eidechsen zurück. Als Verwandlung des Aska-
balos durch Demeter, war die Eidechse Göttern und Menschen
verhasst (μεμίσηται).

Indem die heidnischen Priester in den Eingeweiden der
Bauchhöhle die Zeichen der Divination abgeprägt fanden,
so ergab sich daraus, in der Beziehung zur Astrologie
(s. Onosander) und als deren Ausdruck aufgefasst, der Mikrokosmus, den die Philosophen dann im Gehirn, dem Inhalt
des Schädels, suchten, unter späterer Zustimmung der Physiologie. Nach Plato war vor Allem die Leber der Spiegel
göttlicher Betrachtung, und so sollte sie, so oft wieder-
wachsend, in Prometheus zerstört werden, ehe der ihm be-

---

*) Every native in Australia (at least in the south and west) adopts
some object in nature (an animal, a plant etc.), as his crest (*Eyre*),
wie im Totem (der Indianer), in Afrika (bei Bechuanen u. s. w.), bei den
Khasya u. A. m.

kannt gewordene Geheimbeschluss Zeus' den Menschen ver-
rathen sei.

Der Ahnencultus*) gliedert sich in seiner Abhängigkeit
von den eschatologischen Vorstellungen und zunächst dem
Schicksal der Seele nach dem Tode. Wenn bei Maori die
Wairua mit jedem weiten Absteig in Reinga schwächer und
ohnmächtiger werden, verlieren sie damit auch mehr und
mehr die Macht, den Hinterbliebenen sich hülfreich zu beweisen, sie als Atua mit schützendem „Schatten" zu überdecken,
wie auch bei den Zulu (s. Callaway) der Todte schattenlos
erscheint.

Auf Samoa folgen die durch das Tafa genannte Thor
in die Unterwelt eingetretenen Seelen, dort (gleich den
ἀριστῆς) den Beschäftigungen des Pflanzen und Fischen
bei Tage, zerstreuen sich aber bei Nacht in Feuerfunken,
um auf der Erde durch die Luft zu sprühen, und sind
dann, weil als Krankheitsbringer gefährlich (wie die von den
Abiponern in den „Lokal" gefürchteten Todtenseelen), in guter
Stimmung zu halten.

Unter solchen Verhältnissen reducirt sich der Cultus
der Manen (als Penaten) auf eine Sühnung derselben, um sie
unschädlich zu machen, und erst wenn der Lar (durch mytho-
logische Verknüpfung mit dem Himmel) zum Heros geworden, vermag er thatkräftige Unterstützung zu gewähren, wie
dem Schamanen seine Ahnengeister, die er in Beschwörungen
anruft (oder inspirirende Seelen der Egi aus Bolotu in Tonga).

---

*) Die Tasmanier bezeichneten the guardian spirits (of their departed
friends and relations) Warrawah, als „shade, shadow, ghost, apparition"
(s. Milligan). Every near relative becomes a spirit after death, who watches
over the welfare of those who are left behind (bei den Veddah), als Nehya
yakoon (kindred spirits) und besonders werden die bilindoo yakoon (infant
spirits) angerufen (s. Bailey). In Tahiti wachten die Abgeschiedenen über
gutes Benehmen in der Familie, aber die Seelen der Säuglinge werden
leicht gefürchtet, weil sie noch keine Anhänglichkeit erworben hatten. The
spirits of their departed ancestors are their gods (in Tanna), als aremba
(dead man) oder Gott (s. Turner).

Die Gebete Elia's (um Feuer am Himmel) wurden erst erhört, als er der Todten*) erwähnte (heisst es in Schemoth rabba). Bei den Brahmanen und anderen Priestergenossenschaften wird die heilige Kraft durch die Weihe übertragen, obwohl sie sich indess auch erblich**) fortpflanzen kann.

Die Buddhistischen Staaten erhalten sich im Wohlsein durch das Speisen der Mönchsbrüderschaft in heiliger Sangha innerhalb der Trias, und der Dahingegangene, Tathagata, erhält die Welt durch seine moralische Kräfte bis zur Erneuerung des Dharma in neuer Kalpe. Die Gerechten eines Zeitalter's treten für die Erhaltung ihres Geschlecht's ein (nach Bereschith rabba) und „Abraham erhält durch sein Verdienst die Welt" (s. F. Weber). Wenn die Sonne eines

---

*) Eleasar bei Asarja hatte mächtigen Schutz, als der Zehnte von Esra (nach Berachoth). Das Verdienst von den Ahnen her kann auch durch Verehelichung übertragen werden (s. F. Weber). Der Betende beruft sich auf das Verdienst der Väter (nach Jalkut Schim.).

**) Nach dem Verdienst der Väter (Sechuth-Abuth), dem man vermöge der Juchas (Abstammung) theilhaft wird, lassen die Väter den bedürftigen Nachkommen (aus dem Ueberschuss verdienstlicher Handlungen) etwas von ihren Verdiensten zukommen, denn Israel ist ein Leib, dessen Glieder unter einander organisch verbunden sind, einander helfen und für einander eintreten, damit das Ganze seine Bestimmung erfülle (nach dem Sanhedrin). Ein Israelit leistet für den andern Bürgschaft (s. F. Weber) im nationalen Eigenthum (wie im Familienbesitz). Das Meer zertheilte sich vor den Gebeinen des heiligen Joseph (nach Bereschith Rabba). Die Gerechten, wie durch ihre Fürbitte den Zorn Gottes abwendend, leiden für ihr Volk und alle Leiden der Patriarchen kamen dem Volke Israel zu Gute (nach Schemoth rabba). Als Rabbi dreizehn Jahre lang an Zahnweh litt, ist während dieser Zeit vom Lande Israel keine Gebärerin gestorben und hat keine Schwangere fehlgeboren (nach Tanchuma). Die Lebenden erlösen die Todten, und so wird am Versöhnungstage der Todten erwähnt (wie in Thorat Kohanin gelehrt). Die Märtyrer haben einen Ehrenplatz im Himmel (nach Baba bathra). Jede Vorschrift hat ihren bestimmten verhältnissmässigen Lohn, für jede gute That hat Gott ein eigenes Schatzhaus (nach Schemoth rabba).

Gerechten untergeht, geht die Sonne*) eines andern auf"
(in Nacheinanderfolge). Von solchen Gerechten (wie R. Cha-
nina) liess es sich dann mit den Worten des Kaisers Antoninus
(in Aboda sara) sagen, dass es „ein Kleines ist, Todte zu
erwecken" (s. F. Weber). Wie für Baal, bedurfte es in
Nukahiva einer Erweckung der Götter durch die Priester,
erst der Ru's (Gott des Morgens), dann Tane's, Tau's,
Tuaratao's u. s. w. Sie sind also weniger zuverlässig, als
die Gerechten, die (von selbst) früh aufstehen, um betend
für die Bedürfnisse der Gemeinde zu sorgen (nach Perikta).

Im Grunde wissen die Späteren über die $\dot{\alpha}\pi\alpha\lambda\lambda\alpha\gamma\dot{\eta}\ \tau o\tilde{v}$
$\beta\dot{\iota}o\upsilon$ ($\dot{\eta}\ \tau o\tilde{v}\ \beta\dot{\iota}o\upsilon\ \varkappa\alpha\tau\alpha\sigma\tau\varrho o\varphi\dot{\eta}$) keinen Deut mehr, als früheste
Vorfahren, und keinen Deut besser, als die rohesten Wilden.
Alles, was wir leben, fühlen und sind, im warmen Körper-
blut des Daseins, muss dahin, der Vernichtung verfallend,
in unabänderlicher Nothwendigkeit, ob auch für eine Zeitfrist
(nach Abschweben der $\psi\upsilon\chi\eta$) in den $\sigma\varkappa\iota\alpha\iota$ gedacht (als
$\dot{\iota}\delta\omega\lambda\alpha$, oder Abbilder), über deren schliesslichen Verbleib es
dem Griechen nicht der Mühe gelohnt zu haben scheint im

---

*) Am Eingang jeder Cultur-Epoche steht ihr Prophet und „die
grossen Männer aller Zeiten und aller Fächer haben das gemein, dass sie,
die alltägliche Menge überragend, stets die ersten Strahlen der neu er-
hebenden Tage, in welche sich das Leben der Menschheit theilt, empfangen"
(s. Stein). Obwohl die Gerechtigkeit Noah's, der nur eine Unze Verdienst
besass (nach Bereschith rabba) nicht ausreichend war, dankte er doch seine
Errettung dem rückwirkenden Verdienst Späterer, von Abraham und Moses
(Jalkut Schim.) durch Anticipation. Die Werke der Frommen (und der
in Gerechtigkeit gleichartigen Zeitgenossen) sind vor Gott aufbewahrt, damit
sie für die Nachkommen sprechen und diesen zu Hülfe kommen (nach
Weyjikro rabba), und so bildet sich dann ein thesaurus Meritorum, oder
eine Reliquienverehrung, wie (nach Jalkut Schim.) bei den Gebeinen des
Jacob (die wie die des Orestes) nicht im fremden Lande zu lassen (weil
sonst die Aegypter hätten erlöst werden können). Joseph's Sarg wurde mit
der Lade in der Wüste getragen, weil er Alles von der Thora Gebotene
erfüllt hatte. Um Fieber zu heilen, wird Staub von dem Grabe des heiligen
Rab genommen (nach Sanhedrin). Durch Zauberei entsteht Halsleiden (nach
Jer. Schabbath), wie auf Tanna jede Art Krankheit.

Einzelnen weiter fort zu denken), während der Maori die
mehr und mehr entkräfteten *) καμοντες, unter dem Herab-
sinken im Reinga, schliesslich wieder zu dem Wurm reducirte, aus dem auch schon der Erste Mensch als entstanden
gedacht werden konnte (im Teaka Mangaia's).

Diese Auffassungsweise wird durch die classischen Beispiele allzusehr, als die durchgehende des Durschnittsmen-
schen documentirt, um für Prasat und sonstige Palläste, die
hier und da angetroffen werden, eine andere Geltung zuzulassen, als sie für Zufügungen subjectiver Ausnahmsfälle ein-
geräumt werden kann.

Und über solche Auffassung ist man auch heute im
Durchschnitt nicht hinaus, von denen abgesehen, die sich in
den Himmeln der einen oder anderen Offenbarungsreligion ihre
privilegirten Plätze reservirt haben. Und über diese Auffassung würde sich auch überhaupt niemals herausgelangen
lassen, da unser auf die irdische Menschen-Organisation
begründetes Denken im Denken von dem Nichtsein das
Kunststück des Selbstverschlucken's vorher zu lernen hätte.
Vom Jenseits kein Gedanke, so wenig wie von der Negation
des Nirwana. Die Gedanken führen nur bis zum Tode, um
dort in Nacht zu erlöschen, ein βίος ἀβίωτος, wie es nicht
Chrysostomos allein erschienen.

Der Unterschied nun aber liegt in jener harmonischen
Weltanschauung, die uns die Inductionswissenschaften vor
Augen geführt haben, in jenem Kosmos, wo aus dem Entstandenen nichts vergeht, wo es zwar Verwandlungen, aber
keine Vernichtungen giebt, wo also jeder der schöpferisch-
zeugenden Gedanken weiter zeugen wird, jenseits jener Nacht,
die irdischen Augen dunkel erscheint, in Folge blendendster
Helle. Während so bei den Griechen die Psyche mit den
Winden verwehte, bei den Maori die letzte Zuckung mit

---

*) Die Seelen heissen die matten oder kraftlosen, als in languorem
projecti (s. Böttcher) bei den Hebräern (als ἀμενηνά κάρηνα).

dem Wurm*) erstirbt, lebt der denkende Geist auch hienieden bereits in jenen transcendentalen Welten ewiger Unendlichkeit, die er zu ahnen befähigt, und so im Sehnsuchts-Streben auch zu erweisen vermag, als neue Heimath des eigenen Selbst.

Das εἴδωλον ist der von dem σῶμα (als Leichnam) in die Unterwelt geworfene Schatten, jetzt dort (wie früher der Leib) die ψυχή einschliessend (und dieser beim Herunter-steigen angebildet), während Heracles als αὐτός (leib-haftiger) unter den Göttern weilt, und Menelaos (neben Rhadamanthys) die Unsterblichkeit in den elysäischen Feldern geniesst, in Hades dagegen, wo Minos sein Richtamt unter den Todten (bei Homer) und über sie (bei Pindar) fortsetzt, Teiresias durch die φρένες**) ἔμπεδοι zur Erkennung des Odysseus befähigt wird, schon vor dem Bluttrinken, dessen auch Elpenor (weil sein Körper noch nicht verbrannt ist) nicht bedarf, um mit ihm zu sprechen. Die aristokratischen Egi-Seelen Tonga's kehrten zum Hofstaat ihres Ahnengottes in Bolotu zurück, also zur Heimath, von der sie ausgefahren. Der Negersklave erhängt sich in solcher Hoffnung.

Indem der Indianer von seinem Lebenstraum***) ein Geheimniss für mysteriöse Entwickelung auf die Natur ge-wonnen hat, kann er dieses individuelle Eigenthum auch im

---

*) Der aus dem Grabe hervorkriechende Wurm weist dem Australier die Richtung an, wo der Todesfeind zu suchen. Der Leichnam empfindet den Wurm, der an ihm nagt (nach Schabbath) und wurde, um davor bewahrt zu werden, aus Liebe gefressen, am Orinoco sowohl, wie (zu Darius Zeit) in Indien (oder auf Sumatra). Der Todesgott Mawet nagte die Todten (im Scheol), als Wurm (bei dem Indier), und so Nidhöggr (bei Scandi-naviern), oder der Leichenwurm Madagascar's.

**) The Tasmanians imagined that some spiritual agency slipped down a gum tree at their camp fire at night, crept behind a sleeper, stole his kidney fat and so occasioned his removal to the land of shades (Bonwick).

***) Diese mystische Communication steigerte sich in dem Priester, als Manitou siou oder Wankanwacipi (those knowing divine things and dreamers of the gods) bei Algonkin und Dacota (s. Brinton).

Kauf*) oder Tausch verwerthen, wie im Handel über ihre
zauberkräftigen Reliquien (s. Kohl) die Häuptlinge Kiguasch
und Schinguakonse.

Je mehr solcher unter dem Schütteln der Schischiguas
oder Ratteln zu murmelnder Liedformeln ein Priesterarzt fähig
ist, um so höher steht er in Ansehen und Macht, so dass
sich die Grade in diesen auf das Mysteriöse selbst gegrün-
deten Mysterien spontan ergeben, und ebenso die Weiterführung zu solchen Orden, wie (bei den Odjibbewä) die
Midewiwin (La Grande Medicine) die Mideh genannten Mitglieder im Midewi-gamig (Medicinhaus oder Tempel) verbindet.

Die Grundidee liegt darin, sich durch gegenseitigen
Austausch der individuell gewonnenen Special-Mächte miteinander zu stärken, indem eben jeder Einzelne die Stärke
der Gesammtheit (die Totalsumme der verschiedenen Einzelnheiten) gewinnt, so dass sich in dieser freundschaftlichen
Hülfsunterstützung alle Mitglieder des Bundes als Verwandte
bezeichnen.

Wenn bei dem unter Trommelschlag gefeierten Fest
Aufnahme stattfindet, lässt jeder der Eingeweihten seinen aus
dem Fell des heiligen Thieres gefertigten Pindjigossan (Me-
dicinsack) in seiner vollen Influenz ausströmen, die bis zum
betäubenden Niederschlagen wirken muss, um dann beim
Wiedererwecken gewissermaassen mit neuem Geist zu durch-
strömen.

Solche Ceremonien stehen unter dem Schutze**) des

---

*) The medicine songs (bei den Mandan) are kept profound secrets
from those of their own tribe, except those, who have been regularly
initiated into their medicines (mysteries) at an early age and at an exor-
bitant price (s. Catlin). Wie bei den Egbo (am Calabar) spielt auch in
den modernen Geheimbünden bei Erwerbung der höheren Grade das Zahlen
eine Hauptrolle.

**) A Jossakeed is an inspired prophet, who derives his power
directly from the higher spirits, and not, as the medawin, by instruction
and practice (s. Brinton), als Wato (der Galla) neben dem Lubah, als
opferndem Priester, und dem Kalicha zum Vertreiben der Dämone.

dafür angerufenen Kitsche-manitu, wärend der Matchi-manitu
durch einen Schlussstein in der Erde festgehalten wird, bis
sich jeder mit dem unter Zuckungen ausgebrochenen Bösen
(in Muschelform) gereinigt hat.

Wie meist bei der Aufnahme in die Geheimorden findet
oft auch bei der Pubertätsweihe (in den Quimbe Loango's
und im Belli-Paro, wie bei den Alfuren Ceram's u. s. w.)
eine regenerirende Wiedergeburt statt und auch qualvolle
Prüfungen fehlen nicht, weder bei Mandan noch in Australien.
Daraus, je nach der Ertragungsfähigkeit, ergeben sich Stufen-
grade (vom Waubeno an), wie bei Mithra's Löwen,
Raben u. s. w.

Die von den Brahmanen durch das Tragen der Janeo
bekundete Wiedergeburt (in Australien die Reinigung bis
auf die Eingeweide ausdehnend) wurde bei den Eskimo durch
das Verschlungenwerden im Seeungeheuer erreicht, das den
prophetischen Jonas dann wieder ausspie.

Wenn bei den Dacota (s. Pond) das prophetische Bewusstsein erwacht, fluthet, von den vier Winden getragen,
die beflügelte Seele bei den verschiedenen Naturbeseelungen
umher, ihre Geheimnisse zu lernen, und besitzt dann die
Fähigkeit, sich viermal, zur Offenbarung der erworbenen
Kräfte, einzukörpern, um dann (gleichsam nach Verbrauch
derselben) in ein Nirwana*) zu verschwinden**).

Indem der Mensch um sich herum die Schöpfung
walten sieht, in Entfaltung von Kräften, welche die seinen

---

*) Leaving thought and spirit behind, divesting itself of personality
and individual consicousness the soul by an ecstatic elevation of being might
enter into actual unification or contact ($\overline{\alpha}\pi\lambda\omega\sigma\iota\varsigma$, $\dot{\alpha}\varphi\acute{\eta}$) with God and
become absorbed in the Infinite Intelligence, from which it emanated
(s. Rendall) nach Porphyrius, als Schüler des Ammonius Sacas (mit Hin-
deutungen auf Sacamuni).

**) In wirklichem Sein (des Ding an sich), für irdische Begriffe, im
Gegensatz zu der diese täuschenden Maya. Das Eins in dem $\varkappa\acute{o}\sigma\mu o\varsigma$
$\nu o\eta\tau\acute{o}\varsigma$ geht durch $\nu o\tilde{v}\varsigma$ in die Seele über, wogegen die Materie, jedes wirklichen Sein's beraubt, nur in Negationen aufzufassen ist (bei Plotinus).

übersteigen oder von diesen nicht erreichbar sind, so fühlt er sich (in subjectiver Umdunkelung seine Gleichstellung mit dem Uebrigen vergessend) von Staunen und Bewunderung ergriffen, so dass wenn in dem zu Exaltation (durch Fasten*) und Kasteiung) gesteigerten Träumen das Lebensgeheimniss (in conventionell mythologischer Umgebung) erschaut wird, sich dasselbe für individuelle Bestimmung in einen Natur-gegenstand manifestirt, und meistens (bei den auf Jagd hin-gewiesenen Indianer) unter den, besonders die Aufmerksam-keit auf sich ziehenden, Thiere (obwohl auch als Pflanzen, Steine oder andere Objecte).

Die Abiponer über die Schöpfung befragt, konnten Nichts darüber berichten, da keiner**) dabei gewesen, und da sie sich im Leben fühlten, meinten sie den Tod von rechtswegen negiren zu dürfen, so dass selbst wenn Jemand stirbt, von Wunden bedeckt (wie Dobrizkoffer bemerkt), dies doch immer die Folge eines feindlichbösen Zauber's***) ist. Dies feindlich Böse ist stets drohend, und nahe

---

*) Die bei den Eskimo vom Verbieter auferlegten Enthaltungen werden in den Mokisso freiwillig übernommen, als partielle, die sich dem Indianer für aussergewöhnliche Communicationen zum allgemeinen Fasten steigern. Gleich einem Opfer, das Fett und Blut auf den Altar bringt, bewahrt das Fasten vor dem Feuer des Gehinnom (nach Baba mezia), denn das Fasten verringert des Menschen Fett und Blut, so dass fastend für die Sünde geopfert wird (nach Berachoth). Im Dionysos-Cult wird die Sünde durch Rohessen getilgt, nach Art der Eurytanes (s. Thucydides) oder Oemophagoi (wie Samojeden in russischer Erklärung, und Eskimo).

**) I „never saw a god" war die Antwort der Veddah auf Bayley's Erkundigungen über die „Knowledge of a supreme being", neben („an unde-fined awe of the nameless spirits, whom they believe to haunt the darkness" und) evil demons (s. de Butts). In Herleitung der Weissen von den Schwarzen die Australier „generally close the argument with the unas-werable question: If the whites do not come from the blacks, where could they have sprung from? (Die Chonos sagen „from the moon").

***) If a men tumbles out of a tree and breaks his neck, they think that his life has been charmed away by the Bayala men of another tribe (in Australien).

umher*), wie der Fetisch in Afrika, wogegen dort Njan-
cupong oben im Himmel zu weit entfernt ist, um Gebete
zu hören, oder sich dadurch auch nicht in seiner Gemüthlichkeit stören lassen würde, gleich epicuräischen Göttern.
Doch wurden trotzdem noachische und andere Gebote
geachtet, unter Zufügung des Verbotes der Lüge, am
schärfsten verpönt, wie z. B. in Senegambien (s. Mungo Pork),
bei Veddahs als „proverbially truthful" (s. Bayley) und sonst
vielfach. Many of the natives of Tonga**) think, that the
pleasurable feeling accompanying virtuous actions is a quite
sufficient motive for their performance, apart from all thought
of future reward (Mariner).

Indem Kitschi-Manito (bei den Odjibwä) am Seestrande
wandelnd, die (nicht von ihm erzeugte, sondern) am Wege
vorgefundene Wurzel pflanzt, zum Schaffen der Bäume und
für den ihm bereits entgegentretenden Schuppenmensch nur
eine Frau auf der Insel hinzubildet, beschränkt sich seine
Thätigkeit auf weitere Organisirung, ähnlich wie bei zweiter
Schöpfung die Menaboschu's, dem als Prototyp des land-
bewohnenden Menschen ein feindlicher Gegensatz aus dem
Wasser (in Schildkröten***) und Schlangen repräsentirt)

---

*) Bei den Feuerländern „a great black man is supposed to be always
wandering about the woods and mountains, who is certain of knowing
every word and every action, who cannot be escaped, and who influences
the weather according to man's conduct" (s. Fitzroy).

**) Die Tongauer never exult in any feats of bravery they may have
performed, but on the contrary take every opportunity of praising their
adversaries" (*Mariner*), wogegen die Fijier die Erzählungen eigener Thaten
übertreiben (the most trifling incident being always greatly magnified). In
Madagascar is no One miserable, if it is in the Power of his neighbour,
to help him (*Drury*), utmost attention is paid to the patient by the members
and relations of his family (*Ellis*). Harmony and good conduct seem
generally to have reigned among the members of the same tribe (s. *Dove*)
in Tasmania (und Liebe zu Kindern, ausser „when sacrificed to the dread
of a famine").

***) Bei den Irokesen dagegen erhält Joskeha (nach Bekämpfung seines
Bruders Tawiscara) von der Schildkröte die Kunst des Feueranmachens als

gegenübersteht, dann in die Allgemeinheit des bösen Principes, als Matchi-manitou, verlaufend.

Um vor seinem das gesammte All mehr und mehr durchdringenden Gifteinfluss zu schützen, baut Menaboshu[*]) (auf des Grossen Geistes Geheiss) den (einem vorweltlichen Steinhaus der Jakuten entsprechenden) Schutzwall des Wakin oder Wakwi genannten Paradieses für den Menschen (wie Jemshid bei Eraniern), und ebenso wird der gnädigen Güte Kitschi-manitu's für Zusendung der in den Medä gewährten Heilgeschenken gedankt.

Ueber die ursprünglichen Wasser fliegen Tauben (bei den Muscogee), bis sie einen umherfluthenden Strohhalm erspähen und sich darauf niederlassen, als erster Ansatzpunkt für die zu bildende Erde. Zur Wiederherstellung dagegen, nachdem in der Fluth die erste Weltperiode untergegangen, erhält für die zweite Michabo (der Algonkin) von der Wasserratte das Körnchen[**]) Erde heraufgebracht, woraus das Land dann gebildet wird.

τέχνης ἁπάσης ὄργανον (bei Aesop). Bei den Mandan trägt die Schildkröte die Welt, wie in Vishnu's Avatara. Zeus als Regengott ertheilte der Schildkröte die Macht, sich unter Schilder zu verbergen und ihr Haus bei sich zu tragen (s. Gubernatis). In China trägt sie Schriftzeichen.

[*]) Bei der Schöpfung erwies er sich anfangs ungeschickt, und auf der Insel die Thierfiguren knetend, hatte er manche derselben wieder zu zerstören, bis die richtige Form gefunden war. Doch ging es auch anderswo so. Gott (der Heilige) schuf Welten und zerstörte sie, bis auf die gegenwärtige (nach Bereschith rabba), als die Tholedoth von Himmel und Erde (nach Schemoth rabba). Naio vollendet den Menschen in Samoa.

[**]) Wie Monabosho durch Ausweitung des von der Wasserratte gebrachten Sandkorn's die Erde (durch erprobendes Auftreten) festigt, wird sie in Yoruba von dem aus dem durchlöcherten Sack (der durch das Wasser Watenden) rillenden Sand gebildet, und als Rabo mit seiner Frau über das Meer, von Samoa nach Rotumah, gewandert, streute er aus seinen Körben die mitgebrachte Erde umher, so dass die Inseln entstanden. Djemshid lässt (in Avesta) die Erde auseinandergehen zur Erweiterung für zunehmende Thiere und Menschen. In der Trauer um Chibiabo (Menabozo's Bruder), der als Herrscher der Unterwelt hinabgestiegen, wurden die Mysterien gefeiert, die

Die bannende Kraft*) der Zaubersprüche (als Karakia
bei den Maori) wandelt sich zum Gebet, und schon der
Indianer verbindet den in die Worte gelegten Wunsch (die
Natur zu beeinflussen oder selbst zu zwingen) mit der ihm
offenbarten Schutzgottheit zur volleren Kraft, wie sie dem in
der Gesetzeserfüllung**) Vollkommen gewährt werden muss.

Um den Menschen zum Gegenstand des Studiums zu
machen, müssen wir ihn zuvor kennen gelernt haben, und
zwar seinem besten Theile nach, dem geistigen. Bisher war
uns nur ein Bruchtheil des menschlichen Denkens bekannt,
aus derjenigen Gesichtsentwickelung, welche direct oder indirect,
im engen oder weitesten Kreise, wir selbst angehören. Jetzt
haben wir die Schöpfungen des Menschengeistes in all' seinen
Wandlungen über den Globus vor uns, und erst nach ihrer
allseitigen Erforschung wird die erste Grundlage für vergleichende Betrachtung gewonnen sein (unter gleichzeitiger
Aufhellung archaistisch verdunkelter Ueberlebsel). Welch
mannigfache Umgestaltungen hier zu erfolgen haben werden,
lässt sich bereits aus dem neuen Aufschlusse über die Verhältnisse von Stamm und Familie, im Gegensatz zu bisherigen Systemen ersehen, und während wir früher unter
den Wilden einen rohen Aberglauben verschmäheten, finden
wir nun, dass überall über die tiefsten und geheimnissvollen
Fragen des Menschengeistes mit mehr oder weniger erfolg-
reicher Geisteskraft (und bei ungestörtem Stillleben unter

für Zagreus oder Dionysos klagten, zerrissen in ihren Gliedern, wie die in
Siva's Taumeltanz umhergeschleuderten.

*) Bei Prajapati's oder Hiranyagarbha's Nachdenken (im Hariwansa)
„the sound *Om* issued from him" (s. Muir), als schöpferisch. Vach
(spach) is in imperishable thing, and the first born of the ceremonial, the
mother of the Vedas and the centre-point of immortality (*Taittiriya-Brah-
mana*). Im Sprechen zeugte Visvakarman die Geschöpfe (*Satapatha Brahmana*).

**) Gott zieht der Thora nach (wie gleichsam seiner Tochter) und findet
sich, wo die Thora gelernt und studirt wird, in dem Raum (von 4 Ellen)
der Halacha, (nach dem Beraschoth), indem dort das Gesetz studirt wird.

relativ günstigen Verhältnissen) gedacht ist, so dass die
Religionsphilosophie unerwartetes Material gewinnt (und
weiterhin die psychologische Betrachtung überhaupt).

Indem auf den Inseln der Südsee, und anderswo unter
gleichartiger Umgebung, die Gedankenbäume in vererbten
Traditionen vieler Generationen ungestört fortwuchsen, ent-
wickelten sie sich zu solchen Waldriesen, wie wir sie botanisch
in Californien oder Australien vorfinden, während sie in unserer
unruhigen Vergangenheit längst zerstört sein würden. So
gross sie sind, so kommen sie allerdings entfernt nicht an
Werth den edlen Fruchtbäumen gleich, die wir gezüchtet,
aber dennoch haben sie für Kenntniss der Naturproductionen
ein eigenartiges Interesse, das in anderer Weise nicht gewährt werden könnte. Und Aehnliches gilt für die Naturstämme im Vergleich zu den Culturvölkern.

Gestaltungen, die einer jahrhundertjährigen Entwickelung
bedürfen, können selbstverständlich nicht da erwartet werden,
wo die Entwickelung nicht bis zu solcher Dauer zu gelangen
vermag, und werden ohne dafür gegebene Bedingungen nicht
hervorgerufen werden können, (wenn auch vielleicht unter
künstlichen Mitteln etwas früher gezeitigt, doch nie nach dem
Bedürfniss des Augenblicks). Insofern schlossen die polynesischen Vorstellungskreise wunderbar eigenartige Geistespro-
ductionen ein, die sich in gleicher Weise auf der Erde nie
wiederholen werden. Auch die Indianer Amerika's sind
ihrer Naturanlage nach zu tiefsinnigen Mythen und Betrachtungen geneigt. Aber bei ihnen war das unruhige Wander-
leben fester Durchbildung von Schulen hinderlich, und ihre
religiösen Bedürfnisse schöpfen in der Hauptsache aus dem
individuellen Lebenstraum, obwohl dann auch hier manchmal
Geheimnisse erlangt werden, die der Eigenthümer hoch genug
im Werthe schätzt, um sie theuer zu verkaufen oder wenigstens für sich selbst unter hohem Preis zu valuiren.

Auf den engen Inseln Polynesiens dagegen concentrirte
sich das Denken im gegenseitigen Austausch innerhalb des

um einen lebenden Atua zusammengezogenen Schülerkreis, dort in abgeschlossener Einsamkeit wurden die gewonnenen Schlussresultate zu fernerer Verdichtung der nächsten Generation übergeben, und so bei der dem Unbegrenzten entgegenstrebenden Entwickelungsfähigkeit des Geistes zu beständig neuer Ausdehnung des Gefeder in der Denkspirale hinaufgedrängt, Indem Zeit und Gelegenheit gegeben war, höhere Altersstufen zu erreichen, konnten die diesen adäquaten Manifestationen zur Entfaltung gelangen, während sie (wie an sich verständlich) mit jüngerer Lebensdauer abschliessenden Volksgeistern versagt bleiben mussten.

Wenn solche in meditirender Beschaulichkeit gereifte Früchte durch einen aus esoterischer Kaste (die sie mit dem accumulirten Gemeingut vorangegangener Generationen ernährt hatte) hervortretenden Propheten dem Volke dann zum allgemeinen Mitgenuss überlassen, wurde sein Name dankbar mit den Schätzen der Religionslehren verknüpft, die von ihm gespendet.

Das erste, was den Naturmenschen im Denken interessirt, ist bei der Gebrechlichkeit des Körpers, für die daraus folgenden Leiden, die Ursache des Uebels auszufinden, und deshalb entweder in den allgemein verbreiteten Reinigungsfesten auszutreiben oder wie der (kühne) Zauber der Pampa (statt gleich dem Fetizero durch nachgesuchte Vermittelung Hülfe und Schonung zu erlangen) den Dämon Gualicho im Ringkampf (combate con el demonio) zu besiegen, bis zum Hörbarwerden der Voz chillona y dolorida como imitando la de un espiritu, que ha sido vencido (s. Barbara), und die (unter dem Gegensatz des bösen Sasabonsam zum Sofo oder Priester bei den Odschi) dadurch eingeleitete Vorstellung des Uebels findet dann weiter moralisch ihre Durchbildung.

Für die Herkunft der Dinge oder Schöpfung, wenn sie überhaupt in die Gedanken kommt (da man eigentlich, weil Niemand dabei gewesen, nichts davon wissen könne, nach Ansicht der Californier), so bieten sich (von einem unbestimmten

Princip, wie Souchy bei den Pampas abgesehen) am nächsten
Himmel und Erde, in Rangi und Papa (Polynesien's) oder
Uranos und Gaea, und je nach der über die Trennung gebildeten Mythen, mag dann der Himmel mit Erhellung der
Urmächte oder Po, vor den jüngeren Gottheiten (die Atua a
te ra) später zurücktreten, oder als Wohnsitz eines in verschiedener Form (auch vielleicht euhemeristisch, wie Fecha
Huentu oder el hombre mas grande y poderoso) betrachteten
Wesens aufgefasst werden, das indess, gleich Njankupong
zu weit entfernt sein wird, Gebete zu hören, oder sich um
diese, die seine Gemüthlichkeit stören würden, zu kümmern,
wenn nicht etwa, wie bei Samojeden und sonst in Avataren
niedersteigend.

Die directesten und lebendigsten Fragen werden dann
in der Lebensfrage selbst gestellt, in Betreff der Fraglich-
keit dieser, indem unter den Gefahren aus der umdrängenden
Welt die abgeschiedenen Seelen und ihre (ausser bei her-
vorragend bewahrten Ahnen) meist feindlichen Dispositionen,
der Tod in steter Erinnerung bleibt, obwohl er eigentlich
nicht sein sollte, wenn nicht die Schwarzkünstler da wären,
(wie die Abiponer meinten), so dass diese überall vogelfrei
sind, sofern nicht gerade, in dieser Furcht vor ihnen, die
Stärkeren. Ein fortwirkender Gedankengang dagegen rollt
bis zum ersten Menschen zurück, der durch irgend eine
Schuld den anfangs allen Wünschen entsprechenden Zustand
in den unseligen der actuellen Existenz verbrochen, und hier
bietet sich für Variationen der Mythen ein weites Feld, von
Indianern bis Persern mit manichäischem Urmensch, oder
dann, gleich diesem mit dem feindlichen Gegensatz berührten
Gayomart, sowie mit Yima oder Yama, und in weiteren
Anreihungen.

Mit diesem Ersten und Frühesten im Menschengeschlecht
verbinden sich dann auch leicht alle diejenigen Vorstellungs-
erscheinungen in der Natur, die als teleologisch gefärbt,
gern auf bewusste Eingriffe bezogen werden, neben der

4*

dafür von selbst gebotenen Kunstfertigkeit menschlicher Erfindung, und dann spielen solche Dämone ein, wie Maui (in Oceanien) und Nanabosho (in America), oft zugleich in Heroengestalten, die, gleich Herakles, Nimrud u. s. w. die Erde überhaupt für den Menschen erst bewohnbar gemacht, worauf ihnen von Halbgöttern, nach Art des Prometheus, weitere Wohlthaten erwiesen werden mögen.

Zuweilen mögen sich diese Eingriffe ausser den Verfeinerungen*) der Gestaltungen der Schöpfung ex nihilo, nicht darauf beschränken (wie bei den Tiki), sondern, wenn es sich um Auffischen und dergleichen handelt, bis zur einen oder andern Art secundärer Schöpfung führen.

Die Schöpfung (wenn darauf in priesterlichen Speculationen weiter zurückgegangen wird) erhält (auch in den ersten Regungen eines Tad) eine psychologische**) Entwickelung (wie bei den Maori aus Kore***), in abgeschlossener Form als Brahma's Wort (im λόγος) gesprochen.

Wichtig ist stets diejenige Kenntniss, die bei der Ernte günstige Einflüsse zu reguliren vermag, oder Glück zu gewähren auf Jagd und Fischfang für den Lebensunterhalt, sowie der Priester, der die Spruchformeln besitzt, nach Wunsch die Naturerscheinungen zu beherrschen, während diese sonst nur dem Volkswitz Anlass zu Erzählungen aller Art gewähren, bald läppischer, bald poetisch angehauchter.

Wenn die Erntegötter segnend nahen, (leicht heranschwebend, über die Spitzen der Gräser hin, im alten Mexico), sind sie in andachtsvoller Stille (auf Fiji) zu empfangen,

---

*) Ahura, als Datar (an der Spitze der Amesha-Cpenta) crée le monde, comme le crée Varuna, comme le crée Zeus, c'est-à-dire qu'il l'organise (s. Darmesteter).

**) Manasa (the Intellectual) formed by a mental effort the varied creation of living beings (nach dem Mahabharata), zuerst Wasser, Alles bedenkend (s. Muir), aus dem sich dann allein der Erste Mensch erhält (bei den Mandan).

***) Omnis determinatio est negatio (s. Spinoza).

unter Ruhen geräuschvoller Arbeit (bei den Nagas), um das zarte Werk des Gedeihens nicht zu stören, und stets kehren sie wieder, am äthiopischen Festmahl erfrischt oder aus dunkler Unterwelt neu zur Luft aufsteigend, immer jung und immer alt. „Er war nicht Kind und war nicht alt" (Wold) in Schaumburg-Lippe (beim Erntefest), wie Apollo als ἀειγεννήτης geehrt wurde, quod semper exoriens gignitur (s. Macrobius). Jeder der im Cult aufgenommenen Götter mag auch in der (wichtigsten) Gestalt (henotheistisch gleichsam) des Erntespender's erscheinen, in Polynesien nicht Rongo*) nur, dem diese Aufgabe am nächsten lag, sondern auch der sich im Kriege freuende Tu (wie Mars oder Mamars im arvalischen Liede neben den Lases oder Lares angerufen wird). So heisst Zeus**) (bei Hesychius) φυτάλμιος (das

---

*) Auf Hawaii, als Lono (oder Rono) in priesterlicher Procession umhergeführt, und als nach dem Fortgang wiederkehrend in Cook erkannt, wie Gott Fete von den Fulah in Barth oder australische Seelen in Run-a-ways (abgebleicht als „white fellows"). Wenn Freyr im Frühjahr auf einem Wege durch das Land geführt wurde, bereitete man ihm überall Opfermahlzeiten. Nach Umzug auf einem mit Kühen bespannten Wagen, kehrte Nerthus (nach dem Baden) in den heiligen Hain (castum nemus) zurück, als weibliche Form Niördr's (Vater's Frey's). Die Bildsäule der Athene wurde am Jahresfest im Inachus gebadet, mit Abwaschung von Diomede's Schild (s. Callimachus). Die Erstlinge des Yamsfest (bei den Aschantie) wurden im Inachi-Fest auf Tonga geweiht. Das Ambarvalien-Fest der arvalischen Brüder galt Acca Laurentia als Amme. Wenn man an den ältesten Panathenäen der Athena Saatkorn in's Erechtheum oder nach der Stätte desselben trug, so war Andacht und tiefer Ernst angemessen, denn Athena's Pflegling lag in einem todesähnlichen Schlummer (A. Mommsen). Lautlos wurden überall die Saatfeste gefeiert, und die Maori verbieten durch Tabu-Zeichen dann an der Vorderseite des Kamara-Feldes vorüber zu gehen, um nicht die Ehrerbietung zu verletzen.

**) Zeus (μυλεύς oder δεός ἐπιμύλιος) gilt als Mühlengott (bei Lycophr.), und die Römer (nach Ovid) verehrten Jovem pistorem. Die Camiräer feierten ein Mühlenfest (μυλάντεια). Nach Lacedämonier und Messener hatte Μύλης (zu Alesia) die erste Mühle gebaut. Σπαρταῖος repräsentirt das Säen, Kronos das Wachsen und Κύτος das Einärndten (s. Heffter). Himalia, als Εὔνοστος (die Göttin des Segen's beim Getreidemahlen) wurde

Gedeihen der Pflanzen fördernd, als ἐπικάρπιος (auf Euboea) und ἔνδενδρος (auf Rhodus), und Demeter empfängt Dank für den Ackerbau und die Gesetze, gleich Hiawatha, im Mais hervorwachsend und den Irokesen-Bund begründend, wie Habis (unter den Thieren des Waldes aufgewachsen) den Ackerbau und die Gesetze feststellt (in Lusitanien).

Das Jahresfest Okeepa (der Mandan) wurde, ausser für den Mee-ne-ro-ka-ha-sha (the settling down of the waters) für den Bel-lohk-napick (bull-dance) gefeiert, und zugleich für die Prüfungen der Pubertätsweihe, eröffnet bei der Ankunft des Nu-mohk-muck-a-nah (the first[*]) or only man), als des allein aus der Fluth der grossen Wasser[**] übrig gebliebenen, zum Eröffnen des Medicin-Tempel's, der sonst während des Jahres verschlossen gehalten wurde. Der im Zickzacklauf herbeikommenden Oke-hee-de (the owl or Evil Spirit), vor dem Frauen und Kinder flohen, wird durch die Medicin-Pfeife des Okee-ha-ka-see-ka (conductor of the ceremonies) festgebannt[***]) und dann (unter Gelächter) aus dem Dorf ausgetrieben. Die darauf für den Eeh-ke-nah-ka-napick (the last run) an Fleisch-Einschnitten aufgehängten

---

mit Demeter Sito, als Geberin des Brodes, verehrt (in Syracus). Apollo, als Wurmtödter (ἱποκτόνος) schützte die den Melius bewohnenden Erythräer gegen den, den Weinstock verwüstenden, Wurm (und könnte so gegen die Phylloxera nützen), Apollo Erythibios gegen Mehlthau u. s. w., während man im Mittelalter Raupen und anderes Ungeziefer im Namen der heiligen Trinitas fortbannte.

[*]) Zarathustra (in Avesta) ist der Erste, der Gutes gedacht, der Erste der Gutes geredet, der Erste, der Gutes gehandelt, der erste Priester, der erste Krieger, der erste Landbauer. Les mots, „Zoroastre est le premier fidèle" reviennent à ceux-ci: „Zoroastre est le premier Homme, Zoroastre est l'Homme d'en haut (s. Darmesteter).

[**]) Das All war im Anfang Gewässer, Wasser allein, (Apo ha vai idam agne salilam evasa). Auf Prajapati's (Puruscha's) Wunsch im Wasser zu entstehen, erhebt sich das Ei (in Satapatha Brahmana).

[***]) Drug (Verkörperung des weiblichen Uebel's (in Buiti-daevo, von Angra-Mainyus gegen Zarathustra gehetzt, wurde von ihm zurückgeschlagen, wie Mara's Angriffe (sowie die Verführungen seiner Töchter) von Buddha.

Jünglinge wurden herumgedreht, bis zur Ohnmacht (unter Abschneiden des linken Kleinfinger's) und dann um die Arche des „Big Canoe" geschleppt (wohin der heilige Vogel*) den Zweig gebracht). Nach Beendigung der Riten folgte das Fest unter dem Vorsitz der Rah-to-co-puk-chee (the governing woman) mit geschlechtlichen Orgien (s. Catlin).

Aus den Vorstellungen der Unreinigkeit folgt die Austreibung des Uebels in den durchgehenden Jahresfesten, die sich dann als der geeignete Beginn heilbringender Ceremonien erweisen, und sich somit auch nahe mit der im Aufwachsen der Generationen herantretenden Jünglingsweihe der Knaben verknüpfen.

Der Jezer hara oder (böse) Sinnestrieb entsteht im Leibe bereits vor der Geburt (nach Bereschith rabba), wogegen die Seele sich erst nach der Geburt vereinigt. Die eine Niere räth dem Menschen zum Guten, die andere zum Bösen (nach Nedarim). Ahriman hat die gesammte Welt mit seinem Gifte durchdrungen (von dem der Buddhist sich deshalb abwendet, seit es der Blauhalsige für die Brahmanen nicht überzuschlucken vermochte), auch den Himmel zum Eindringen durchbohrend (bei Shahristani), wie die Asuren in den Himmel einbrachen (im Kampf mit den Deva).

Die allgemeinen Reinigungsfeste verknüpfen sich, wie im mexicanischen Lustrum (des 52 jährigen Cyclus) mit der Feuerlöschung, so bei Enagismata der Sintier in der, Hephästos beim Himmesfall aufnehmenden Insel Lemnos, wohin das neue Feuer aus dem auch von Todten (die in Rhenia begraben wurden) gereinigten Delos gebracht wurden, der durch den Schlag des Dreizack aus dem Meere aufgestiegen und dann von Zeus (als Zufluchtsort Latona's) befestigten

---

*) Indra bringt als Falke (im Rigveda) das Soma, und die weisse Haoma gewährt (im Bundehesh) das ewige Leben. Odhin (als Adler) raubt den unsterblichen Göttertrank (der Amrita oder Ambrosia). Bei den (dem Seelenherr Vielona beim Leichenfest opfernden) Polen führt Nyas (Herr der Seelen) die (zu Gnesen in Vögel verwandelte) Seelen in's Jenseits.

Insel. Erneuert wurde periodisch auch (von der Sonne, wie in Cuzco) das vestalische Feuer, sonst unverlöschlich erhalten, gleich dem der Damara, die es sich auf den Wanderungen von einer Jungfrau vortragen liessen; die Spartaner dagegen auf dem Feldzug durch die Pyrphoros (vom Altar entnommen, worauf der König dem Zeus Agetor geopfert hatte).

Wie in den Upanishad Indiens aus dem Asat*) (Nichtsein), entwickelt sich bei den Maori die Welt aus dem Kore (noch nicht), in erster Ableitung, gleich der auf den in Ormazd Geist aufsteigenden Zweifel angeregten, auf den Wegen buddhistischer Avixa (durch die Nidana).

Aus den Kreisungen unendlicher Po oder Urnächte, tritt in Oceanien dieser Process in lebendige Wirkung, und so strahlt der von Tane (beim Hervorblick aus dichter Umhüllung der Eltern) aus dem Jenseits erschauter Glanz in diejenigen Religionen ein, die einen Ausblick dahin eröffnen.

Bei Damascius bildet Kronos, nachdem er aus dem Chaos Aether und Erebos geschaffen, das Ei, aus dem Phanes hervortritt. Nach dem Midrach Tanchuma hat Jehova durch Weisheit**) die Erde gegründet, mit der Thora berathend

---

*) Als weder Nichtsein noch Sein war (Na asad asid) und in Alles Eingehüllt nur der Einzige athmete, da, in der Dunkelheit entstand zuerst das Begehr (Kamas) zum Leitungsfaden für die umschlossenen Fähigkeiten (im Rigveda). Im Anfang war das All nicht seiend (asad vai idam agre asih) bis zum Athmen (Satapatha Brahmana).

**) Die grossartigste Gründung, welche die Welt je gesehen, fand Statt zur Zeit des deshalb der Grosse genannten Constantin, als bei Gründung des Christenthums auf palästinischen Unterlagen durch Staatsdonationen die gesammte Benefizenz (wie sonst von den Kaisern direct in Stadt-Almosen und Schenkungen verliehen) in die Hände der Bischöfe (unter Erweiterung der früher in den Gemeinden von den Diakonen besorgten Verwaltung) gelangte, um aus den Fonds Xenodochien, Ptochotrophien, Gerokomien, Nosokomien, Orphanotrophien u. s. w. (s. Burckhardt) zu stiften. Der beste Grundbesitz, unter dem Vorwand, den Armen zu helfen, wurde angeeignet, und alle Welt dadurch verarmt, klagt Zosimus, freilich ein „heidnischer Eiferer" (s. Güldenpenning). Dagegen stellt der heilige Ambrosius (zur Zerstörung der Synagoge, als Schlupfwinkel des Wahnwitzes und Haus der Gottlosig-

(s. Jalkut), als präexistirend gedacht, wie der Koran. Im uranfänglich Gedachten*) ($\tau\grave{o}$ $\nu o\eta\tau\grave{o}\nu$ $\ddot{a}\pi a\nu$), als $\tau\acute{o}\pi o\varsigma$ oder $\chi\varrho\acute{o}\nu o\varsigma$, entstand das Gute und das Böse (s. Eudemos) bei den Magiern, von (akkadischem) „Imga" (ehrwürdig) abgeleitet. Bei Orpheus ist die Natur $\dot{a}\nu\tau o\pi\acute{a}\tau\omega\varrho$ und (wie in der Geheimlehre der Inca) die Sonne in der höchsten ihrer drei Phasen (als Quelle der Götter in der Gedankenwelt) $a\dot{v}\vartheta v\pi\ddot{o}\sigma\tau a\tau o\varsigma$ oder selbst existirend (im Neu-Platonismus), als $\dot{o}$ $\beta a\sigma\iota\lambda\varepsilon\acute{v}\varsigma$ $\tau\tilde{\omega}\nu$ $\ddot{o}\lambda\omega\nu$ (bei Julian). Im iranischen Vorstellungskreis schieben sich zwei Schöpfungsmythen durcheinander, die eine an Gajomert angeknüpft, die andere an Yima, und bei der Beziehung dieses zum Lichtreich Ormazd's (einem höheren civilisirten Einwanderstamm angehörig), erscheint im Gegensatz Ahriman (dessen Repräsentant in Zohak direct wieder von Gajomert abgeleitet wird) im Dunkel, obwohl (wie es auch in der ihn unter den Destur verehrenden Secte, gleich denen der Euchiten bei Psellus, ausgedrückt lag) an eingeborene Elemente (schon in der Namensform) angeknüpft, in dem $\pi\tilde{a}\nu$ $\tau\grave{o}$ $\ddot{a}\varrho\iota o\nu$ $\gamma\acute{e}\nu o\varsigma$ (bei Eudemos) mit den Magiern (s. Damascius), wie Maui, als (dunkler) Schöpfergott (Polynesiens) den Eingeborenen bedeutet (auf den Marquesas mit Anschluss an Maori), und auf Tonga die Colonisten aus Bolotu ihren

keit) einen Grundsatz auf, der seit dieser Zeit der leitende der katholischen Kirche geblieben (s. Ifland): „die Strenge des Staates muss vor der Ergebenheit gegen die Religion zurücktreten" (Cedat oportet censura devotioni) und Theodosius, von dessen Kirchenbusse (der „ersten eines Kaisers"), zeitgenössische und spätere Berichte „mit Freude und Befriedigung erzählen", glänzt in den Annalen der Geschichte als der „Grosse". In der Apoge des Staates dagegen trat an Stelle der Religion die respublica oder $\tau\acute{o}$ $\varkappa o\iota\nu\acute{o}\nu$, aber freilich ist im Leben jedes Staates (s. Polybius) $a\check{v}\xi\eta\sigma\iota\varsigma$ $\dot{a}\varkappa\mu\acute{\eta}$, $\varphi\vartheta\acute{\iota}\sigma\iota\varsigma$ zu erkennen, $\pi o\lambda\lambda\acute{a}\varkappa\iota\varsigma$ $\gamma\grave{a}\varrho$ $\varkappa a\grave{\iota}$ $\gamma\acute{e}\gamma o\nu\varepsilon$ $\varkappa a\acute{\iota}$ $\acute{\varepsilon}\sigma\tau a\iota$ $\beta\acute{a}\varrho\beta a\varrho o\varsigma$ $\dot{\eta}$ $E\lambda\lambda\acute{a}\varsigma$ (s. Okellos).

*) Ce n'est donc pas une parole divine, naturelle et unique, qui a créé le monde, c'est la parole spontanée de tous les êtres, c'est leur aspiration, leur désir (Fouillée). Von den Stoikern wurde eine $\sigma v\mu\pi\acute{a}\vartheta\varepsilon\iota a$ $\varphi v\sigma\varepsilon\omega\varsigma$ gesetzt, als cognatio concentus consensus naturae (s. Wachsmuth).

(oft zweifelhaft gefärbten) Götterhimmel neben dem des Insel-
schöpfen bewahrten (im Unterschied vom Volk, dem sich,
als Nachkommen Ham's, die Franken in ihren Wandersagen
aus mythischem Troja gegenüberstellten). Im Emporblühen
(pua) der Schöpfung (in Hawaii) schiessen die Menschen als
Blätter am Weltenbaume an, und mit einander verwachsen
treten Meschia und Meschiane hervor, unter Rückführung
der Geschlechtsdifferenz auf androgyne Bildung Siva's, im
doppelgeschlechtlichen Leib (nach Bereschith Rabba).

Zarouam oder Zervan (in Minokhired)*), als die Zeit
(Kala des Atharva-Veda) traf in τυχη (bei Theodoros) das
Geschick (in Avesta) als Bakht (Zuertheilter) oder Bhaga
(Bogu)**), und Ahriman wirkt in den Planeten dem Bhago-
Bhaktem entgegen, während im Felek der von der Bewegung
des Himmelsgewölbes Umschlossene im Gefühl der Ohnmacht
sein Geschick verflucht.

Aus den Cyclen vorweltlicher Nächte beginnt mit Kore,
als erster Differenzirung***), die Entwicklung (bei den Maori)

---

*) Der Menschenstier Gopatishah (von unten bis zum Gürtel Stier,
oben Mensch) wohnt am Meer (nach dem Minokhired). Nach Apollodor
war der Minotaurus Stier bis zu den Schultern herab, wogegen unten
Stier bei Ovid. Zur Zeit Takhma-Urupa's (im Bundehesh) gelangen auf
dem Rücken des Stiers Çarçaok (oder Hadhayas, von Çaochyant zur Auf-
erstehung geopfert), die Menschen aus Qaniratha nach anderen Kaschvar
(auf dem Bosporos einer Continentverbindung, wie Io).

**) Slavisches Bog (in schwarzen Melibocus verkehrt). Bei den Phry-
giern, als Erstgeborenen (s. Apulejus — dat cuncta vetustas principium
Phrygibus (s. Claudian), und ägytischer König (bei Herodot) —, die Anna-
kos oder Nannakos bei Iconium (wo Prometheus aus Lehm Menschen ge-
formt) beherrschte, hiess Jupiter Bajaios (Μαζεύς).

***) Aus dem fragenden Gedanken Yazdan's (Gottes) entstand in
Ahriman sein Widersacher (nach den Gayomatiern). Als Zrouan (Bakht
oder Farrq) für einen Sohn opfernd, zu zweifeln begann, entstand neben
dem älteren Ormizd im Mutterleibe Ahriman, zuerst durchbrechend (bei
Eznig), und ähnlich auf Mangaia. Bei den Euchiten (unter den Manichäern)
herrschte von den Söhnen des Vaters der Jüngere über die himmlischen,
der Aeltere über die irdischen Dinge (s. Psellus).

zu dem aus dem Wananga (heiligen Geheimniss) hervorstrahlenden Glorienglanz (Te Ahua), und so bei Menu. Als die Welt noch in Finsterniss versenkt und unentdeckbar war, macht (beim Erwachen aus chaotischem Schlummer) Aum das Elementare anschaulich, seine Herrlichkeit entfaltend, und in das aus dem Gedankenbeschluss gebildete Nara (des Geistes oder Nara) oder Wasser die Keime legend, entwickeln sich diese zum Ei Brahma's (oder Purucha's), der in Hälften theilt (wie bei Bersus), als Himmel und Erde oder (bei Maori) Rangi und Papa beim Zerfall des Weltenei's. Der Demiurg (nachdem Alles vorbereitet) verfertigte τὸν οὐρανὸν καὶ τὴν γῆν (bei den Tyrrheniern), während in Polynesien den Tii oder Tiki (wie den Maui) die feinere Ausbildung des aus dem Bythos, als Urgrundes, Hervorgeblühten auferlegt wird. Auch dort aber werden Tane und seine Brüder von Himmel und Erde in ehelicher Umschlingung gezeugt, Djauspitar und Prithivi-matar (in den Vedas). Nachdem die Eltern durch die rebellischen Kinder zerrissen, steigen Papa's Seufzer in den Nebeln empor, während Rangi's Thränen herabfallen im Thau. Am Orinoco ist der Thau das Gespucke der Sterne, und nach Einiger Ansicht im Archipelagos nehmen die Sternschnuppen beim Hinausfahren nicht die Richtung nach der Nase, sondern eher umgekehrt. Dagegen gelten sie auch als die leuchtend dahinfahrenden Seelen berühmter Häuptlinge, und neugeborene Kinder wieder als Götterdreck, eine natürliche Folge des Seelenfressen's bei den Atua (die man mit dewa und deus auf glänzende Wurzel zurückzuführen versucht).

Bis dahin waren in der Ethnologie nur ganz allgemeine Anschauungen gegeben, aus der Ferne gesehen, gleich den Planeten etwa, über welche man sich mit den Bewegungs- und Schweregesetzen, wie astronomisch berechenbar, zu begnügen hatte. Wie aber, nachdem auf dem Mond Berge erkannt, selbst auf dem Mars Schnee schon schimmert, sich damit unübersehbar neue Arbeitsfelder für weiteres Detail öffnen, so in der Ethnologie, seit wir den fernen Stämmen, in der Phänomenologie des Menschengeschlechtes auf dem Erdball, näher getreten sind, und in Einzelnheiten blicken.

Noch immer indess erkennen wir sie kaum erst durch das Telescop, und so macht sich oft ein Missverhältniss fühlbar in der Forschungsmethode, wenn wir die ethnologischen Ergebnisse gleichzeitig mit denjenigen behandeln sollen, die aus unseren geschichtlichen oder vorgeschichtlichen Forschungen erst mit der Lupe gewonnen sind.

Seit Götter und Menschen in Sicyon mit einander gerechtet*), ist stets und überall der Rechtsstreit geblieben über das, was diesen oder was jenen gehöre.

In Oceanien scheidet sich die ganze Natur in moa und noa, und was immer von Einem der Tabuirten (die als Atua unmerklich in die Götter übergehen) berührt ist, wird damit sein Eigenthum**), wenn selbst nur von seinem Schatten getroffen.

Im gesitteten Rom dagegen bedurfte es erst der gesetzlichen Einwilligung, denn so „Gallus Aelius ait: sacrum esse, quodcunque more atque instituto civitatis consecratum sit" (s. *Festus*), und das zu Homer's Zeit den damals, als Halbheroen über die Volksheerde hervorstehenden Fürsten, als Krongut, zum privaten Besitz zukommenden Temenos wurde, nach der demokratischen Reaction des späteren Griechenland's nur dem ναος gelassen, der Behausung eines Gottes, also Eines der dii certi wenigstens, wie sich mit

---

*) Auch in Borneo. Man and the spirits were at first equal (bei den Land-Dayak) bis „the spirits got the better of man and rubbed charcoal in his eyes, which made him no longer able to see his foes, except in the case of some gifted persons, as the priests (s. St. John), indem solchen die Binde fortgenommen wird, um wieder in die unsichtbare Welt zu blicken.

**) Die den Brahmanen aufliegende Reinheit schob der Ausübung ihrer Privilegien einen Riegel vor, indem sie durch Aneignung des dem Pariah gehörigen Eigenthums selbst verunreinigt sein würden, ja schon wenn nur von seinem Schatten getroffen.

Varro sagen liesse, oder eher der dii selecti in römischer Auswahl aus der turba minutorum deorum oder turba quasi plebejorum deorum (s. *Aug.*), als „Numa deos per familias descripsit" (s. *Lact.*).

Sacra begriff die gottesdienstlichen Handlungen in einem sacer locus und sacer dies vollzogen (s. *Scheiffele*). Sacerdos qui sacrum dat (*Varro*). Cicero unterscheidet die Interpretes futuri und der Ministri sacrorum (unter den Priestern), wie ähnlich bei Karen und sonst.

Profanum est, quod fani religione non tenetur (s. *Festus*), Sacrum (nach *Trebatius*) quidquid est quod deorum habetur (s. *Macrobius*). Der Fluch des „Sacer esto" schützte, wie das Anathem die ἀναθήματα oder die (zur Erfreuung der Götter) in die θησαυροί der Tempel niedergelegten ἀγάλματα, unter der Hut der ἐπιμεληταί oder ἐπιγνώμονες im Temenos.

Für solch' mannigfache und reiche Gaben wurden indess auch Gegendienste verlangt, und diese hatten die Götter zu leisten, indem sie die Hut der ihnen (in den res sanctae) anvertrauten Plätze, vor den Stadtthoren, den Mauern u. s. w. übernahmen, zum gesicherten Schutz des Gemeinwesen's.

Was (unter öffentlicher Autorität mit Zuziehung der Pontifices den Göttern geweiht) sacer gemacht, war damit dem Privatverkehr entzogen, wogegen sanctus Dinge betraf, die unter den Schutz der Götter gestellt waren und religiosus sich auf die diis Manibus bezog (s. *Rein*). Quod per se religiosum est, non utique sacrum est (s. *Festus*).

Hier allerdings die Crux der Pontifices (s. *Macrobius*): Quid sacrum, quid sanctum, quid religiosum?

Im Gegensatz zu Res profanae werden (quodammodo divini juris) neben den sanctae unterschieden (bei *Gajus*): Res sacrae (quae diis superis consecratae sunt), und religiosae, quae diis Manibus relictae sunt. Als Eigenthum der unteren Götter war das Ding religiosum, und sacrum, als das der oberen (aut sacrum aut publicum).

Die Bindung durch die Religion verwickelt in den von
der Natur (zwischen Ascendenten und Descendenten) gesponnenen Faden*), der in dem (bei Indianern und Indiern)
zuerst Gestorbenen die Nachgeborenen nach sich zieht (am
Leichentuche saugend, wie das Ueberlebsel im Vampyr),
hinunter in jene Unterwelt, aus der, wenn der Mundus patet,
die Miasma der Manen emporsteigen, und so die zur Stillung
des Hunger's (ceylonischer) Preta**) verpflichteten Hinterbliebenen mit all' jenen Befleckungen treffen, welche (fünf-
jährig, oder einjährig) die Lustrationen (piacula, piamenta,
cerimoniae) oder καθαρμοι (ἁγνισμοι, ἱλασμοι, τελεται) nöthig
machen, und jene durch alle Continente verbreiteten Reinigungsfeste, die mit Verjagung***) der Dämone, zur elementaren
Sühne, die Erlöschung des Feuers†) zu verbinden pflegen, um
καθαιρειν τὴν πόλιν, wie durch Epimenides nach dem Blutbad
(dem Amanut entstiegen, wie in den, schreckbare Erinnerungen
von Siam bis Ceylon bewahrenden, Epidemie Vesali's).

——— — ··

*) So oft ein Mensch stirbt, wirft ihm Nurunduri's Sohn ein Ende des
Stabseil's zu, an welchem er selbst, als bei der Wanderung nach Westen
zurückgelassen, von seinem Vater nach sich gezogen (bei den Narrinyeri).
Jama hat als Vorangegangener den Weg gezeigt.

**) Sie drängen so dicht, dass, wie der Fellah kein Wassergefäss aus-
giessen kann, ohne einen Efrit zu beleidigen, stets Gefahr ist, mit dem
Ellenbogen anzustossen, und heisshungrig sind sie, gleich Jenem unter den
„Spirits" der Dayak, welcher „follows the people to pick up fragments of
food, which have fallen through the open flooring of their houses, and is
heard at night munching away below" (St. John).

***) In dem Wald in Siam. Am Calabar suchen unter gegenseitigem
Zutreiben die Dörfer durch Verspätung einander zu betrügen, und wegen
solches Hin- und Hertreiben zwischen den Inseln gerathen dieselben in
Krieg (in der Gruppe der Nicobaren).

†) Die Erneuerung geschieht, wie im Ueberlebsel des Notfeuer, meist
aus reinem Holz, doch liess sich auf sonniger Hochfläche der Brennspiegel
der Inca benutzen, wie ähnlich bei vestalischem Feuer die Hohlgefässe.
Beim Fest Toxuihmalpilia fand die Erneuerung in Mexico auf dem Hügel
Huixachtla statt. Der Magier reinigte das gewöhnliche Feuer am Aderan-
Feuer und dieses am Behram-Feuer.

Den Pflichten des Todtencult konnte man sich nicht entziehen, nicht nur persönlicher Gefahren wegen (weil der in
seinen Rechten geschädigte Abgeschiedene mit Krankheit schlagen würde), sondern auch im Hinblick auf allgemeines Bestes.
Einen gentilicischen Cult untergehen zu lassen, war als
nefas gebrandmarkt, denn solcher Verlust traf das Ganze,
durch Ausfall von Verbündeten*), die sonst mit in den Kampf
gezogen wären, wie die streitbaren Vorfahren der Amakosa
(oder Ajax bei den Locrern). Je mehr unsichtbare Mächte
durch lege artis und rite vollzogene Culte in den Dienst
der Stadt gebannt waren, desto klarer war der Gewinn, und
deshalb wurden auch die evocirten Götter heimgebracht, oder
die besiegten, wenn es sein musste, in Ketten. Lag doch
selbst Ares in Ketten zu Sparta, um dort zu bleiben, und
die Athener waren verständig genug der Nike ihre Flügel
zu beschneiden, damit sie nicht fortfliege. Religionem eam,
quae in metu et caerimonia deorum est, appellant pietatem.
Religiosi dies dicuntur tristi omine impeditique (Cicero),
wie die Trauerfesttage. Religiosi dies dicuntur tristi omine,
infames, impeditique, in quibus et res divinas facere et rem
quampiam novam exordiri temperandum est, quos multitudo
imperitorum prave et perperam nefastos appellant (s. Gellius).
So hatte der Mensch diese trübe bedrückende Last
religiöser Verpflichtungen zu übernehmen, und blieb auch
nach der Klärung reinerer Götterverehrung, von ihnen be-
schwert, in den Ueberbleibseln des Aberglaubens. Super-
stitiosi vocantur (von supersto), aut ii qui superstitem me-
moriam defunctorum colunt, aut qui parentibus suis super-
stites colebant imagines eorum domi, tanquam deos Penates
(s. Lact.), in orthodox gerügter Rivalität.

---

*) „The gods are our allies“, rühren sich die Fijier auf jeder Seite der
Kriegspartheien (wie auch wohl sonst). Als vor der Schlacht jede Cohorte
der Maori eifrig zu ihren Göttern betete, fuhr der geschäftig umhereilende
Häuptling seinen müssig dastehenden Pakeha unter der Frage an, weshalb
er nicht sein „prayer-book“ herausnähme und mithülfe.

Im Allgemeinen mochten, gleich den Oromatua in Tahiti, die aus eigener Verwandtschaft vertrauten Hausgötter im Hause selbst besorgt werden, Zeus auch als κτήσιος, der Mehrer der Habe, oder als Herkeios (und ἐφέστιος), als τέλειος dann, unter den θεοί τέλειοι (als Ehegötter), daneben selbstverständlich der anspruchslose Hermes Strophaios hinter der Thürangel*), aber in wichtigeren Fällen mochte es der Hausvater gerathen finden, Einen der θυοσκόοι herbeizuziehen, wenn er sich nicht mit demjenigen der μάντεις begnügen wollte, der der Eingeweideschau wegen für die Opfer doch erforderlich war. Für den Tempelcult bedurfte es dann des ἱερευς, wofür unter den ἀρητῆρες (Beter) Sachkenner zu finden waren, um dem jedesmaligen Insassen des Naos genehm zu sein (und im Adyton oder Megaron der Cella zugelassen zu werden).

Hier konnte neben den gewöhnlichen Reinigungen (vivo flumine**), um (beim Gebet) puras ad caelum tollere manus, dann auch die mit den Vorrechten der Asyle (wie der Athene Alea in Tegea, in Phlius, Kalauria u. s. w.) verknüpften geübt werden, soweit sie in der Blutschuld***) gefordert wurden, oder, da diese manchmal erst den schwarzen Künsten der ψυχαγωγοί†) (s. Pausanias) weichen wollte, jedenfalls die

---

*) Cardea, Limentinus, Limentina, Forculus u. s. w. (in Rom).

**) Weshalb sich Nähe der Flüsse naheliegend empfahl. Delubra veteres dicebant templa fontes habentia (Isid.).

***) Zur Reinigung lässt Kirke (bei Apolloder) am Halse des Mörders das Opferblut herabfliessen, und nach Abwaschung (mit dem entfernt fortzutragenden Wasser) werden Sühnemittel (μειλικτρα) verbrannt, unter Ausgiessen von νηφαλία, und Anrufung des Zeus Katharsios oder Meilichios als φύξιος) gegen die Erinnyen.

†) Nachdem Pausanias sich an Zeus Phyxius zur Befreiung von der Blutschuld gewandt, begab er sich zu den Geisterbeschwörern von Phigalia (in Arkadien). Ehe sich für die Griechen die Erinnyen zu Eumeniden gemildert, mochte es ihnen obliegen, (in den ethnologisch überall bekannten Künsten) die dem Mörder aufhockende Seele seines Schlachtopfers fortzuführen, da die aus Hass oder Liebe verfolgenden Seelen sich gern

der Seelenleiden, wie Libri patris sacra ad purgationem animae pertinebant, und häufig auch die Körperkrankheiten in Verbindung der *ἰατρική* und *μαντική**) mit den Functionen des *καταρτής* in Heilmittelkenntniss. Eine Kenntniss freilich, die wie zum heilen und helfen, dann auch zum Schaden

auf den Rücken ausruhen und Huckepack tragen lassen, wie in Congo die Wittwe die Seele ihres Verklärten auf den Schultern zu tragen hat, bis durch das heilige Reinigungsbad des Priesters von der Last befreit. So lange nicht eine Busse im Wehrgeld anerkannt war, oder noch in dem *ἀπενιαντισμος* eine Aussöhnung stattgehabt, lag die Blutrache als Pflicht auf, da ohne solche überall die Folgen zu fürchten sein würden, nicht nur persönlich, sondern auch für die übrigen Familienglieder (vielleicht selbst den ganzen Stamm) in spätern Fällen von Krankheit und Tod. So wurden (wie bei den Batta) in Guayana die Leichen aus Liebe gegessen, um sie nicht den Würmern zu überlassen, im ehrenvollen Begräbniss der Kalantier (bei Herodot) und das verbindet sich wieder mit liebevoller Enthaltung in der Ahinsa, denn in der begrabenen Leiche würden sich Würmer erzeugen, die später, wenn die Nahrung aufgezehrt, den qualvollen Hungerstod sterben müssten. Um also diesen solchen zu ersparen, isst man lieber die Leichen selbst, wozu Buddha als Vorbild dienen kann, wenn er seinen eigenen Körper dem hungrigen Tiger überlässt. Dergleichen Vorstellungen lassen sich nicht ohne Weiteres durch Gegenvorstellungen beseitigen, da Indianer, wie Polynesier sich auf die Besuche im Jenseits berufen, wo Alles leibhaftig gesehen, nicht nur mit poetischen Augen, wie von unseren Dante's. In der naturgesunden Entwickelung des Staatslebens dagegen stossen sich solche Auswüchse von selbst ab, sei es durch Vorträge, wie die Römer mit Cartago (oder schon früher die Perser-Könige), sei es durch einfache Erklärung des Stärkeren, dass es belieben möchte, solch' scheussliche Gebräuche bei Seite zu lassen oder des Weiteren gewärtig zu sein.

*) Bei gewünschter Diagnose war die Vaterschaft des wahrsagenden Gottes eine erfolgreiche Reclame für Aesculap. Wem die Medicin zu bitter schmeckte, konnte das Recept, als Pille, hinunterschlucken (wie in Senegambien) oder im Amulett tragen, gleich dem auf Stein geschnittenen Namen des Serapis oder (in der Kindheit) die Lunulae und Bullae. Damit nicht Gräten oder Knöchelchen bei lucullischen Mahlzeiten in der Kehle stecken blieben, diente ein um den Hals getragener Zettel mit homerischen Versen (Marc. Emp.), und bequemer noch sind die Sprüche in catonischer Eleganz für Verrenkungen (luxum si quod est) oder, neben Ἐφέσια γράμματα, die Homer bereits bekannten ἐπαοιδαί, um Blut der Wunden zu stillen.

befähigte, und gross ist deshalb überall der Schrecken vor
den Zauberern*), welche die Patagonier in periodischen
Hetzjagden abzuschlachten suchten (wie anderswo in den
Hexenprocessen verbrannt), ohne Aufhör das Geblase des
Muschelhorn's in Melanesien, wenn der Nahak brennt.

Dann wird der Obi-Mann gegen seinen schwarzen Bruder
ins Leben gerufen, der weisse Theurge zu Hülfe, obwohl
meistens in der Minderzahl gelassen. Als Wesayo um die
Prinzessinnen freien ging, konnte ihm jede der neun das Uebel
nennen, mit dem sie zu schlagen vermochte, aber eine nur
erwies sich als heilkundig, und obwohl diese dann zur Ge-
mahlin gewählt, folgte die ganze Verwandtschaft nach der
Insel, die seitdem darunter zu seufzen hat. Flüche zu
schleudern auf Alkibiades, schüttelten alle Priester und
Priesterinnen Athen's ihre blutrothen Gewänder, nur die
eine Priesterin Theano hielt zurück, da sie zum Beten, nicht
zum Fluchen berufen sei.

Die Segnungen machen sich dann fühlbar in den zum
Gedeihen der Ernte erforderlichen Cultushandlungen, obwohl

---

*) Neben μαγγανεία (in magischer Zauberei) wird γοητεία „auf die
im heulenden Ton ausgesprochenen Beschwörungsformeln" des Zauberer
(γόης) bezogen, (ψυχαγωγαῖς ὀρθιάζοντες γόοις), die Götter dienstbar zu
machen (ὑπηρετεῖν) durch ἐπαγωγή (Beschwörung). Die Zauberer (wie
Lucian bemerkt) statt zu den Dämonen zu beten, drohten denselben, ihre
Anrufungen sind keine (bittenden) Gebete (die von der Gnade der Be-
willigung abhängen), sondern Befehle an die Götter (und deshalb directer
zum Ziele führend). Die Tohunga der Maori gebieten den Stürmen, sie
zu beruhigen, wie die ἀνεμοκοῖται (in Korinth) oder zu erregen, wie die
Tempestarii in Rom. Solchen und ähnlichen Zauberkünsten, die schädlich
sein können, wird dann, in einem geordneten Gemeinwesen das Handwerk
gelegt, um orthodoxe Tugendhaftigkeit zu bewahren, obwohl auf einigen
Berührungsgebieten die Scheidelinie nicht jedesmal scharf zu ziehen ist.
So wurde in der Kaiserzeit dem für den Staatscult damals noch unent-
behrliche Haruspex verboten sein Gewerbe in Privathäusern auszuüben,
die Schwarzkunst im Allgemeinen aber überhaupt, und schon früher.
Magia ista (nach Apulejus) res est legibus delegata (nach den Zwölftafeln).
Haruspices secreto ac sine testibus consuli vetuit (Tiberius Imp.).

auch dort nicht immer Alles friedlich*) ohne jeglichen Kampf verlaufen kann. Und hier lässt sich dann im Mysteriencult der Saamen für Hoffnungen ausstreuen, die ausser diesen allegorischen, keinen Boden zum Spriessen gefunden, wenn nicht in den Mond geflüchtet (bei Eskimo oder Hottentotten sowohl, wie beim Fijier und vielfach Verwandten). Die Alles verschlingende Zeit zieht jedes zeitlich Entstandene wieder in das Zeitliche hinab, aus dieser monoton starren Raddrehung eines eisernen Geschickes**) ist kein Entkommen möglich, das fühlt der Malagasse in seiner Vintana (s. Ellis), der Perser im Felek, und einst in Bhaga · Zuertheilten. Die Gottheit, die die Welt ausgeathmet, muss sie beim Einathmen wieder an sich ziehen, und dadurch war Maui bedroht, als er sich Hinetepe näherte im dunklen Urgrund Māhakala's, der (fressenden) Schlange des rauchigen Hauses (bei Pinto), als Lupanto (a serpe tragadoura do concavo fundo da casa do fumo, von Tinagogo bekämpft).

---

*) Die Laren (Lases) zu Hülfe und Mars (Mamar) gegen Schlagen anrufend, assen die fratres arvales (der Dea dia opfernd) beim Festmahl von den Erstlingen, „et ollas precati sunt et osteis apertis per clivum jactaverunt" beim Fest der Ambarvalien (zu Ehren Acca Laurentia's, als Amme des Romulus). Erechtheus, als Autochthon aus fruchtbarer Erde geboren (bei Homer) und von Athene gepflegt, wurde als Keiner Kind in der den Töchtern des Cecrops übergebenen Kiste verborgen. Nach Diodor brachte Erechtheus bei einer Hungersnoth Getreide aus Aegypten nach Athen, (den eleusinischen Dienst der Demeter einführend). Die Römer hatten beim Landbau der Helfer genug (s. Becker), so Saturnus, Sator, Seia, Segetia, Proserpina, Nodotus, Volutina, Patelena, Hostilina, Flora, Lactans, Lacturnus, Matura, Runcina, Messia, Tutilina, Fornax, Terensis, Picumnus, Pilumnus, Stercutius, Sterquilinius, Spiniensis, dann Vervactor, Reparator, Imporcitor, Insitor, Obarator, Occator, Sarritor, Sabruncinator, Messor, Convector, Conditor, Promitor, dazu Rubigus mit Dea Rubigo (Bubona, Pales, Puta, Pomona, Epona, Mellonia u. s. w. u. s. w.).

**) Die Vyrdhen (Beisitzerinnen im Göttergericht) sprechen als Schöpferinnen das Urtheil, welches als von Ewigkeit und Uranfang an gelegte Satzung (orlag oder orlegi) jedem Menschen zukomme (s. Mannhardt), als Gachschepfen (in Oberdeutschland).

Innerhalb der in der Unterwelt Abgrund öffnenden Höhle,
und selbst in Riesenschlangengeröllen hinabragend, liegt der
greisgraue Ndengei*), halbblind, halbstumm, halbtaub um-
täubt, laut- und bewegungslos, nur die Kinnbacken regend,
um zu essen, zu essen, zu fressen, ohn' Unterlass, ohne
Ende; und Alles zieht er an sich, hinabtaumelnd in den
Schlund, Alles und Jedes auf der Erde, nicht die Seelen der
Menschen nur, sondern auch die der Thiere und Pflanzen,
ja jedes Werkzeug's und Hausgeräth's, wie sie die Fijier
auf den Wellen haben dahinfluthen sehen, zur Nimmer-
wiederkehr. Viconti erklärt Erikapāos (bei Orpheus) von
κάπτειν (auffressen) in Bezug auf Zeus (τῶν πάντων δέμας
εἶχεν ἑῇ ἐνὶ γαστέρι κοίλῃ), als Phanes-Erikapāos**) (bei
Suidas), καὶ ὁ Ἠρικαπαιὸς ἕτερος καταπιών πάντας τοὺς
θεούς, ὡς τόν χρόνον (Gesner). Nach Eudemos (bei Damascius) erkannte die orphische Theologie nichts Aelteres an,
als die Nacht (dem Po polynesischer Kosmogonie entsprechend) und das unergründliche Dunkel, τό ἄγνωστον
σκότος, wurde in ägyptischer Kosmogonie (von Asklepiades
und Heraiskos in den alten Büchern der Priester aufgefunden)
als erstes oder Endprincip gesetzt (s. Zoega). In Tartarus,
aus Luft und Nacht gezeugt, bildete sich (wie Te Ao e
teretere noa ana bei den Maori) das Ei***), ein Ei, älter als

---

*) The chief Fijian god is believed to have no emotion nor appetite
but hunger, in dunkler Höhle „as a serpent merging into stone" (giving
no sign of life, but eating).

**) „Wie er (Zeus) damals erschnappend oder verschlingend die Macht
des erstgeborenen Erikapāos, die Substanz aller Dinge, in seinem hohlen
Bauch hatte" ein fressender Chronos.

***) In der Ründung des Ei drinnen bildet sich durch die Vorsehung
des göttlich in ihm eingeschlossenen Geistes ein mannweibliches Wesen,
Phanes bei Orpheus genannt, weil bei seinem Erscheinen das All davon
erglänzte (s. Zoega), wie vom Glanz Lailai's, bei ihrem Erscheinen in
hawaiischer Kosmogonie (unter Geschlechtswandlungen zum Weiblichen).
„Der Sitz des Phanes ist in den geheimsten Tiefen des Adytum der Nacht,
von ihr allein gesehen".

die Henne (s. Plutarch), und aus ihm der ὠόγενης, als Phanes (πρῶτος γαρ ἰφάνθη) oder Protogonos. Wenn so für beginnende Scheidungen die Schaale „geheim die ungeheure Zeit umfangend", zerbricht (wie beim Abwerfen durch Taaroa), beginnt die Welt in Harmonien zu ordnen.

Aus der Zerstörung das Leben, das deshalb auch (im Namen schon ausgedrückt) in Siva waltet, dem Vernichter in der Trimurti, mit dem Lingam als Symbol, und so wird „Erikapāos, der Vermehrer genannt, mit Priapos und Dionysos" (chthonischer Wandlungen).

In solcher Schöpferkraft durchdringt*) die Gottheit das All, aber irdischer Existenz nur ihre Spanne Zeit gewährend, aus Missverständniss**) freilich wie in Grönland und am Orinoko gemeint wird, aber ob miss oder nicht, unmissbar gewiss. Die Seele mag in Wiedergeburten rollen, zu Meditationshimmeln, den Rupehimmeln auf den Megga emporsteigen, die Essenz der Dinge zu erfassen***), sie mag in der Gottheit absorbirt werden, in brahmanischer, oder von ihr gefressen†)

---

*) Als vom christlichen Gott gesprochen wurde, „every where present, in plants etc.", meinte ein Wafura: „Then this God is certainly in your arrak, for I never feel happier, than when I have drunk plenty of it" (s. Earle).

**) Tod wurde allgemein, weil „the children of the first man did not dig him up again, as one of the gods commanded", indem dann „all men would have lived again after a few days interment (in Fiji). Wie in Sibirien wird auf den Aru-Inseln (s. Kolff) der Mund der Todten mit Speisen vollgesteckt, denn „Essen und Trinken hält Leib und Seele zusammen". Den zukünftigen Zustand verlachte der Kasya: „Wie es möglich sei, nach Frage über dem Tode zu leben und den Himmel von der Erde zu erreichen" (s. Berghaus). Der Baum, der früher dazu gedient, wurde abgehauen, wie in den mythologischen Ueberlieferungen zu finden (und noch in Australien).

***) Als erfassbar und unfassbar existirt Brahma in den Formen von Purusha-rupena und Kala-rupena (nach der Vischnu-purana).

†) Nachdem die Seele dreimal von den Göttern gegessen (in Tahiti) „it became a deified or imperishable spirit, might visit the world and inspire others (s. Ellis). Dem Essen geht das Braten vorher, mit Baumaterial für anderweitige Höllen. The gods roast the souls (in Fiji). Das Abschaben der Knochen wird verschiedentlich raffinirt.

werden, in polynesischer Auffassung, stets bleiben die deman-
tenen Kreise ungebrochen, bis etwa ein zum Bodhi Erwachter
sich zum Päan der Befreiung gestimmt fühlt.

In der Meditation, in andauernd fortgesetzter Steigerung
der Denktbätigkeit, unter Abhaltung äusserer Störungen, wird
das Heil angestrebt, bei den Naturvölkern*) zum Halt im
terrestrischen Dasein, bei höherer Cultur den höher angeregten
Ahnungen gemäss.

· In der innerhalb unserer Geschichtsbewegung durch
vielartig und verworren zusammenströmende Ringe ausein-
andergerissenen Weltanschauung, kann es nur freudig begrüsst
werden, in der Ethnologie Fingerzeige zu gewinnen, um den
Weg zur ursprünglich einfachen Einheit zurückzufinden, damit
dann in den von der Natur begründeten Anfängen aus, die
organische Entwicklung verfolgt werde. · Es handelt sich
hier nicht um Reformen, die aus phantasie- und vielleicht
auch ideenreicher Gedankenwelt eines einzelnen Genius ent-
sprungen, in Vorschlag gebracht werden, sondern um Wie-
dergewinnung der elementaren Grundlagen des Denkens,
auf der weiten Basis thatsächlicher Beweisstücke. Um indess
in dieser eigenen Lebensfrage des Geistes, der im „geheimen
Bautrieb" liegenden Neigung zu Ueberstürzungen vorzubeugen,
um nicht noch diese letzte Hoffnung, die allein nur noch,
könnte man sagen, für Selbsterkenntniss übrig bleibt, muth-
willig zu zerstören, dürfen die langen und mühsamen Um-

---

*) Unter den von Kitschi Manito gesandten Midäs wurde es den Od-
jibbewäs zum Gesetz: die Kinder, sowie sie sich dem Mannesalter nähern,
in die Waldeinsamkeit zu führen, und ihnen zu zeigen, wie sie fasten und
ihre Gedanken auf das Höhere leiten müssen, und es ist verheissen, dass
ihnen dann da ein Traum geschickt werden solle, zur Offenbarung ihres
Schicksals, zur Stärkung in ihrem Beruf, zur Widmung und Weihe an die
Gottheit, zum ewigen Andenken und zum guten Omen auf ihren Lebens-
weg (s. *Kohl*). Wenn sich die Dayak zum Fasten in Communication mit
den Geistern in den Wald zurückziehen, unterbricht der Anblick Jemandes
das Vorhaben, das nach dem Nachhausekommen neu begonnen werden
muss (*Brooke*).

wege andauernder Arbeit nicht gescheut werden, und unter
Anerkennung der Unmöglichkeit, der Richtigkeit der Rechnungen, wenn sie allzu sehr beschleunigt werden sollten, sicher
sein zu können, muss die Methode zugegeben werden, der
Grundsatz: dass es v o r h e r des Sammelns von Materialien bedarf, ehe der Architekt erfolgreich sein Werk beginnen kann,
wenn dies ein dauerndes bleiben soll. Mirum minime id
quidem.

Seinen ursprünglichen Gedanken nach fühlt sich der
Mensch nicht in jener Freiheit, die man ihm hat zuschreiben
wollen, sondern in völliger Abhängigkeit von der umgebenden
Natur, und diese Unterthänigkeit anerkennend, sieht er überall um sich den Innerterrirsok oder Verbieter (der Eskimo),
um durch Gelübde in den Mokisso erst das Recht zur Nutzniessung für eigene Selbsterhaltung zu erwerben, indem er dabei dem Schutzgeist*), dem er sich in Opferungen geweiht,
als seiner Individualität offenbarten Naturform, sich hingiebt,
unter Ansätzen für mehrere der Ausführungen, welche später
astrologische Verwendung zu finden pflegen.

Wer für die Wichtigkeit ethnologischer Forschung auf
die Ausdehnung Brasiliens hinwiese, das fast einem halben
Continent gleichkommt, wie von Martius sagt, könnte auf den
Einwand stossen, dass ihm Varnhagen nur etwa eine Million
Einwohner zuertheilt. Im ethnischen Gesichtskreis indessen,
zählen nicht die Componenten der Gesellschaftsorganismen,
sondern diese, als solche, und so würde Brasilien mit einigen
seinen eigenartig umschriebenen Stämmen, in so vielen Ein-

---

*) The Sea-Dayaks have a superstitious dread of eating certain animals,
because they suppose these animals bear a proximity to some of their forefathers, who were begotten by them or begot them (s. Brooke). Wenn in
Analogie zu brahmanischer Absorption der Verehrer von seinem Atua in
Thierform verschlungen wurde, und nun die Vor-Existenzen späterer Wiedergeburten in den Gestaltungen der Metempsychose ihre Seelenwanderungen
unternahmen, lagen alle Bedingungen vor, um Abstammungen von thierischem
Ahnherr zu stereotypen zu machen.

heiten zählen, neben anderen Einheiten, die obwohl ursprünglich aus vielleicht noch mehrzähligeren Theilen erbaut, doch dann einen einheitlichen Neudruck erlangten, eine hochgradige Einheit, mit höherem Stellenwerth der Ziffer. Würden die Geschichtsvölker etwa den majestätischen Repräsentanten aus den Vertebrata in der Zoologie verglichen, so verkürzen sich die Naturstämme zu Käfern oder sonstigen Insecten, die zwar unscheinbar und klein, aber, in ihrer Art, für Entomologen von specifisch gleicher Bedeutung sind, je nach den Verhältnisswerthen.

Der in Brasiliens Urwäldern wandernde Jäger herrscht, als Stärkerer seines Geschlecht's, über die als Dienerin begleitende Frau bei dem einsamen Umherziehen durch ein verschlungenes Dickicht, wo nur der Einzelne*) seine Beute erhaschen kann. Bei den weitaussehenden und zugleich für Treibgehege gemeinsames Zusammenschliessen erfordernden Jagden der Algonkin verweilt die Frau in der Zelthütte und tritt von dort aus dem rückkehrenden Mann mit gewisser Selbstständigkeit der Rechte gegenüber, und ebenso der Pflichten, die ihr zur Beschaffung der vegetabilischen, ihm dagegen der animalischen, Nahrung aufliegen, für deren Vertheilung bei den Australiern**) wieder die Ansprüche der verschiedenen Familienkreise in minutiösen Vorschriften geregelt sind.

Um den geistigen Horizont der Naturvölker zu verstehen, haben wir uns hineinzudenken, indem eine Beurtheilung unter den uns geläufigen Combinations-Methoden

---

*) Die Veddahs „live in pairs and except on some extraordinary occasion never assemble together (s. *De Butts*). Die Veddahs jagen, „living in pairs" (*Davey*). The Fuegians reside in families (*Snow*). Die Andamanen are generally divided into small groups (*Mouat*).

**) Wie die Speisevertheilung nach der Jagd, so bestimmt der Brauch auch „the position which might be occupied by the various members in the camp" (in Australien), und so im römischen Lager die Abtheilungen (s. Nissen).

(mit Zuschneidung nach denselben) nicht anders, als zu Missverständnissen führen kann. Schon in den Sinnesauffassungen, als combinirten, bedarf es einer physiologischen Analyse, um nicht unrichtig zu subsummiren. Die Ansichten sog. Farbenblindheit sind bereits darnach zu modificiren, indem z. B. die Farbenklassen nach Merkmalen des Stumpfen, Schillernden oder anderen Eindruck's auf das Auge zusammengefasst sein können, und deshalb nicht mit derjenigen Farbenscala zusammenfallen mögen, die nach der scharfen Scheidung des Spectrum aufgestellt ist. Aehnlicherweise entstehen Incongruenzen bei Uebertragung der aus Grammaticalisch festgelegten Sprachen entnommenen Principien auf die im gewöhnlichen Leben flüssigen. Indem wir mit dem Gesicht vorzugsweise lernen, und deshalb aus Erinnerung des Buchstabirens die einzelnen Buchstaben scharf und bestimmt im Gedächtniss tragen, sprechen wir sie mit festerer Präcision im überdachten Reden aus, als der oft nach den augenblicklichen Eindrücken des Rythmus oder anderen Rücksichten geleitete Naturmensch seine für ihn selbst (bei mangelnder Schrift) nicht stereotyp festgelegten Worte.

Vor Allem ist dann, um den Ideenkreis eines Volkes zu begreifen, zu unterscheiden zwischen den augenblicklichen Eindrücken des gewöhnlichen Tagesleben (in kurz abgeschlossener Frage und Antwort) und den Combinationsergebnissen andauernder Meditation, wie sie mit verschiedenartigen Lebensverhältnissen dauernd verwachsen sind. Die uns ferner stehenden Vorstellungen des Naturmenschen machen zunächst häufig einfach den Eindruck des fremdartig Sonderbaren und mögen dann damit beseitigt werden, wogegen sich beim weiteren Ueberdenken eine Menge aufklärender Analogien in vergleichender Methode ergeben würden. Werden die Gedanken nicht (wie es in der Praxis häufig verlangt wird) kurz und rasch abgeschnitten, überlässt man sich vielmehr dem Fluss der Gedanken, so dass sie nach ihrer ganzen Breite und Weite, so zu sagen, auswachsen können, so tauchen dann allerlei unerwartet neue Vorstellungen auf, allmählig in natürlicher Weiterfolge oder auch scheinbar so plötzlich, dass sie (wie in der Geschichte der Religionen durch genugsame Beispiele zu Tage liegt) dem darauf im eigenen Selbst Unvorbereiteten den Eindruck übernatürlicher Offenbarungen zu machen im Stande sind. Als in dem Wachsthum seines Geisteslebens mit dem Gesammtgang der Naturentwickelung unauflöslich verwachsen und verknüpft, vermag der Mensch, wenn er will, aus, innerlichst tiefstem Urgrund entsprudelten, Quellen in seinem Denken zu schöpfen, und auf ihren Fluthen bis zu dem jenseitigen Ocean des Ewig-Unendlichen zu folgen, worin die Persönlichkeit, so lange in irdischen Banden gefesselt, sich verlieren muss, verwehend unter den Ahnungen einstiger Freiheit.

In einem gesellschaftlichen Organismus, wie in jedem Organismus überhaupt, müssen alle diejenigen Componenten vereinigt sein, welche als Vorbedingungen organischer Existenz (ohne welche diese eben überhaupt nicht zu existiren vermöchte) zu betrachten sind, so dass also alle diejenigen Fragen, welche das Leben der vollendetsten Culturvölker bewegen, in dem des niedrigsten Naturstamms bereits, irgendwie, wenn etwa auch erst in embryonalen Voranlagen, ihre Andeutungen werden zeigen müssen, und indem es also in solch kleinste Organismen, bei einfachster Durchsichtigkeit, desto leichter ist, alle die characteristischen und kritischen Wendungs- und Kreuzungspunkte an richtiger Stelle mit einem kurzen Ueberblick zu markiren, mögen sie uns für complicirtere Schöpfungswunder (wo auf den nach allen Seiten geöffneten Abwegen der reinen Speculation beständige Verirrung droht) einen Leitungsfaden*) abgeben, um die gesetzlichen Daten zu normiren.

---

*) Phalereus erkennt in der mitdurchlebten Zeit τὸ τῆς τυχῆς χαλεπον und ἡ πρό τὸν βίον ἡμῶν ἀναλογία τῆς τυχῆς führt ihn weiter zu Vorhersagungen, deren Anzeichen Βοηθὸς ὁ Σιδώνιος (ὁ φιλοσοφος) lehren wollte.

So gewährt ein Ueberblick der ethnischen Horizonte
die erforderlichen Materialien für das Studium der Vorstadien
in Familie und Stamm, die Vorstadien der Themistes für
den Codex, der religiösen Regungen mit mythologischen
Ausmalungen, der ethischen Bedürfnisse, und sonst socialer*)
Probleme, so viele ihrer überhaupt im Volksleben zur Frage-
stellung kommen können.

Während die Geschichtsvölker, sauber und glatt, und
oft in glänzender Schönheit strahlend, gleich einem Krystall
vor Augen stehen, der Maass und Zahl unterworfen werden
kann, haben wir es in der Ethnologie der Naturstämme mit
wüst und verworren gährender Mutterlauge zu thun, welche
indess, in einer Völkerchemie der Gedanken, uns auf geistige
Primär-Elemente führen wird (im Anschluss an die Physiologie, bei Fixirung des leiblichen Typus in der Anthropologie).

Aus abgerundeten Schöpfungen lässt sich bei Erfassung
des Gesetzes zurückschliessen auf den Ausgangspunkt, als
den relativen Anfang, und so haben sich in der Geschichte
manche ihrer Principien feststellen lassen. Weiter mag dann
mikroskopische Zersetzung in der Ethnologie bis zur Grundlage der Zellen gelangen, und damit stehen Anhaltspunkte
in Aussicht über die Möglichkeiten, als Vorbedingungen der
Existenz über das Räthsel des Seins aus dem Werden, das
philosophisch bisher gesucht, das fortan in psychologischer
Induction auszuverfolgen.

Durch Versenkung in den Fluss des Denkens werden
aus den dunklen Tiefen nur die Mysterien der Mystik emporsteigen, wogegen wenn wir, am objectiven Horizont, die
Verkörperungen in den Völkergedanken vor uns haben, wir

---

*) „Society in primitive times" war nicht: „a collection of individuals",
sondern „an aggregation of families" (s. Morgan). „The unit of an ancient
society was the family, of a modern society the individual" (corporations
never die). In den Pflanzen sind „Zweige als Individuen zu betrachten",
um den „verwirrten Knoten" zu durchhauen (Braun).

solche packen und nach Maass und Ziel studiren können, um dann, bei genügenden Analogien, auf das Entwickelungsgesetz, im Denken selbst, zurückzuschliessen.

So lange wir den Baum als unbekanntes Etwas vor uns haben, bleibt damit schon ausgedrückt, dass der Weg mangelt, um in seine Wachsthumsprocesse einzudringen, sobald dieselben indessen unter sämmtlichen Erscheinungsweisen der Componenten in beschreibender Botanik begriffen sind, können wir, nachdem uns die Bedeutung der Milchgefässe, der Blätter, der Pollen u. s. w. deutlich geworden, auf das Studium der Entwickelung selbst zurückgehen, und hierbei hat dann die durchsichtige Einfachheit der Kryptogamen für die Zellentheorie diejenigen Dienste geleistet, die für das Studium der primären Gedanken-Elemente aus den Naturvölkern in der Ethnologie zu erhoffen sind.

Dazu bedarf es allerdings langer und umständlicher Detailarbeit, für deren Ersparung man sich bei „dem Hang des Menschen zum Grossen und seine Abneigung gegen das Kleine", gern auf Schleichwegen forthilft. Aber vor der Formulirung (s. Baumann) hat man sich „über den allgemeinen Begriff des Wissens an Beispielen erst gründlich zu belehren", wir haben das Material zu suchen und zu sammeln, in jeder Inductionswissenschaft, und so auch, wenn sie zu solcher mit Hülfe der Ethnologie gemacht werden soll, in der Psychologie.

In der Welt als Vorstellung kennen wir allerdings nur Erscheinungen, aber diese (als äussere Projectionen innerer Thätigkeit) sind nach den (mit den allgemeinen übereinstimmenden) Gesetzen psychologischer Wachsthumsprocesse gebildet, und also, als an sich nothwendig, damit in die Harmonie des Kosmos eingefügt. Um hier ungescheuter, als es die für die Ideale eigener Cultur geschuldete Ehrerbietung in manchen Fällen erlauben würde, ein- und durchzudringen, bieten sich der analytischen Zersetzung die Naturvölker, „quos utique perdidisse lucrum et vinci vincere fuit" in mancher Ansicht, nach der von Orosius über die Barbaren seiner Zeit gehegten.

„Ueber die Natur philosophiren, heisst die Natur schaffen"
(sagt Schelling), d. h. indem wir über das Geschaffen philosophiren, lernen wir es kennen*). Und zunächst zwar berührt
uns das von menschlicher Natur Geschaffene in dem Reflex
des Makrokosmus aus seinem Mikrokosmus, wogegen der
Makrokosmus der grossen Natur, unter der Zerstückelung
der aus ihm im eigenen Mikrokosmus reflectirtén Strahlen,
nicht abgeschlossen verstanden werden kann (bei den Beziehungen mit von noch unübersehbarem Universum), sondern
nur in vorläufigen Feststellungen von Einzelnheiten, soweit
sie zu beherrschen.

„Begriff, Urtheil und Schluss sind die Elementarformen,
in welchen sich das Denken weiss und das Wissen beweist"
(nach Biedermann), aber das Wissen geht auf das Verständniss des Geschaffenen selbst, wofür der logische Weg nur
den Eintritt öffnet, wie in der Botanik das practisch Be-
deutungsvolle die verwerthbaren Früchte oder Blumen selbst
sind, obwohl uns zur richtigen Pflege derselben die Kenntniss der Vorgänge im Wachsthum helfen werden (wenigstens
zur Verbesserung), während die Keimanlagen an sich schon
aus dem Urgrund der Natur hervortreiben.

Nach Aristoteles würde es sich der Mühe nicht lohnen,
mit denjenigen sich zu beschäftigen, die in mythischer Form
philosophiren' (gleichsam in Comté's, „état théologique ou
fictif"), und in den lege artis zusammengefügten Structuren
speculativ verfeinerter Schulwissenschaft dürfen sich so rohe
Gebilde anfangs nicht zwischenfügen. Dem mythischen Urgrund stehen sie aber trotz dessen (oder vielleicht gerade
wegen dessen) um so näher, und da sich in jedem als existirend, damit dann auch seine Existenzfähigkeit**) beweisenden

---

*) Das Bewusstsein hat keinen Inhalt, der nicht es selbst wäre, und vom
Inhalt giebt es kein Bewusstsein, das nicht er selbst wäre (s. Bergmann).
**) Comme rien ne peut exister, s'il ne reunit les conditions, qui
rendent sa existence possible, les différentes parties de chaque être doivent
être coordonnées de manière à rendre possible l'être total (s. Cuvier).

Gedankenkreis eines Naturvolks nothwendig alle die für organische Existenz in ethnischer Schöpfung*) erforderlichen Componenten (also alle die den Gesellschaftskörper bedingenden Grundideen) unumgänglich werden zusammenfinden müssen (wenn auch etwa erst mikroskopisch), so erleichtert gerade die Einfachheit den Durchblick, um jedes Einzelne an richtiger Stelle, und so das Ganze im Zusammenhang, mit einem Blick aufzufassen, und dann diese richtigen Stellen und den daraus gesetzmässig folgenden Zusammenhang auch unter den complicirten Labyrinthenwindungen gigantischer Culturschöpfungen wieder aufzufinden (nachdem der Schlüssel einmal zu Händen ist).

Nachdem in Cartesius' Dualismus die Seele das Primat erhalten, führte die Identität des Denkens und Seins zu dem Idealismus, worin Hegel die Psychologie in die Philosophie des Geistes (sowie unter dessen Phänomenologie, bis zum Einschluss der Philosophie der Geschichte), Schelling dagegen in der Naturphilosophie (mit mystischer Gespensterwelt) einbegriff. Locke's empirische Psychologie (um — in der Ueberzeugung, dass der aristotelische Syllogismus nichts neues zu lehren vermöge — Bacon's Methode auf einer tabula rasa zur Anwendung zu bringen) konnte, gleich dem, die Vorstellungen an die Empfindungen anschliessenden, Sensualismus Hume's der scharfen Kritik Kant's nicht genügen, so dass die Psychologie fast aus der Philosophie ganz und gar verwiesen wäre, ehe sie (im Weiterverfolg des damals eingeschlagenen Weges) den mit den Siegen der inductiven Naturwissenschaften geöffneten Rettungshafen der physiologischen Psychologie**)

---

*) Mythologie im höchsten Sinne des Wortes ist die durch die Sprache auf die Gedanken ausgeübte Macht, und zwar in jeder nur möglichen Sphäre geistiger Thätigkeit (s. M. Müller), Sprache „der konkret gewordene Gedanke" (Wolff).

**) As there is an anatomy of the body, so there is an anatomy of the mind, the physiologist dissects mental phenomena into elementary states of consciousness, as the anatomist resolves limbs into tissues and tissues into cells (Huxley).

hätte erreichen können. Doch blieb sie dort noch mehr beschreibende Naturgeschichte, als erklärende Naturlehre, da soweit kein natürlicher Anschluss gefunden ist für das genetische Princip, dem Condillac*) in der Fingirung seiner Statue zu genügen suchte, Beneke dagegen in seiner, mit Waitz übereinstimmenden, Auffassung der Psychologie als Naturwissenschaft, während von Fichte (und Hegel, mit seiner in der dialectischen Methode durch die Begriffe hindurchgeführten Evolutionslehre) her, der Idealismus mit Herbart (unter Ansätzen zu mathematischer Behandlung) in die Völker-Psychologie verlief.

Im gäocentrischen Weltsystem hätte die anthropologische Auffassung des Mikrokosmos die metaphysischen Reconstructionen des All's (in der Naturphilosophie) entschuldigt, aber auch excentrisch gestellt, konnte (bei Beneke) gesagt werden, dass die (nicht meta-physisch, sondern physisch zu begründende) Psychologie „die tiefste Grundlage für alle übrigen philosophischen Wissenschaften" bildet**) (weil allein erst das Verständniss ermittelnd). All the sciences have a relation (s. *Hume*) to human nature (in the science of man).

Nach jonischer Allbeseelung schied Anaxagoras νοῦς und ὕλη, und Pythagoras φρένες, νοῦς und θυμός. Nach Plato hat die in der Sinnenwelt lebende Seele mittelst der Vernunft zugleich Theil an der Ideenwelt und bei Aristoteles (unter Einführung der Psychologie in die Philosophie)***) er-

---

*) Il semble que, pour étudier la nature humain, il faudrait observer dans les enfants les premiers développements de nos facultés ou se rappeler ce qui nous est arrivée à nous-mêmes.

**) Indem der einzig mögliche Ausgangspunkt für die Fortbildung der allgemeinen Weltansicht die Betrachtung des Menschen ist, so ergiebt sich „die allgemeine Aufgabe der philosophischen Grundwissenschaft, der Psychologie" (s. Waitz). Lotze erkennt „die Philosophie der Geschichte als nothwendige Ergänzung der Psychologie".

***) Innerhalb der Philosophie wird das Leben der Seele in der Psychologie von dem Standpunkt der Physik aufgefasst, wogegen das Denken

hielt die Seele (Entelechie*) ihres Leibes) Vermögen (δυνα-μις) als Materie.

Nach Kant muss man vor Allem, ehe man Metaphysik als Wissenschaft der letzten Principien mache, untersuchen, was Wissen selbst sei (s. Baumann). Die Psychologie**) (welche die Naturgesetze des Denkens kennen lehrt) ist „als die naturgemässe und nothwendige Basis der Erkenntnisstheorie zu betrachten" (s. Göring).

Wenn Herbart die Metaphysik als Grundlage der Psychologie ansieht (oder Lehren der rationalen Psychologie aufzustellen, nur auf Grundlage der Metaphysik gestatten will), so folgt dies aus dem Bestreben, die individuelle Psychologie durch sich selbst zu verstehen, wogegen nach der Natur des Menschen als Gesellschaftswesen das natürliche Gebiet der Psychologie in dem Gesellschaftsgedanken (und dem Erkennen des Denkens darin) liegen muss, wodurch zugleich, statt metaphysischer Abstractionen der normale Durchschnittsgedanken gewährt wird.

Im Uebrigen hat der gegen Kant's kritische Philosophie (welche vorher das Erkenntnissvermögen selbst zu untersuchen fordert) von Hegel erhobene Einwurf (dass die Untersuchung des Erkennens nicht anders als „erkennend" geschehen könne) seine Berechtigung in der dogmatischen

---

als Kunst, und das Urtheil der Ethik nach dem Handeln aus freier Vernunftthätigkeit (s. Harms).

*) Δύναμις indefinita, utpote materia, ἐντελέχεια certa et finita, utpote formam offerens (bei Aristoteles), ἐνέργεια magis ipsum rei actum, ἐντελέχεια statum ex actu exortum significat (s. Trendelenburg).

**) Als Socialwissenschaft hat die Socialpsychologie (oder politische Psychologie) die Aufgabe, die Nationalökonomie oder Politik von der psychologischen Seite zu ergänzen (s. Lindner). Bei richtiger Erkenntniss der „socialpsychologischen Naturgesetze" lässt sich hoffen, „dass die Versuche, die sociale Bewegung aufzuhalten oder naturwidrig zu lenken, einer erleuchteten Psychologie weichen, und dass sich alsdann auf dem Wege ruhiger Reform und stetiger Bewegung jener Entwicklungsprocess vollziehen werde, welcher gegenwärtig auf der Bahn der Revolutionen und Katastrophen verderbenbringend einhergeht."

Philosophie, da das Werden erst rückläufig wieder aus dem
Sein, in dem Gewordenen verstanden werden kann, aber die
Dogmen selbst dürfen nicht aus den Abstractionen individueller Psychologie gesucht werden, sondern sind als die objectiv vorliegenden Producte der Völkergedanken (in socialer Psychologie) entgegenzunehmen.

„Die Moral muss sich gründen auf thatsächliche, einfach
im menschlichen Geiste gegebene Vorstellungen" (bemerkt
Biedermann), und ehe also nicht dies Thatsächliche in der
ethnologischen Umschau über den Globus überall in abgeschlossener Rundung specifischer Originalitäten für Einzelnheiten festgestellt ist, bleibt der Streit nutzlos über durchgehende Moralprincipien, da eine Erklärung, die ihren Gegenstand noch nicht klar sieht, nicht viel klären kann.

Ueberrascht von ihren eigenen Erfolgen, die nicht ausbleiben konnten, nachdem der richtige Weg der Forschung
einmal betreten war, überrascht davon und einigermassen berauscht, hat die Induction, noch ehe auch die Psychologie
unter die Naturwissenschaften einführbar war, die enthu-
siastisch angelegten unter ihren Jüngern zu dem Versuche
fortgerissen, die klare Begrifflichkeit, die über die relativen
Verhältnisse gewonnen war, auch auf das Absolute zur Anwendung zu bringen, und damit, in vermeintlich radicaler
Elimination des Wunders, die den Tiefen der Menschenseele
einwohnenden Ahnungen und Sehnungen allzu eilfertig übersehen. Das Wunder ist immer da, dicht um uns, in jedem
Athemzug, in jeder Fingerbewegung, wie an jenem frühsten
Schöpfungsmorgen des ersten Menschen, wenn wir solchen
setzen wollen, ja je weiter und überwältigender sich das All
für uns gestaltet, desto unbegreiflicher und wunderbarer gestaltet sich der Anblick. Schon die Dakota schlossen ihre
Weltanschauung ab, mit dem Wakan oder Unbegreiflichen*),

---

*) Mit Manitu bezeichneten die Indianer, was den Begriff überstieg und
seiner Ursächlichkeit nach nicht zu erkennen war (s. Lahontan). Whatever
they do not understand is the work of a Deota (s. Peal) bei den Naga (und

und dieses umdämmert auch in weitesten Dimensionen, bis zum Unendlichen und Ewigen hin, die Unsrige. Das Unbegreifliche widerspricht an sich dem Begriff des Begrifflichen*). Indem wir nun aber den gesetzlichen Wachsthumsgesetzen nachgehen, wie sich in dem engen Horizont der Naturstämme jene Vorstellung gestaltete, werden wir den Leitungsfaden für unsere eigene, nachdem aus durchsichtiger Einfachheit gewonnen, auch unter complicirten Ornamentirungen festhalten können. Das Unbegreifliche an sich kann nicht begrifflich werden (beim Umschlagen in den Gegensatz damit negirt), indem wir es aber genetisch aus dem Gewordenen begreifen, das Sein im Werden (in organischen Uebergangszuständen), verstehen wir damit, was menschlichem Verständniss verstandbar, mit dem Anhalt für Weiterverfolgungen.

Als Hauptaufgabe müssen in der Ethnologie, um diese bisher unbekannte (und der Natur der Sache nach, früher selbst unmögliche) Wissenschaft zu begründen, um sie überhaupt nur ins Leben zu rufen, zunächst voranstehen die Materialbeschaffungen, die nothwendige Vorbedingung für jede inductive Naturwissenschaft, und deshalb auch für die Psychologie, wenn sie eine solche werden soll.

Indem wir selbst, innerhalb unserer Generation, in dies Erwachen der Ethnologie erst hineingewachsen sind, ergiebt sich als Consequenz, dass solche Materialbeschaffung**) nicht

---

so vielfach wiederholt). Kalou (god) means also „anything great or marvellous, anything superlative" (in Fiji). Im Gegensatz zu Kalou vu (Götter) sind Kalou yalo „deified mortals".

*) Gleich den ersten Ursachen in dem χόσμος νοητός, als (transcendentales) ὑπερίον (darüber hinausgehend) heisst das Eine (als Höchstes) τὸ ἐπέκεινα τοῦ Νοῦ (bei Julian).

**) In der voraussetzungslosen Annäherungsmethode hat die Kritik manchmal (unter von früherher geläufigen Hintergedanken historischer Gedankenhäusirer) ein Wiederaufleben der Symbolik gewittert, während es gegentheils gerade galt diesen gefährlichsten Feind objectiver Forschung zu bekämpfen. Wenn nun, um die gegnerische Methode durch factische Belege

nach einem vorherbedachten Plane angelegt und unternommen werden konnte, sondern nur eine successive und allmälig zu vervollständigen sein konnte, unter entschiedener (oft genug in der Entsagung schwerer) Rückweisung aller der in dem Aufspringen überraschendster Parallelen lockenden Verführungen zu schillernd blendenden Schlussfolgerungen, die indess als unreife, oder jedenfalls allzu frühreife, in die gesunde Entfaltung der Keime, später vielleicht unheilbare, Verirrungen gelegt haben würden.

Besser deshalb vorläufige Verwirrung in dem objectiven Material, das sich jeder Zeit, wenn die rechte Zeit gekommen, methodisch zurecht schieben lässt, als eine Verwirrung*) in subjectiven Ansichten, die sich oft genug um so mehr verwirren, je mehr (wenn ein Gefühl davon auftaucht) man sie zu entwirren bemüht ist. Auch konnte ohnedem am Beginn der Forschungen um so weniger an Ordnung und Feilung gedacht werden, weil bei dem raschen Verschwinden

ad absurdum zu führen, die daraus resultirenden Absurditäten in eigene Schuhe geschoben werden, so musste dagegen besonders auf dem Gebiete der Wortähnlichkeit appellirt werden, um nicht in die Klasse jener wüsten Etymologienspinner zu fallen, die sich die Ethnologie, um ihre Gesundheit zu wahren, vor Allen vom Leibe zu halten hat.

*) Die ganze philosophische Bewegung dreht sich seit unvordenklicher Zeit um die Begriffe von Grund und Folge, Sein und Werden, Geist und Materie, Zeit und Raum, Absolut und Relativ (Substanz und Accidenz), Freiheit und Nothwendigkeit, Gott und Welt u. s. w., und alle Abweichungen der philosophischen Systeme drehen sich nur um die Art und Weise, wie diese wenigen Begriffe und Namen geordnet und zusammengestellt werden, um mittelst des daraus entstandenen, einheitlichen Ganzen die Fülle der gegebenen Verhältnisse zu einer erklärenden Weltanschauung zu verbinden. Daraus verliert sich aber auch die Gradlinigkeit der gedankenmässigen Fortschrittsbewegung gerade auf dem speculativen Gebiete und macht hier den bedenklichsten Schwankungen Platz, weil alle philosophische Speculation es mit Denkgebilden zu thun hat, deren Zusammenhang mit dem eststehenden Begriffe des gewöhnlichen Nachdenkens kaum mehr ein nothwendiger ist, bezüglich deren also eine Uebereinstimmung der Gedanken bei verschiedenen Menschen nicht leicht erzielt werden kann" (s. Lindner), bei „fehlerloser Aeusserung der logischen Gesetzlichkeit" (nach Mühry).

der Sammelobjecte jede Minute kostbar war, wogegen, wenn es nach solchem Verschwinden nichts mehr zu sammeln giebt, in der dann herangebildeten Schule von Fachmännern, nicht nur die Musse geboten sein wird, das aus dem frühern Untergange Gerettete (und dadurch wenigstens Vorhandene) systematisch durchzuarbeiten, sondern zugleich auch das überlieferte Material (unter der mit der allgemeinen Umschau gewonnenen Berechtigung zur Kritik der Einzelheiten) ferner zu sichten oder (wo erforderlich) zu purificiren.

Die Hauptgesichtspunkte der jetzigen Studien liegen also in zweierlei: Einmal in derjenigen vollständigen Beschaffung des Materiales, wie für eine Gedankenstatistik erforderlich und deren Ansprüche genügend, in allseitiger Vergleichung*) (nach den Bedürfnissen der comparativen Wissenschaften). Erst wenn solcher Grenze angenähert, können die geistigen Rechnungsoperationen mit einiger Aussicht auf verhältnissmässig richtige Resultate gewagt werden, während so lange es sich um Pionirung kaum eines für seine letzte Ausdehnung und seine allseitige Gestaltung, noch unbekannten Gebiets handelt, nur hie und da an charakteristischen Kreuzungspunkten, erste Landmarken zur Orientirung aufgesteckt werden können, um kritische Phasen der Entwicklung zu markiren. Und dieses führt auf's Zweite, auf solche Entwicklung, auf das Organische im Menschheitsgedanken, der einheitlich auf unserm Globus emporwächst, und damit: auf das genetische Prinzip.

Indem wir in den Schöpfungen der Völkergedanken, im Einzelnen sowohl, wie in der Totalität, einen Organismus**)

---

*) Wenn man sagt, dass der Geist der Wissenschaft in unserm Jahrhundert ein vergleichender sei, so heisst das eben, dass unsere Forschungen auf so weiten Grundlagen und Thatsachen begründet sind, als wir eben erreichen können, dass sie auf den umfassendsten Inductionen beruhen, die der menschliche Geist fassen kann (M. Müller), als Basis den Planet umspannend.

**) Wie jeder Theil in der Natur ein Organismus, so ist auch die Natur als Ganzes ein solcher Organismus, und wie dieses, so auch die

erkennen, ergiebt sich daraus der Anreiz auch auf sie, den mächtigsten Talisman in den Händen der inductiven Naturwissenschaft, ihre Genesis, zur Anwendung zu bringen.

In den einfach durchsichtigen Gebilden der Naturstämme*) werden wir dadurch einen Schlüssel gewinnen, um auch die complicirtesten Errungenschaften der Culturvölker aufzuschliessen —, und damit unser eigenes Selbst.

Dieser Punkt ist so vielfach in meinen Büchern berührt worden, dass weiteres Eingehen diesmal erspart werden kann.

Bisher lebten wir in classischer Literatur, in elegant ausgelegtem Garten, mit genau zugestutzten Baum-Alleen, mit geometrisch regulirten Beeten, wo wir im Voraus wussten, hier und da einen Seitenweg anzutreffen, einen Pavillon, ein Tempelchen im Gebüschlein. Diese traulichen Promenaden sind gestört. Die wirren und wüsten Materialmassen, die jetzt plötzlich aus den Urwäldern der Ethnologie herangewälzt werden, erregen Schrecken und Entsetzen. Die wohlgeschulten Gärtner verwirren sich in einem Jungle mit verschlungenen Zweigverwachsungen, mit modrigen Schlinggewächsen, mit Unkraut aller Art für sie, aber freilich nicht für den wissenschaftlichen Botaniker. Und so unverständlich abschreckend das ungeordnete Ganze hier jetzt erscheint, ebenso leicht wird es sich später anordnen, weil im allgemeinen weit einfachere und durchsichtigere Verhältnisse be-

---

Wissenschaft um die Natur (s. H. Wolff), die Einzelgedanken μερισταί ψυχαί (im neuplatonischen Sinne) des Ganzen (als Eins).

*) Until we can figure to ourselves with approximate truth the primitive system of thought, we cannot fully understand primitive conduct, and rightly to conceive the primitive system of thought, we must compare the systems found in many societies, helping ourselves by observing its developed forms, to verify our conclusious respecting its undeveloped forms (Spencer). Bei der „wide-spread dissatisfaction with existing theories of jurisprudence" bemerkt Maine: „it would seem antecedently, that we ought to commence with the simplest social forms in a state as near as possible to their rudimentary condition" (leichter verständlich als „the baffling entanglement of modern social organisation").

greifend, als die complicirten Ornamente der Cultur. Während jetzt die Lecture eine fast unmögliche scheint (und eben auch nur für den speciellen Fachmann bestimmt sein kann, der seine ganze Zeit darauf zu wenden beabsichtigt), wird sie sich schliesslich zu einer der anziehendsten und mühelosesten gestalten, dann (wenn es sich um Ableitung oder Erklärung socialer oder religiöser Institutionen handelt) werden wir nicht länger dem Verfasser durch Folioseiten seiner dicken Bände hindurch, in den Labyrinthen schwankender Gedankenwanderungen zu folgen haben, wo wir jeden Augenblick in Gefahr gerathen, durch absichtliche oder unabsichtliche Zufügung subjectiver Färbung aus der Individualität irre geführt zu werden, sondern dann werden die Facta realistischer Bilder in ihrer Zusammenreihung selbst sprechen und alles dem darlegen, der einige Worte zwischen den Zeilen zu lesen gelernt hat. Freilich aber wird das bisher innerhalb eines eng umschriebenen Horizonte's an ästhetischen Gestaltungen erzogene Auge, sich erst adoptiren müssen an solch neue Perspectiven, durch optische Reformen sich an ihre Auffassung gewöhnen.

Vorläufig bei dem Drängenden der Zeit, — ehe das letzte verschwunden ist, aufzuraffen, was noch übrig, — kann nicht an Politur der Einzelnheiten gedacht werden, am Wenigsten jetzt bereits, wo selbst nicht einmal die Oberfläche das Terrain, auch nur in einfachster Pionier-Arbeit, überschaut ist, wo also noch jeden Augenblick Thatsachen durchgreifendster Art hervortreten mögen, die uns zwingen, dass auch sie Beachtung verlangen, auch sie ihre Werthaufnahme in die Rechnungen, weil diese sonst im Voraus für ihre Consequenz-Ziehung in den Resultaten als falsch erklärt werden müssten.

Zunächst kann es sich nur um die Materialsammlungen selbst handeln, ähnlich denen bei Beginn der Seefahrten*) in

---

*) In den Kräuterbüchern mehrte sich mit den Geographischen Entdeckungen die Ansammlung der Beobachtungen und „die Thatsachen der natürlichen Verwandtschaft drängten sich von selbst und ungesucht den

Brunfels Herbarium oder sonst zusammengeworfenen, aber auf Grund darauf erst war es später Tournefort und dann Linné ermöglicht, Licht in die Systeme zu bringen. In den Büchern früherer Chemiker herrscht für uns ungeordnete Verwirrung, aber ohne dieses Durchgangsstudium wären wir nicht zu der jetzigen Klärung in Theorien gekommen. Als Bacon es aussprach, dass der Syllogismus, der Vor-

---

Beobachtern auf, anfangs als ganz unbestimmte gelegentliche Wahrnehmung, der man zunächst keinen grossen Werth beilegte" (s. *Sachs*), sich dann aber von Brunfels bis Caspar Bauhin und Lobelius aufmerksamer zuwandte, so dass die Erkenntniss der verwandtschaftlichen Gruppirung im Pflanzenreich deutlicher hervortrat. In der Zwischenzeit musste (im Anschluss an Caesalpinus' philosophische Erwägungen über eine systematische Behandlung des Pflanzenreichs), der Uebersichtlichkeit wegen künstliche Systeme (nach Merkmalen, deren systematischer Werth a priori bestimmt wurde) aushelfen und obwohl Linné sich diesen, von gleichem Gesichtspunkt aus, anschloss, sprach er doch mit Bestimmtheit aus, „dass es ein natürliches System der Pflanzen gebe" (nach dem bisherigen Verfahren nicht charakterisirbar), dass indess „die Regeln, nach denen das wahre und einzig natürliche System aufgestellt werden müsse, noch unbekannt sind, und dass erst weitere Forschungen im Stande sein werden, das natürliche System aufzufinden" (s. Sachs). Genau das Seitenstück zu der Entwicklung dieser botanischen Naturwissenschaft, bereitet die der Ethnologie, in welcher gerade jetzt die Ahnung der Verwandtschaft in der vergleichenden Psychologie erwacht ist, mit der Hoffnung, nach genügender Ansammlung von Material das „wahre und einzig natürliche System" zu erlangen. „Die Wahrnehmung der natürlichen Verwandtschaftsverhältnisse konnte aber nur aus tausendfältig wiederholter genauer Einzelbeschreibung (nicht aber aus den Abstractionen der aristotelischen Schule, welche wesentlich auf oberflächliche Beobachtungen beruhten) gewonnen werden" und so wird die Ethnologie in ihren Materialiensammlungen für Einzelnbeobachtungen zunächst noch nicht ermüden dürfen. Der Verstand hat nicht den Objecten, sondern die Objecte dem Verstand Vorschriften zu geben (s. Sachs) in der Naturforschung (im Gegensatz zur Scholastik). Und so hat sich auch geschichtlich Alles in organischer Entwicklung gebildet, in Sprache oder Rechtswissenschaft oder sonst durchweg. Statt gelegentlich für die Forderung des Augenblicks ernannter Commissionen (einzelner Fälle) folgten (nach periodischen Quaestores Parricidii und Dumuviri Perduellionis) mit der lex Calpurnia de Repetundis die erste Quaestio perpetua u. dgl. m.

handenes verbinde, nichts Neues lehren könne, dass es in der auf Aristoteles Wegen folgenden Philosophie der Induction bedürfe, da erkannte er zugleich, dass die Empirie (als an sich nutzlos) nicht genüge, dass den Erfahrungen ein leitender Gedanke vorherzugehen habe, um den gegebenen Stoff kraft der Vermittlungen des Denkens durchzuarbeiten, und so aus dem Besonderen das Allgemeine, aus den Thatsachen die Gesetze zu erfassen.

So bedarf es im Forschen klärender Anordnung unter vorläufigen Hypothesen, die, wenn vor frühzeitiger Verknöcherung bewahrt, sich in weiterem Fortgang der Studien, mit denselben erweitert, umgestaltet werden.

Daher wird in der Literatur die berechtigte Anforderung an ein Buch gestellt, als in sich abgeschlossenes Kunstwerk (wenn auch nur im Kleinen) hervorzutreten, durch die Kritik gereinigt und äusserlich formgerecht.

Diese Grundsätze werden, wie in jeder Wissenschaft, auch in der Ethnologie zu gelten haben, sobald sie nämlich in dieser auch zur Anwendung zu bringen sind, sobald sie zunächst also als Wissenschaft abgerundet ist.

Wie aber jetzt? in dieser plötzlich und unvermittelt, innerhalb weniger Decennien, hereinbrechenden Fluth neuer Thatsachen und Beobachtungen, die blitzesschnell dem überraschten Staunen vorüberfliegend, für immer (ohne jemalige Wiederkehr) verloren sein werden, wenn nicht jetzt auch, im Moment des Auftauchens, erhascht und (so gut oder so schlecht es geht) einigermassen fixirt.

Hier, wo sich jetzt, ein völlig unbekanntes Gebiet nach dem andern den ersten Pionieren öffnet, kann keinem Führer vertraut werden, und leitende Gedanken, die sich anböten, möchten nur irre leiten. Hier muss auch Manches, ohne sich selbst über die Absicht dabei bestimmte Rechenschaft geben zu können, unterschiedslos aufgenommen werden, im vielleicht nur dunklen Vorgefühl, dass sich spätere Anknüpfungspunkte*) ergeben werden, und wenn diese, wie oft genug geschehen, dann wirklich hervortreten, war der Instinct glücklich zu preisen, der rettete, was nachher nicht mehr nachzuholen gewesen wäre.

So rollen sich im Laufe der Jahre dieser Uebergangszeit (die der Natur der Sache nach nur eine kurze sein kann) Aufzeichnungen in oft formlosen Massen zusammen, um die Materialien zu liefern für die Reihenanordnungen, wie sie verlangt wurden in den tabulae essentiae et praesentiae, tabulae declinationis et absentiae, tabulae graduum sive comparativae, und wenn diese gefüllt sind, dann — (denn dann wird es voraussichtlich auch wenig Neues mehr zu sammeln geben, und Alles dann noch nicht Gesammelte wird fortan leider verloren sein) — dann wird es ans Ordnen gehen können, und dann wird sich hoffentlich auch eine Schule von Ethnologen gebildet haben, die, indem sie diese damit recipirte Wissenschaft zum Lebensstudium gewählt haben, auch vor formlosen Büchern nicht zurückschrecken werden, wenn sie ihnen thatsächliche Materialien zu liefern vermögen.

Die Ethnologie hat so natürliche Anziehungen durch ihre Beziehungen zum Menschen, dass sie in den maskirten Vorformen, welche sie bisher in der Literatur verhüllten, stets eine Lieblingslectüre für das grosse Publikum**)

---

*) Der „fertigen Wissenschaft" schaden nicht solche „Quertreibereien" (nach Lange), wie sie die „werdende Wissenschaft" fern halten muss, bemerkt Göring, denn „eine entstehende Wissenschaft experimentirt lediglich mit ihrer Methode und muss ihren Erfolg abwarten, um über die Brauchbarkeit entscheiden zu können. „Wenn ich eine natürliche Methode lehren sollte, müsste ich sie selbst zuvor kennen" (bemerkt Linné), „aber da wir alle Schüler sind, müssen wir vom Einzelnen zum Allgemeinen uns hineinarbeiten" (ohne Regel a priori). So scheint in gegenwärtiger Jugend der Ethnologie noch allzu viel zu lernen, als dass man sich berechtigt fühlen möchte, jetzt bereits als Lehrer aufzutreten.

**) Die Fortdauer erstaunlicher Unkenntniss über die elementarsten Grundthatsachen des menschlichen Daseins auf der Erde bleibt um so be-

gebildet hat. Für dieses zu schreiben, bleibt allerdings der Endzweck, aber jetzt, wo die Möglichkeit herantritt, die Ethnologie zu einer Wissenschaft heranzubilden, stellt sich damit die Frage, wann sie wird popularisirt werden dürfen. Gewiss nicht, ehe sie sich selbst ihrer Principien klar bewusst geworden ist, gewiss noch nicht in diesem unklar gährenden Uebergangsstadium, wo die Ansichten noch von allen Winden umhergeworfen werden. Wollten wir jetzt bereits einen βασιλικὸς ὁδος öffnen, würden darauf in langen Reihen jene phantasiereichen Gefühlsmenschen herangezogen werden, deren Phantasien allzuleicht in Phantastereien übergehen. Damit hätte sich dann die junge Wissenschaft, selbst und von Vornherein, den Weg abgeschnitten, auf dem sie einst ein entscheidendes Wort in der Geschichte der Menschheit reden zu können hofft. Nichts wäre leichter als ethnologische Bücher anziehend zu schreiben. Verführerische Sirenengesänge auf allen Seiten. Man braucht nur hineinzugreifen, Hypothesen billig, wie Brombeeren, aber auch nur ebensoviel werth, wenn etwas werth. Darum jetzt vor Allem Vorsicht, die Ohren verstopft, um unbeschadet hindurchzuschiffen bis zum sichern Hafen. Dass also die Bücher über Ethnologie vorläufig trocken und abstossend erscheinen sollten, dürfte vielleicht nicht das grosse Unglück sein, um das so oft in den Kritiken gejammert wird. Wenn darob mit Vorwürfen beworfen, so wird sich dies eher ertragen*) lassen, eher und lieber, als selbst, auch indirect nur,

---

dauerlicher, weil es sich, in jenen unreifen Vorstellungen, mit denen man oftmals Fragen, wie z. B. die der Colonialpolitik, der Emigration u. A. m. behandelt sieht, um das Wohl und Wehe hunderttausender Mitbürger und um Millionen aus dem Gesellschaftsvermögen handeln mag.

*) Als, eine noch völlig terra incognita gewissermaassen, das Forschungsfeld der Ethnologie zu betreten war, musste die Induction voraussetzungslos eintreten, um aus den allmählig sich ansammelnden Thatsachen selbst erst zu lernen, welche Principien hier zu gelten haben würden, wie gleichsam erst mit Aneinanderreihung jährlicher Zufügungen aus den Entscheidungen

mitzuhelfen, dass das zum Anpflanzen eines Wissenzweiges umgebrochene Terrain ein bequemes Tummelfeld werde für Etymologienwüther und Völkerflicker. Wir bekämen damit einen Bettelmantel aus buntscheckigem Stückwerk zusammengeschneidert, wogegen, wenn ruhig wartend, bis die Thatsachen zum abschliessenden Ueberblick angesammelt sind, sich ein prächtiger Peplos weben wird, wie von Zeus über heilige Eiche gebreitet, ein strahlend gespiegeltes Abbild wirklicher Welt. Darum, wie gesagt, mag der Zugang vorläufig mühsam erscheinen, nur dem zugänglich, der bereit ist, einen Theil seiner Kraft und ehrliche Arbeit darauf zu verwenden. Wenn im Schweisse jener Anstrengungen, wie sie jede ernste Wissenschaft von ihren Jüngern verlangt, einigermaassen eingedrungen, wird er sich durch die Ergebnisse schon belohnt fühlen. Vor Allem heisst es deshalb in der Ethnologie, einen kühlen und klaren Kopf zu bewahren, um nicht von der bald hier und da, bald auf allen Seiten in glänzenden Versprechungen auftauchenden Ausblicken berauscht, wieder von dem Strom der Speculation fortgerissen zu werden, auf dem sich entzündbare Gemüther allzu gerne mühelos fortschwemmen lassen.

Indem es sich in der Ethnologie um den Menschen als Zoon politikon handelt, nimmt sie ihren Ausgang vom Gesellschaftszustande, dessen Einzel-Mitglieder zur Besorgung der Anthropologie überlassen bleiben. Die Verhältnisse der Geschlechter zu einander, die man bis auf einen Zustand wilder Ehe*) (schon bei Anknüpfung an classische Notizen) hat zurückführen wollen, werden zunächst durch die ethnischen Umstände bedingt werden, unter welchen sie sich bilden.

---

des Praetor peregrinus im Edictum Perpetuum (bis auf Salvianus Julianus) sich später die Grundzüge eines Jus naturale feststellen liessen.

*) Marriage contracts, as well as all religious ceremonies, are entirely dispensed with, and the assorted pair are free to live together, whilst they choose or separate at pleasure and convenience; the enfant accompanies its

Der brasilische Jäger, der lautlos im Urwalde wandert, seine Beute zu beschleichen, wird sich, dem Stärkeren, die Frau als Dienerin folgen sehen, und innerhalb der in den offenen Lichtungen Australiens, auch für Treibjagden zusammengehaltenen Horde wird gleichfalls das Recht des Stärkeren den Vollerwachsenen das erste Anrecht auf die Mädchen*) des Stammes geben, so dass Jüngere sich nur durch (sabinischen) Raptus**) (oder Entführung) einer oder anderer Art (aus der Fremdheit), einen Privatbesitz verschaffen können, gewissermaassen ein peculium castrense (wie von Augustus dem Sohne zugesprochen).

In den mühelos idyllischen Lebensverhältnissen Polysiens hat sich aus freiem Verkehr***) der Geschlechter die Verstellung gruppenweiser Verheirathungen in Morgan's „punuluan family“ gebildet, und dann wird unter der Herrschaft der Sinnlichkeit, die Frau, als Hauptgewährerin, bald auf jenen

---

mother to her next abode, but the grown up children remain with the father (s. Graham) unter den Nahal (der Bheel). After puberty the females have indiscriminate intercourse, save with their own fathers, until they are chosen or allotted as wives (in den Andamanen). Brothers may have connection with their sisters, until they are married (Owen).

*) The old men, who get the best food and hold the franchise of the tribe in their hands, managed to secure an extra supply of the prettiest girls (in Tasmania).

**) Kehrt bei den Kurnai der Entführer in den Stamm zurück, so hat er mit den Verwandten seiner Frau zu streiten, und vermeidet deren Mutter. Da die Frauen meist aus andern Stämmen geraubt waren (in Tasmania), the exogamous rule could still be observed, when a mariage took place coithin the tribe (Bonwick). Die Veddah never marry out of their race (s. Tennent). In Madagascar heirathen die nächsten Verwandten, auch Bruder und Schwester, wenn nicht von derselben Mutter (s. Drury). Unter den (neben Koli, als Eingeborene von Guzerat) betrachteten Bheel (mit den Baria und Kant an der Spitze) heirathen die Stämme untereinander, einige Häuptlinge aber sind „somewhat restricted in their selections, and can only intermarry with certain families“.

***) Bei den Maori waren die Mädchen noa, im allgemeinen Eigenthum, bis von den Verwandten einem Mann in Tabu gegeben (s. Taylor). Auf den Marquesas gehören Cicisbeo zur Familie.

hohen Rang gestellt sein, den sie in Tonga einnimmt, sowie in Hawaii, wo der Mann, dem sie sich als ihren Schützer angeschlossen hat, ihren Kochofen besorgt, und den Poey-Teig, während in Neuseeland bereits, wo kriegerische Aspecten dem Manne ernstere Pflichten auferlegen, als mit der Frau zu tändeln, diese eine, verhältnissmässig wenigstens, herabgedrückte Stellung zeigt.

Der Fischfang, wenn nicht auf stürmischer See hinaus führend, wird die Frau in Gleichstellung mit dem Mann beschäftigen, und ihr jenes unabhängige Auftreten gewähren, wie es die Fischermädchen in brahmanischen Legenden zeigen.

Für den Ackerbau kommt die Arbeit der Frau zu Hülfe und unter den amerikanischen Wanderstämmen, soweit er dort zulässig ist, gehört er ihr allein, da in der Vertheilung der Nahrungsbeschaffung, ihr die vegetabilische zufällt, wie die animalische dem Manne.

Der Neger kauft sich zum Anbau seines Ackerfeldes eine Frau, statt einen Sklaven (oder Sklavin), und der Kru vermehrt*) so, mit dem auf jeder Reise erworbenen Gewinn, bei der Rückkehr sein Harem, hier nicht ein dolce farniente mit sich bringend, wie beim Orientalen, der, wenn reich genug, unter seinen übrigen Luxus-Artikeln auch seine Frauen vermehrt in der Polygamie, (mit sanitären**) Gesichtspunkten in beiden Fällen in Betreff der Säugezeit, des Beischlafs u. s. w.).

---

*) Manche der Agri unter den Kunbi (bei Bombay) „have 2 or 3 wives apiece, whom they marry chiefly for the help they render in cultivating the land (s. Sherring). Bei den Chunchus ist zweifache Ehe Vorrecht des Häuptlings (als Privileg seines Ranges). Bei den Germanen war die Ehe monogamisch, indem mehrere Frauen nur des Ranges wegen sich fanden (nach Tacitus).

**) After childbirth, husband and wife keep apart for three, even four years, so that no other baby may interfere with the time considered necessary for suckling children, in order to make them healthy and strong (in Fiji), und daher Polygamie (s. Seemann). In Afrika gilt gleiche Enthaltung (auch bei der Menstruation). In Banta sagen sie, „es müsse

Polyandrische Verhältnisse entstehen, wie unter leicht-
lebigen Nairs im Anschluss italienischer Cicisbeat, dann auch
wieder unter Kargheit der Lebensbedürfnisse, bei Einschrän-
kung auf eine gemeinsame Haushälterin gewissermaassen,
unter gleichzeitiger Stumpfheit der Sensualität, wie sich in
der tibetischen*) Hinneigung zum Cölibat zeigt.

Ein durchgreifendes Gepräge wird der Stellung der Frau
in der Gesellschaft dann durch die, die Gestaltung derselben
begleitenden, Geschicke aufgedrückt werden, ob sie, als Beute
der Eroberer, wodurch die einheimischen Männer des Landes
erschlagen, durch das Thatsächliche selbst in Knechtschaft
herabgedrückt ist (vielleicht, wie bei Cariben, die eigene
Sprache bewahrend), oder ob, wenn die an die früher von
ihnen verwüsteten Küsten als Flüchtlinge anlangenden Wi-
kinger, es als Gunst, als Gnade so zu sagen, betrachten
müssen, wenn die Honoratioren des Landes diesen früher gefürchtet und gehassten, — aber früher, wie später berühmten —
Helden ihre Töchter zur Ehe anbieten, sie beim Festmahl
wählen lassen (wie bei Phocäer in Massilia) oder im Bogen-
wettkampf erschiessen (wie von Chutia-Prinzen in Sudya**).

---

der Mann, wenn sein Weib schwanger, keine Gemeinschaft mit ihr pflegen,
weil solches fleischlich" (Pinto).

*) Bei Tibetern heirathen verschiedene Brüder eine Frau und bei
den Nairs verschiedene Männer ohne Verwandtschaft. Bei den Namburi-
Brahmanen darf nur der älteste Bruder heirathen (um den Grundbesitz
zusammenzuhalten), während die jüngeren auf freien Verkehr hingewiesen
sind, besonders mit Nair-Mädchen (die verschiedene Liebhaber gleichzeitig
unterhalten mögen). Wie in Ceylon (meist unter Brüdern) besteht Polyan-
drie in Kashmir, Tibet, sowie den Sivalik-Bergen, dann in Sylhet und
Kachar, unter den Coorg von Mysore, den Toda der Neilgherry, sowie den
Nairs u. s. w. Bei den Veddah wurde früher die jüngere Schwester geheirathet, und dies galt, als „the proper marriage", während die Heirath
mit der älteren Schwester verboten war (s. Bailey). Wer bei den Crows
die älteste Tochter heirathet, hat ein Anrecht auf alle Schwestern.

**) Dabei ergaben sich, oft im weitern Zutritt priesterlicher Weihen,
Bräuche, wie der Confarreatio, oder das Connubium (nuptiae), neben dem

So bildeten sich die gynaikokratischen Verhältnisse unter
den nach Menangkabau verschlagenen Nachkommen Iskan-
der's, und ähnlich finden manche der archäistischen*) Ueberlebsel ihre Deutung (aus Lykien u. s. w.).

In politischer Geschichte fixiren sich auch endogamische**)
Vorschriften, wenn aristokratisch stolze Ueberwinder das
blaue Blut der Kaste rein zu erhalten streben, bis zum
engsten „breeding in and in" (wie in den Schwesterehen Peru's
und Persien's), wogegen exogamische Kreuzungen, in ihrer
weiten Verbreitung, von der Natur bereits den Naturvölkern
gelehrt zu sein scheinen.

So lange innerhalb der Horde Privatehen nicht durch
Sponsalia geweiht und umschrieben sind, werden als selbstverständliche Consequenz, die Kinder zur Mutter halten, da
der Vater vielleicht selbst dieser nicht mit Sicherheit bekannt
ist, und die Verwandtschaft kann nicht in verticaler Richtung

---

Usus (concubinatus, contubernium u. s. w. im conjugium), während, wie
Raptus die archaistische Form der Eheschliessung, coemptio die gewöhnlich durchgehende ist, und wenn dem Jüngling noch das Vermögen fehlt,
den vollen Preis zu zahlen, mag es in Raten geschehen durch die dem
Schwiegervater geleisteten Dienste, wie bei den Hebräern oder in Sumatra,
und vielfach sonst. Bei den Naga dient die Braut eine Zeitlang dem Vater
des Bräutigams.

*) Zu Memrumos und Hypsuranios Zeit wurden die Kinder nach der
Mutter genannt (bei Philo). In Madagascar folgen die Kinder' der Mutter
(s. Ellis), und dies wiederholt in langen Reihen durch die verschiedenen
Continente. Das Kind folgt der „ärgeren Hand" (um den Adel rein zu
halten). Throughout the patriarchal legends of the Hebrews descent in
the female line is an important factor in the purity of blood (s. Finton).
An den Avunculus (von Avus) in der auch bei Germanen (s. Tacitus)
geltenden Bedeutung, schliesst sich dann das Neffenrecht, als Vasu auf Fiji,
in der Neffenfolge bei den Murri-Mukkatti unter den Chongan (in Cochin)
und vielfach sonst.

**) Die nahen Verwandtschaftsbeziehungen, innerhalb welcher auf Mada-
gascar geheirathet wird, führten in der Königsfamilie mitunter zu den
nächsten (sonst noch bekannter Geschwisterehen).

(in Ascendenz und Descendenz), sondern nur in der Breite*) zum Ausdruck kommen, zwischen Geschwistern in Schwestern und Brüdern. Für genaue Gliederung liegt kein Bedürfniss vor, da die Horde auch gesellschaftlich, so lange durch den Rath (oder vielmehr nur durch das Ansehen) der Alten regiert, ohne bestimmtes Haupt ist.

Tritt nun etwa hier durch Katastrophen eine Zerstreuung ein, so bleibt, als nächstliegend, die Geschwisterschaft zusammen, und wenn sie sich dann als solche vielleicht isolirt in Sicherheit wiederfindet, wird zwar dann in, Heroiden**) feiernder, Legende das Bild der Mutter bewahrt bleiben, um welche sich an jenem Morgen des Schreckens die zitternden Kinder schaarten, aus diesen wird aber, der gleichen Gefahr eben wegen, bald der muthigste und kräftigste, am ehesten also der Aelteste***), an die Spitze gerufen werden, und der Schutzgeist, dem er (als selbstertäumter bei den Indianern) vertraut, wird in Australien dann gleichfalls (meist in Thierform†) des Kobong (als Totem, wie auch bei Beschuanen, Kasya u. s. w.) als Wappen des jetzt unter ihm als

---

*) Die Stemmata enthielten neben der Familie in absteigender Linie die Seitenverwandte, als Schwertmagen oder Agnati (väterlicherseits) und der Spilmagen oder cognati (mütterlicherseits). Nach Rosin drückt Spillmach den Begriff der durchweg durch Weiber verwandten Weiber aus, im Gegensatz zu Svertmach (der durchweg durch Männer verwandten Männer).

**) Die Griechen bewahrten bei ihrem Eponymus, als Geschlechtsvater, den Namen der Mutter, durch einen Gott geschwängert (wie Chione den Eumolpus der Eumolpiden aus Neptun gebar).

***) Rechtlich wird die Primogenitur besonders unter Verhältnissen, wie sie bei den Beneficien vorlagen, befestigt. Das Vermögen wird beim Tode des Vaters getheilt, doch kann der Vater beliebig einen Sohn bevorzugen (bei den Jakuten). Der Bräutigam erhält von seinem Vater einen Theil von dessen Jagdgrund und von dem Vater der Braut einen Bogen (bei den Veddah).

†) Cleisthenes in Argos änderte die Namen der dorischen Stämme (zu Sicyon) in Hyatae (Eber), Oneatae (Esel), Choeratae (Schwein).

Führer constituirten Stammes gelten (unter Fortführung
seiner Legenden durch die Scalden*).

Wenn dann im Laufe der Wanderungen solche Einzeln-
horden wieder zusammentreffend, sich zu gemeinsamen Horden
neu verschmelzen, werden die bereits der Geltung einer Häupt-
lingswürde angenäherten Autoritäten in jedem Specialfall aufs
Neue, in gegenseitiger Compensation, sich miteinander ab-
gleichen zu jenem früheren Altenrath, der, falls drohender
Krieg keinen Herzog ex virtute verlangt, genügen mag, aber
der bereits mit der Macht des Geheimnissvollen eingreifende
Privatcult des particularen Schutzgeistes wird, seit einmal
adoptirt, nun auch verbleiben, und, sofern noch nicht durch-
gehend vorhanden, Nachahmungen anregen, in allen (durch
irgend ein Band zusammengehaltenen) Kreisungen der Horde,
so dass deren primär gegebene Gleichartigkeit sich jetzt erst
wieder aus Theilstücken herzustellen hat.

Nachdem bei den Kurnai durch den Botenherold als
Lewinda-Jerra-alla die betheiligten Stämme zur Jerrail (Ein-
weihung) zusammengerufen sind, und jeder Knabe, dem ein
Mädchen (als Krau-un) zur Schwester gegeben war, durch
die aus dem Walde herbeigekommenen Männer (unter Weg-
nehmung von der Mutter) in die Reihen jener (und das
Geheimniss des Turndun oder Schwirrholzes) aufgenommen
ist, bleiben die in dieser Ceremonie gemeinsam**) reci-
pirten Jünglinge dann auch später im Lager in besonderer
Abtheilung zusammen wohnen, sie bilden also mit einander
eine Genossenschaft, die sich zugleich im Besondern auch (bei

---

*) Die Jaga-Bhats wandern bei den Rajputen-Stämmen (für Heirathen,
Genealogienführung u. s. w.), während die Birm-Bhats (Brahma-Bhat oder
Badi) in den Städten wohnen (und gemiethet werden) unter den Bhat
(Dasaundhi oder Bharata) am Ganges (unter den Charon-Bhat in Rajpu-
tana). Und so in Polynesien.

**) Ist der Knabe oder Wot-wotti durch Tut nurring (im Walde) zur
Jerra-eil aufgestiegen, campiren alle Jünglinge (brewit) der Ceremonie
fortan als Brüder zusammen (bei den Kurnai).

der männlichen Abstammung vom Yeerung-Vogel*) und der weiblichen vom Djeetgun-Vogel) den Frauen gegenüber markirt, und bei gegebener Veranlassung des Fortzug's weiter als selbstständiger Stamm auftreten könnte, nur aus männlichen**) Mitgliedern bestehend, so dass dadurch von selbst auf Erwerbung von Frauen durch Raub hingewiesen, aus andern (fremden) Stämmen, und also deshalb mit verschiedenen Stammes-Emblemen. Daraus ergiebt sich in Weiterfolge die Geschlechtsklassentheilung, indem (nach Schliessung der Ehe) der Vater sein eigenes Symbol (in schwesterlicher Beziehung zu dem des früher beigegebenen Mädchens) bewahrt, zugleich im Anschluss an die (als ältere den jüngeren gegenüberstehenden) Symbole seines Vaters und seiner Mutter (in deren Zeichen die eigenen Kinder dann wieder zurücktreten könnten), und daneben die Frau gleichfalls ein eigenes, so dass sich allerlei complicirte Vorschriften über Heirathskreuzungen bilden können, wie bei den australischen Verhältnissen weiter auseinanderzulegen.

Indem sich zwischen verschiedenen Stämmen, als innerhalb derselben Horde, freundschaftliche Beziehungen eingeleitet haben, mögen mancherlei Anlässe vorliegen, weshalb die (als werthvoller Besitz geltende, und deshalb gern zurückgehaltene) Frau bei einem andern Stamm gesucht wird, sei es um durch knüpfende Bande Verstärkung zu erlangen, sei es um durch gefälliges Entgegenkommen mit oder ohne Schuld Gefürchtetes abzuwenden, und oft ist (nicht in

---

*) Unter den Kurnai, die von dem Vogelpaar Yeerung (Stipiturus Malachurus) oder Djeetgun (Malurus Cyaneus) stammen, betrachten die Männer die Yeerung-Vögel als Brüder, die Frauen die Djeetgun-Vögel als Schwestern. Die Söhne folgen dem Vater als Yeerung, die Töchter der Mutter als Djeetgun. Die Männer rächen den Tod der Yeerung-Vögel, als ihrer Brüder an den Frauen, die Frauen die der Djeetgun-Vögel, als ihrer Schwestern, an den Männern (s. Howitt).

**) Das würde zugleich auf allegorische Zeugungen aus zwei Väter führen, wie auch in Polynesien bei Tane und Tangaroa oder sonst.

australischen Klassen allein) dann gegenseitiger*) Austausch
bedingend, fast immer aber wird das Mädchen, auch als
Frau, ihrem eigenen Stamm verbleiben, der weder sie, noch
sonstiges Eigenthum, abzugeben denkt, und sogar noch die
Kinder für sich beansprucht, so dass diese der Mutter
folgend, in dem Avunculus**) ihren natürlichen Beschützer
finden (und damit Neffenrechte zur Geltung kommen).

Sollte wechselsweiser Austausch, wenn stattgefunden, dann
zur Gewohnheit werden, so würden sich permanent fixirte
Heirathsrichtungen, wie bei den Kamilaroi***) von selbst
erklären, und ebenso, dass einmal auf der Bahn der Zersplitterung eingelenkt, diese dann auch zu derartigen Extremen
führen mag, wodurch die Kinder†) wieder nach Knaben oder
Mädchen, in besondere Klassen eingereiht werden (in Ge-
schlechter-Trennungen).

Bis hierher wird also von Familie keine Rede sein
können, indem die Glieder überhaupt nicht zusammen-

---

*) Wenn bei den Chaubi-Brahmanen (in Mathura) ein Mädchen einen
Jüngling aus anderer Familie heirathen würde, muss diese der Familie
jener ein Mädchen zur Ehe zurückgeben. Auch beim Kauf der Frau
bewahrt der Stamm vielfach sein Antheilsrecht, und bei den Germanen
musste bei Bestrafung derselben für Ehebruch ihre eigenen Verwandten
zugezogen werden. Im Muri der Maori straft der Stamm der Frau deren
Gatten für ihm zugeschriebenen Verschuldungen. Die in der Kindheit
dem Manne bereits angetraute Frau ging ganz in seinen Familienkreis
über in Tasmanien (s. Lloyd). In Rom durch capitis deminutio.

**) Amita (mit patruus, als Onkel) ist die Tante väterlicherseits, wie
Matertera (mater altera) mütterlicherseits mit dem Avunculus oder kleinem
Grossvater (avus), auch bei Germanen.

***) In sechs Stämmen (unter Zweitheilung) acht Klassen, wovon die
Frauen als Gattin (Goleer) oder Schwester gelte, wie z. B. der Kabbi die
Ipota als jene, die Kapota als diese betrachtet.

†) Da die Namburi-Mädchen (in Malabar) keinen Mann (ausser Vater
und Gatte) sehen dürfen, werden sie auch von den Brüdern getrennt. Alle
männlichen Glieder in der Familie des Zamorin (Tamuri-Rajah) heissen
Tamburan, alle weiblichen Tamburetti (s. Buchanan).

halten*) oder schon dadurch auseinandergerissen werden, weil die Eltern selbst zwei verschiedenen Stämmen angehören.

Die erste Einheit bildet also die ohne durchgreifendes Oberhaupt wogende Horde, die sich von den Wanderungen umhergeworfen, elastisch dehnen und engen muss. Sie mag zerfallen, mag indess auch in fester Organisation einen Halt bekommen.

Denn wie die Stämme sich zu kräftigendem Bündniss zusammenschlossen, und ohne Prämeditirung die Horde ins Dasein riefen, so mögen die politischen Aspecten fernerhin wieder günstig sein, dass sich zwei oder mehrere Horden im Trutz- und Schutzbündniss einigen, wenn schwere Masse, der sie gegenüberstehen, für Erhaltung des Gleichgewichts, eine in der Mehrheit vergrösserte Compensation verlangt.

Hierbei würde allerdings, um die Aufrichtung des Gebäudes, trotz der bereits hervortretenden Complicationen, vor Zusammensturz zu bewahren, ein bewusstes Abkommen vorauszusetzen sein, und in solchem Falle bliebe nicht ausgeschlossen, dass auch ein im socialen Leben wichtigster Punkt, über die Vergebung der Mädchen, und die Verpflichtungen der verschiedenen Stämme hierüber zu einander, stipulirt würde.

Somit stellt sich dann ein Gerüst her, wie es bei den Irokesen und Verwandten dasteht, in dem Hinüberkreuzen der Heirathen aus einer Horde oder Phratie in die andere, unter den correspondirenden Stämmen.

---

*) Die Pallivala (der Kanaujiya Brahmanen) are excedingly strict in matters of caste (in Gujerat). They do not drink the water of their own daughters or of any persons not belonging to their own castes. La famille antique est une association réligieuse plus encore qu'une association de nature (Coulange). Das italienische Haus wurde durch die Ehe negirt (s. Nissen). Auf dem Hause beruht das Geschlecht, d. h. die Gemeinschaft der Nachkommen desselben Stammvaters, und von dem Geschlecht ist bei den Griechen, wie bei den Italikern „das staatliche Dasein" ausgegangen s. Mommsen). Die (griechische) Familie ruht im οἶκος.

Nachdem eine derartige Sitte zur Gewohnheit geworden, formulirte sie sich, mit der Verknöcherung zum Dogma, als unverbrüchliches Princip, das nicht weit genug getrieben werden konnte.

Weil es sich praktisch erwiesen hatte, in eine andere Horde oder Phratrie zu heirathen, so durften jetzt die Mitglieder der eigenen nicht mehr untereinander heirathen, anfangs nur, weil es gegen den Brauch verstossen haben würde, dann weil ein Verbot entgegenstand, und indem so das Heirathen in der Verwandtschaft, unter Simulirung dieser, abgewiesen, und immer weitere Grade absorbirt wurden, traf dies Veto schliesslich alle, die denselben Namen führten, bei den Maya, oder (als hsing der chia) bei den Chinesen.

Der Uebergang von der mütterlichen zur väterlichen Geschlechtsfolge wird sich in historischer Entwicklung vollziehen, indem eine aristokratische Kaste, die ohne Frauen (oder mit ungenügender Zahl derselben) eingewandert, durch das Schwert oder (gleich den Brahmanen) durch geistige Ueberlegenheit zur Herrschaft gekommen ist, und nun, wenn die Noth zu Frauen aus den verachteten Schichten der Eingeborenen zwingt, nicht zu deren Niveau, wie leicht begreiflich, die Kinder degradiren will, sondern sie in das Geschlecht des Vaters*) erhebt. Dies, zur Gewohnheit geworden, galt denn auch zwischen ebenbürtigen Geschlechtern.

Und mit solchem Vater an der Spitze der Familie, wird dann in dieser die patria postestas**) geübt, in Rom sowohl (wie anderswo), oder in freieren Gestaltungen.

---

*) Bei den schottischen Clan folgten die Kinder in der männlichen Linie, während die männlichen Mitglieder blieben, die der weiblichen in der Clan des Vaters traten.

**) All the sons together with their wives and families are in subordination to the father and obey his authority. They possess no property of their own (bei Khonds). A la mort de l'ancêtre commun le régime de la puissance paternelle absolue disparaissait et les descendants recouvraient leur liberté, quant à leurs biens et à leur personne (in Annam), während die Verpflichtung zum Ahnen-Cultus auf Einen überging, der dann als Haupt

Familiam ducere hiess es bei Verzweigung der Gens (Singulis singulas familias). In Indien*) steht der Viçpati (Hausherr) an der Spitze der Familie oder an der Spitze des Dorfes (in Afrika) der Ahn, als Ifoumou (Quell). Der Somol, als ältester Mann des Stammes, nennt die Mitglieder pui (Schwester oder Brüder) auf den Mortlock-Inseln.

Dann folgten jene Fictionen**), in Adoption und Aufnahme der Hausgenossen, Diener, Clienten u. s. w. zum (schottischen) Clan, zu Sept der Iren, den Phis oder Phara (der Albanier)· u. s. w., das Ganze in Mehrzahl der Fälle im religiösen Cult***) der Gens, und oft allein dadurch gehalten.

---

betrachtet wurde (s. Luro), als Truong Toc (Haupt der Verwandtschaft) oder Ton Truong (Haupt der Familie). Wie Aelteste und Tojonen (Häuptlinge) hat der Vater unbedingte Macht (bei Samojeden und Jakuten).

*) The popular notion is that the Village landholders are all descended from one or more individuals, who settled the Village (in Indien) neben den später Hinzugekommenen (s. Elphinstone). Im Wappen erhält sich aus der Abstammung mythische Thierform. Der Schwur bei den Thieren (s. Sosicrates) fand sich als Eid des Rhadamanthys, während später bei den Göttern geschworen wurde. In den Rechtsbestimmungen des Wehrgelds „the citizen depends for protection not on the Law of Crime, but on the Law of tort" (s. Maine).

**) The earliest and most extensively employed of legal fictions was that which permitted family relations to be created artificially (Maine). Nach Pollux war es nicht nothwendig, dass zwischen allen Gliedern des Geschlechts in Athen Verwandtschaft bestand. So wurde der Sklave in Athen durch Wasserbegiessen am Heerde und Zusammenessen in die Familie aufgenommen. Der durch Adoption in die römische Familie aufgenommene Fremde hatte unter den Agnaten den Vorrang vor den Cognaten. Die bedeutsamste Umwälzung erkennt Maine darin, als zu der „assumption, that kinship of blood is the sole possible ground of community in political functions" (mit den „legal fictions", which permitted „family relations to be created artificially") das Princip von „local contiguity" (as the condition of community in political functions") hinzutrat (as the basis of common political action).

***) Die alten Gentilverbindungen gingen später in die Form der Sodalitia über, ohne dass die Mitgliederschaft mehr an eine bestimmte Gens gebunden war, wie bei den Luperci (s. Marquardt) u. A. m.

Daneben gestaltet sich dann der öffentliche Cultus, zunächst, ehe die Special-Götter einzelner Priester zu allgemeinen (auch unter officieller Anerkennung oder Stützen) erhoben
sind, durch die Festordner, welche die für massgebende
Lebensbedingungen, wie Ernteertrag oder Krankheitsschutz
mächtigen Influenzen der unsichtbaren Welt in guter Stimmung
und Einvernehmen zu halten haben (pacem deorum quaerere)
und deshalb auch dort nicht, (so wenig wie mit den Todten-
geistern *) und deren Schicksale Vertraute), entbehrt werden
können, wo sonst der naturgemässe Zusammenschluss des
Gemeindewesens keiner anderen Regierung bedarf, ausser
etwa den für allgemeinnützige **) Arbeiten eingesetzten Beamten (oder des Spruchmanns, für Verhandlungen nach Aussen)
und dann der Regulatoren des Jahresumlaufes ***) mit den

---

*) Bei Ankunft auf der Begräbnissstätte wird den Geistern früherer
Todten zugerufen: dies ist der Eine, den ihr bekommt, aber ihr dürft seinen
Hinterbliebenen, Enkeln oder Brüdern, nicht nachstellen (bei den Tonala).
Bei den Sakalava wird den Todten die Ankunft eines Verwandten ange-
zeigt, um ihn freundlich zu empfangen (auf Madagascar). Die Spiele bei
der Leichenfeier der Ikongo bestehen besonders in Ringkämpfen und Speer-
werfen (s. Sibree), in Analogie zu (etruskischen) Gladiatorenspielen (oder
Agonen).

**) Omnes homines natura aequales sunt, galt vor (römischem) Gericht
(zur Zeit Antonin's), und konnte dann Ludwig's Decret veranlassen, wonach,
da alle Menschen von Natur frei geboren, frühere Missgriffe, durch Befreiung der Leibeigenen, wieder gut zu machen, während Rousseau's philosophische Conception sich auf der Union freiem Boden verwirklichen sollte,
trotz der Farbenscheidungen. Mit Status (im Uebergang zum Contract)
wird der φύσει gegebene Zustand der Familienbedingungen bezeichnet.

***) In Agrigent wurden die Hierothyten, denen die Jahresberechnung
oblag, auf Staatskosten gespeist. In Syracus wurden die Jahre nach dem
ἀμφίβολος, als ἱερεύς des Zeus, gezählt. Neben dem Magistrat (unter Vorsitz des Basileus) sowie der βουλή und der ἀγορά, bildeten die fünf ὅσιοι ein
priesterliches Collegium in Delphi. Zu Seiten des Königs (in Sparta) standen die Pythier oder Poithoer zur (priesterlichen) Vermittlung mit Delphi.
Die Eteobutaden verwalteten das Oberpriesterthum im Dienst der Athene
Polias (und des Erechtheus).

officiellen Opfern*) (wie in China durch den Kaiser im Hofcult).

Unter Persönlichkeiten verschafft zuerst, wenn das Studium lucri erwacht ist, Reichthum Ansehen, so lange er durch Freigebigkeit und (Ruhm verbreitende) Gastlichkeit erhalten**) werden kann, bei Aht, sowohl wie bei Beluchen, in der Orang Kaya der Malayen. Dann wird, bei dem in den Altersstufen***) bereits zustehendem Vorrang, überlegenes

---

*) Dem Opferkönig lagen die kalendarischen Opfer ob (in Rom). Das Lustrum (von luo) diente zu reinigenden Sühnen. Wie der Basileus (Archon Basileus) verrichtete auch seine Gattin, die Basilissa, geheime Opfer in Gemeinschaft mit den Priesterinnen (in Athen). Die Priester des Kronos in Olympia hiessen Basilai (s. Pausanias). Ῥωμαίοις πάλαι κατ' ἀρετήν ἦσαν οἱ βασιλέες (Appian). Die Asiarchen (mit bleibendem Titel unter wechselndem Amt) bildeten als Sacerdotales in den Provinzialstädten einen angesehenen Stamm (mit Immunität).

**) In Folge von Verarmung verlor der Raja der Dikshit (-Rajputen) in Parenda die Ehre des Tilak, da das Fest für Raja und Brahmanen nicht bezahlt werden konnte. If a chief is unable from poverty or other causes to exercise the customary hospitality, he at once loses his prestige (mit dem Stamm und Familienhäuptern) unter den Beluchen (s. Minchin). Nur durch Festspiele aus eigenen Mitteln zu bestreiten, konnte (in Rom) die Aedilität erlangt werden, als erste Stufe zum Amtsadel (worin die senatorischen Familien nicht nach Geschlechtsahnen, sondern nach Amtsehren zählten). Die Aedilen hatten gegen Zauberei einzuschreiten, wie als Furius Cresinus beschuldigt wurde, ceu fruges alienas pelliceret veneficiis (s. Plin.).

***) Among the Australians the elder of the tribe is generally the chief (Sturt). Among the Sea-dayaks the chief of several clans is alone entitled to the dignity of an Orang Kaya (Head chief), and the head of a subordinate house is termed Tuah (old man), a title, which he shares with the seniors of his own people (Boyle). Bei den Land-Dyaks finden sich zwei Orang Kayas, the elder having the pre-eminence (s. Low). Die Idaans (in Borneo) follow the councils of the old man, to whom they are related (s. St. John). Senatores a senectute dici, satis constat (s. Festus). Senatores a pietate patres (Aurel. Vict.). In der legis actio sacramenti (s. Gajus) wird die Entscheidung des Praetor (vir pietate gravis) zwischen zwei Streitenden symbolisirt (nach Maine).

Verständniss*) anerkannt, besonders bei den durch Erfahrungsschätze bereicherten Greisen**), als Weise (für Richtersprüche***) gesucht), und bei Kriegsgefahr bietet sich im Tapfersten der Führer, (oft auch bereits als ständiger†) Stratege neben dem Archonten) und dieser, wenn er nach siegreichem Feldzug nicht zurückzutreten beliebt, mag dann den Weg der Usurpatoren einschlagen, der besonders unter den für Lehnverleihungen günstigen Umständen zum Fürsten führt, während ein solcher in den auf die Götteranfänge zurückführenden Stammbaum der Ariki mit der Geburt bereits gegeben ist, und (oft im Anschluss an die Leiter der Einwanderung oder den Gründer††) des Dorfes) als Eponymos fortdauern mag, bis zum Auseinanderfallen geistlicher und weltlicher Macht. Seit Pseudo-Isidor, von Papst Nicolaus I. für echt

---

*) Die Joshtero genannten Beamten der Siga (oder Versammlungen) in den Dörfern (am Bawanji) are chosen for their wisdom (s. Drew). There is no superiority of one over another, among the Fuegians, except that acquired gradually by age, sagacity and daring conduct (Fitzroy).

**) Die den Rath der 30 Stammeshäupter (nach dorischer Verfassung der Spartaner) ergänzenden Volksversammlungen wurde aus Sechzigjährigen besetzt. Bei den Mexikanern war den Sechzigjährigen, wie der Müssiggang, auch die Berauschung gestattet.

***) Zeus (bei Homer) „is not a law-maker, but a judge" (s. Grote) in den Themistes (separate, isolated judgments) auf Themis oder (s. Maine) Dike bezogen, vor dem νόμος (als Codex), anfangs „in gremio magistratuum" (sonst im Schosse Zeus').

†) Among the Sakarran Dayaks there is a war-chief, in addition to the ordinary chief (Low) u. dgl. m.

††) Nach Vincentius Bellovacensis stammten die Franken von Franco (Sohn Hector's). Die Eumolpiden verehrten Eumolpus, als Ahn, wie Buselus bei Buseliden, Cecrops bei Amynandriden (in Athen). Cacculus wurde von den Caecciliern, Cloelus von den Cloeliern, Clausus von den Claudiern als Ahn verehrt. There are several animals regarded as sacred by the Sea-Dayaks (St. Johnc). Seelen der Vorfahren gehen in Schlangen über bei den Dayak (und so bei Zulu).

erklärt, stand das corpus juris canonici über dem corpus juris romani*) (und dann der weitere Streit**)).

In den einfachsten Zuständen ist für eine Regierung weder Nachfrage noch Angebot und, wie von wilden Naga, lässt von friedlichen Pescheräh sich sagen (bei Weddell): Their behaviour, one to another, was most affectionate (and all property possessed in common). Zwar gelten die νόμοι πολιτικοί (im jus civile) nur „entre membres d'une même cité (s. Coulange), so dass jeder Fremde***) vogelfrei ist, aber

---

*) In passing from the East to the West, theológical speculations had passed from a climate of Greek metaphisics to a climate of Roman law (s. Maine), indem an die Stelle speculativer Subtilitäten über die Natur der Gottheit Fragen über die Sünde in Beziehung zum freien Willen herantraten. Die ethischen Grundsätze fielen, nach Ausscheidung theologischer Autoritäten (spanischer) Casuistiker (durch Pascal) in der Reformation auf römische Gesetzesbestimmungen zurück (zum Naturrechte erweitert), bis von der Metaphysik (seit Kant) beansprucht. Obligatio war (in Rom) juris vinculum, quo necessitate adstringimur alicujus solvendae rei (durch Pactum zum Contract, von Conventio her unter Stipulationen). Omne quod geritur per aes et libram war ein Nexum in Rom, wie dadurch auch Eigenthum die Hände wechselte (bei Mancipatio), in Gegenwart des Libripens, nach Art des abgewogenen Geldes jüdischer Säckel, (oder in Birma).

**) Durch Stütze der französischen Juristen (auf der in den italienischen Universitäten ausgebildeten Wissenschaft) begründeten die Könige aus den Häusern Capet und Valois ihre Macht, wogegen die deutschen Kaiser im Widerstreit mit römischer Kirche geschwächt wurden. Gegenüber dem Staat, als Ausdruck der (theologisch als Göttliches aufgefassten) Naturschöpfung, lassen sich die religiösen Partheistellungen mehr oder weniger direct auf jedesmaliges Menschenwerk zurückführen. Cum autem omnia officia a principiis naturae (τὰ πρῶτα κατὰ φύσιν) proficiscantur schliesst Cicero weiter, und könnte zum Einstimmen kommen (s. Diog. L.): φύσει τε τὸ δίκαιον εἶναι καὶ μὴ θέσει.

***) In internationalen Beziehungen wurde der Fels des Grossen Geistes zu neutralem Gebiete, von dem, unter dem dortigen Gottesfrieden, alle Indianerstämme den rothen Pfeifenthon holen mussten. Die als Farbstoff (sowie Mittel gegen Gift und Schlangenbisse) dienende Terra Lemnia oder sigillata (μολεος) wurde alljährlich durch die Priester vom Berg Moschylus abgeholt und mit dem Bildnisse der Göttin versehen, im Handel nach allen Seiten hin verschickt (nach Galenus). Die Arafuras (s. Kolff) without hope

die bei seinem Ansichtigwerden gelegentlich angeregten Leiden-
schaften glätten sich wieder im heimischen Kreise.

Sind freilich die Umgebungsverhältnisse drohender Art,
so bedarf es selbstverständlich eines festeren Zusammenschlusses (wie in militärischer Organisirung der Jüngling-
schaft in Assam) oder einer kräftigen*) Hand, die das Ganze
leitet. Dann mag wohl, wenn beunruhigt nach einem Hort
gesucht wird, der Vorlauteste an die Spitze sich drängen,
am liebsten aber wird man den dort sehen, der, gleich
jenem zur Salbung Ausersehenen, eine Kopfeslänge über
Alle hervorragt, wie in den Kriegen der Tasmanier**), „the
leader or chief was of gigantie size" (Bonwick). Da bei dem
beständig herantretenden *Hic Rhodus, hic saltus* Jeder nur
das gilt, was er werth ist, so schliessen sich in natürlicher
Folge Prüfungen***) daran, um zu sehen, wer unter den
Guten sich als Bester erprobt, sei es im Tragen eines Baum-

or reward, or fear of punishment after death, live in such peace and bro-
therly love with one another (unter den Papua), they recognize the right
of property in the fullest sense of the word, without there being any
authority among them, than the decisions of their elders, according to
the custom of their forefathers (bei *Earle*).

*) The Rock Veddahs are divided into small clans or families, associated
for relationship (mit Grenzen im Walde). Each party has a headman, the
most energetic senior of the tribe, but who exercises no sort of authority
beyond distributing at a particular season the honey captured by the
various members of the clan (s. *Tennent*). Die Häuptlinge (der Forest-
Veddahs) apportion a particular jungle as hunting ground for a certain
number of individuals or families upon which no other members of the
tribe will attempt to incroach (*Sirr*).

**) The Tasmanians seemed to prefer tall and powerful men as chiefs
(*Lloyd*), the place of command was yielded up to the bully of the tribe
(*Dove*). Die Häuptlinge (der Andamanen) are always young or middle-
aged men (*St. John*).

***) Each member is esteemed by the rest only according to his dex-
terity in throwing or evading a spear (in Australien). Bei der Prüfung
des Königs in Tonga „three spears are thrown at him, which he must ward
off" (*Martin*). The ability to climb up a large pole, well greased, is a necessary qualification of a fighting chief among the Sea-dayaks (*Low*). Bei

stammes (wie in Chile), sei es im indischen Wettschiessen, im Laufen u. s. w.

Mit Localisirung gentilischer Genossenschaft[*]) in den Demen schloss sich an den φῦλον τοπικόν der Uebergang der Societas in Civitas.

Während anfangs nur Patricier und Plebejer (oder nobiles und ignobiles) sich unterschieden, wurden mit dem Ordo equester (als der vorher temporäre Reiterdienst ein dauernder wurde) die Stände eingeführt, worin der uterque ordo, als Senat (Senatus populusque Romanus) und Ritter, der Plebs (und weiter dem ordo Libertinorum) gegenüberstand, während dann noch ordo scribarum, aratorum u. s. w. hinzutraten. Auf die equites equo publico (unter dem Tribunus Celerum der Celeres) folgten (mit den Equites illustres) die suis equis dienenden Ritter und dann (seit den Gracchen) ein dauernder Ritterstand (unter den Kaisern als Titel). Mit dem Senat und den Magistraten trugen die Ritter (anfangs nur die Primores) die Auszeichnung des Anulus aureus (statt fererus anulus).

Als mit Gleichstellung der Patricier und Plebejer der Geburtsadel fortgefallen, trat an die Stelle desselben ein Amtsadel, der forterbend in den Familien wieder zu einem Geburtsadel wurde, durch die curulischen Aemter verliehen,

---

Rivalität für die Candidatur des Häuptlings wird derjenige gewählt, der den ersten Kopf bringt (bei den Dayak).

[*]) Iwi ist allgemeiner Name für Stamm von dem Kukane oder (in embryonaler Entstehung) dem Stammvater, dessen Söhne jeder Haupt eines Hapu werden, während die noch nicht organisirte Familie einen Warau bildet (bei den Maori). „Was hier φυλή, tribus, genannt wird, kommt anderswo auch unter dem Namen φρατρία oder γένος vor, weil sie nach einem und demselben Prinzip der Eintheilung geschieden sind, die Species für das Genus." Sodales sunt qui ejusdem collegii sunt, quos graeci ἑταιρίαν vocant (Gajus). Auf der Insel Fehmarn heisst ein Geschlecht eine Vetterschaft, die Familien heissen Klüfte (Niebuhr). Als Οἰκηῖς oder Οἰκίται traten die Sklaven (δμῶες oder δοῦλοι) in die Familie ein (neben Θῆτες oder abhängig Freien), unter dem ὄρχαμος ἀνδρῶν (wie Handwerker unter dem ἐπίτροπος). Im Hause geboren, heissen die Sklaven ὀκογενεῖς oder (οἰκοτροφεῖς) οἰκότριβες (Sklavinnen als σηκίδες), chia shen-tzu in China.

und so unter der curulischen Aedilität erlangt (s. Becker), bei Vereinigung der tituli (bei jus imaginum) im Stemma des Hauses, in prima aedium parte (Val. Max.), wo bei Festen die expressi cera vultus (s. Plin.) bekränzt wurden (mit Lorbeer). Als aus dem römischen, dem letzten der sog. Weltreiche die Germanischen Monarchieen hervortraten, als die Societas eines Königs der Franken sich zur Civitas des Königs von Frankreich umbildete, da gliederte sich die persönliche (und als solche mit Nutzniessung des Grundes verbundene) Abhängigkeit aufwärts bis zu der mehr und mehr abgeschwächten Fiction des römisch-germanischen Kaisers (unter entsprechender Verstärkung der am alten Sitz verbliebenen Kirchenherrschaft, die seit Gratian's Niederlegung des Pontificat abgetrennt war) und erst nach dem Bruch durch die Reformation erhielten die immer deutlicher empfundenen Souveränitätsrechte auf den Boden*) ihre Begründung in Grotius' Werk, während seit Filmer das göttliche Recht der Könige zur Durchbildung kam.

Gleich römischen Miterben (der älteste Sohn ebenfalls nur als cohaeres, wenn auch für gesetzliche Beziehungen an der Spitze der agnatischen Gruppe gedacht), gleich den in Indien bereits mit Eigenthumsrechten an gemeinsames Familiengut geborenen Kindern**), erbten diese auch im Allodium zusammen, und erst bei den für die Zwecke entfernter Kriegs-

---

*) Bei den römischen Eroberungen wurde der ager publicus (qui ex hostibus captus est) den Colonen (unter gemeinsamer Viehweide) assignirt (unter Abzug des Tempelbesitzes), die Possessionen dagegen (auf Wüsteneien) concedirt (ἐν τοσῷδε). Der den Unterworfenen gelassene Boden blieb denselben nur zum Usus fructus (quia in eo solo dominium populi Romani est vel Caesaris). Jeder Sklave hatte (bei den Römern) sein eigenes Geschäft, damit nicht (im Versehen verschiedener), als Zeichen schlechten Geschmacks (s. Cicero) „servi sordidati ministrant" (idem coquus, idem atriensis).

**) In dem Gravelkind genannter Besitz (in England) ging das Land auf alle Kinder gemeinsam über (s. Lingard). Bei den Tataren erbt der jüngste Sohn, als im Hause bleibend, während die älteren, wenn sie aufwachsen, mit ihren Heerden fortziehen (s. Duhalde), und so blieb nur Einer bei den Normannen (nach Willelmus Gemmeticensis).

dienste durch die (wie früher an römische Soldaten) ver-
liehenen Beneficien (im Landbesitz) bildete sich der (militärische)
Hofadel*) durch Karl M., der unter dessen schwachen Nach-
folgern in Hausgesetzen oder „Pactes de famille" das Recht
der Primogenitur im Feudalismus**) feststellte, da unter den
anfangs verschiedenen Vereinbarungen ausserdem die Sicherung
der Dienstverpflichtungen am geeignetsten erschien, wenn sie
in einer Hand verblieb und zugleich auf den ältesten Sohn,
als den am raschesten zu militärischer Tüchtigkeit heran-
gewachsenen, haftete. Auch in indischen Dorfcommunen
knüpfen sich (trotz Gemein-Erbschaft) die Aemter, wenn
erblich (wherever public office or political power devolves)
gern an den ältesten Sohn, und unter Hinweis auf die für
schottischen Clan geltenden Erstgeburtsrechte erkennt Morgan
darin, unter dem Sinken der fränkischen Monarchie eine
Retrogression (gleichsam eine Art Atavismus, liesse sich
sagen) auf archaistische Ueberlebsel aus patriarchalischen
Zuständen, wie sie sich am reinsten in polynesischen Ariki
zeigen würden. Bei geographisch-klimatisch gegebener Lang-
lebigkeit mag sich dann mitunter (besonders unter Ueber-
lieferung von Traditionen) die Kette***) zwischen Grossvater

---

*) Neben dem (erblichen) Adel der Andrianen bildete Radama II.
durch Ehrenauszeichnungen (Voninahitra) die Rangstufen eines militärischen
Adels (bei den Howa). Die mit Kronländereien belehnten Tecpantlaca unter
der Tecuhtli waren dafür zu Diensten verpflichtet (bei den Azteken).

**) Die Besitzrechte des Feudalismus (in Beziehung zur Emphyteusis
aus den Latifundien) war durch römische Unterscheidung zwischen quiritischem
und bonitarischem Eigenthum (vor der durch Justinian hergestellten Einheit)
beeinflusst, und in den Besitznahmen durch Eroberung erhielten ursprüngliche Bedeutungen der Possessio wieder ihre Kraft (wie bei australischer
Colonisirung zeitweis in den Squatter), in der Modification der agri vecti-
gales (mit coloni modietarii der Meyereien) zu agri limitrophi (militärisch
zu schützender Grenze).

***) Bei Hindu, „if the eldest son fails, his eldest son has precedence
not only over brothers, but over uncles". Die celtischen Clan „confer the
chieftainship on the eldest surviving male of the first generation" („failing
the eldest son, his next brother succeeds in priority to all grandsons"). In

und Enkel (mit theilweisem Ueberspringen des Vaters)
schliessen.

In communalen Stammesverhältnissen fällt der Besitz,
der während des Lebens zur Nutzniessung stand, beim Tode
des Einzelnen*) wieder an das Gemeinwesen (oder im Allodium
an die Kinder, schon im Leben als Miteigenthümer) und nur
bei persönlich erworbenen und persönlich gebrauchten Gegen-
ständen, soweit sie nicht als an der Persönlichkeit haftend
besser mit in das Grab gegeben werden, (zur Ruhe der Seele),
könnten Geschenke fortgegeben werden. Erst wenn sich
die Universitas juris complicirt, durch allerlei legale Beziehungen zu den Nebenmenschen, die durch plötzlich un-
vorhergesehene Unterbrechung nicht in Verwirrung gebracht
werden dürfen, tritt die Nothwendigkeit der Erbschafts-
bestimmungen (wie unter Solon in Athen) heran, und dann:
„Haereditas est successio in universum jus quod defunctus
habuit", im Uebergang der Rechte und der Verpflichtungen.
Wenn dagegen die Persönlichkeit des Vaters im Sohne (wie
nach dem Traducianismus) für die Vorstellung fortdauert,
führen patriarchalische Ariki später zu der Thronfolge kraft
göttlichen Rechts. Anderswo konnte dann „bonorum possessio"
vom Erben verlangt werden, als „familiae emptor".

Unter gemeinsamem Landbesitz haben die Miteigenthümer
eines indischen**) Dorfes besonders getrennte Rechte (the de

India „the widow of a Hindoo sovereign governs in the name of her infant
son", wie die Succession zum französischen Thron, „preferred the queen-
mother to all other claimants for the Regency, at the same time, that it
rigorously excluded all females from the throne" (s. Morgan). So auch des
Königs Schwester in Afrika (den Congoländern und sonst).

*) A Corporation aggregate is a true Corporation, but a Corporation
sole is an individual, who is invested by a fiction with the qualities of a
Corporation (as „the king or the parson of a parish"); the capacity of
office is here considered apart from the particular person, who from time
to time may occupy it (s. Maine), wie bei den Sachem der Irokesen.

**) Beim Ueberblick der verschiedenen Einrichtungen in Indien, Russ-
land, Croatien u. s. w., darf man nicht „insist that those different forms

facto partition of the stock being checked by inveterate usage).
Im russischen Dorfe findet periodische Vertheilung des Landes
statt, das dann in der Zwischenzeit zur freien Verfügung
der einzelnen Familien in weiterer Vertheilung bleibt, bis
wiederum für neue Vertheilung zusammenfallend. Im kroati-
schen Dorfe wird das Land gemeinsam bebaut, um dann die
Producte nach den Ansprüchen der verschiedenen Familien
zu vertheilen. Die Speisenvertheilung „to the Sclavonian villagers of the Austrian and Turkish provinces by the elders
of their body" (s. Maine) geschieht einmal jährlich, durch die
Häuptlinge schottischer Clans früher täglich.

of the Village Community represent distinct stages in a process of trans-
mutation, which has been every where accomplished in the same manner
(s. Maine), indem obwohl eine organische Gesetzlichkeit erkennbar, sich dieselbe doch in den verschiedenen Localitäten nach dortigen Bedingungen
entsprechend modificirt; und ebenso in den Wohnungen, wo sich Entwickelungen aus dem Zelt, von Holz- zu Steinbauten u. s. w. verfolgen
lassen, können die Realisirungen sämmtlicher Zwischenglieder nicht jedesmal de facto gelten, weil im besonderen Falle oft schon klimatisch als
solche bedingt (wie in gleicher Weise für Naturproduktion im Pflanzen-
oder Thierreich gültig). „One kind or sort of property is placed on a
lower footing of dignity than the others, but at the same time is relieved
from the fetters which antiquity has imposed on them", und die Gründe
solcher Classificationen „vainly sought in the philosophy of the law"
(s. Maine), „belong not to its philosophy, but to its history", indem schon
wegen „the stubbornness, with which Ancient Law adheres to its classifi-
cations" (little able to conceive a general rule apart from the particular
applications of it with which they are practically familiar) fernere Bestimmungen, wie sie neu hinzutreten, dementsprechend beigefügt werden.
Erst an kritischen Wendepunkten erlangt man dann beim Hinaustreten
aus der Masse der angehäuften Thatsachen, innerhalb welcher sich vor
Bäumen der Wald nicht sehen liess, einen allgemeinen Ueberblick für neue
den gegebenen Verhältnissen entsprechende Eintheilungen. Auch solche
Fragen, als „what where the motives, which originally prompted men to
hold together in the family union"? (wie über die Abtrennung des Privat-
eigenthums) jurisprudence (s. Maine) „is not competent to give a reply",
weil in der organischen Entwicklung selbst bereits liegend.

Die auf dem römischen Recht basirenden Theorien nehmen
für das Eigenthum*) ihren Ausgang von Res nullius und der
Occupatio, mit weiterem Anschluss der Souveränitätsrechte
durch den ersten Entdecker**) neuer Länder in der Adprehensio,
und daraus folgenden Schwierigkeiten für die Bestimmung
des Umfangs. Zur Milderung der in damaligen Anschauungen
involvirten Unmenschlichkeit der Plünderungskriege kam das
Menschlichkeits-Gefühl auf Naturrechte zurück, die das Privat-
Eigenthum wahren, nachdem dieses in fortgeschrittenen Zuständen seine Anerkennung gefunden. Die charakteristische
Physiognomie des Einzeltypus bestimmt sich in jedem Fall
nach klimatisch-geographischen und weiter historisch-poli-

---

*) Bei Entstehung des besonderen Besitzes aus dem allgemeinen „Whoe-
ver was in the occupation of any determined spot of it, for rest, for shade
or the like, acquired for the time a sort of ownership" (s. Blackstone), und
dieses temporäre Anrecht wurde bei polynesischen Ariki bereits ein perma-
nentes, wie sonst (unter Savigny's Bestimmungen) nach Ausgleich durch Recht
des Stärkeren (im jus von jubeo), oder in Verwachsung mit dem Eigenthum
(s. Leo), um auch für dieses Busse zu fordern (bei Germanen). La propriété des objets extérieurs ou la propriété réelle n'est qu'une suite et
comme une extension de la propriété personelle; l'air, que nous respirons,
l'eau que nous buvons, le fruit, que nous mangeons, se transforment en
notre propre substance, par l'effet d'un travail involontaire ou volontaire
de notre corps (s. Sieyés). Dann (s. Glinka) la distinction en biens meubles
et immeubles (l'existence de l'homme se manifeste par le mouvement).

**) Die praesumptiven Rechte des ersten Entdeckers und die daraus fol-
genden Kriege gaben der von Alexander VI. gezogenen Theilungslinie selbst in
Bentham's juristischen Augen eine Empfehlung und (wie Maine zufügt) „gro-
tesque as his praises may appear at first sight, it may be doubted, whether
the arrangement of Pope Alexander is absurder in principle, than the rule of
Public law which gave half a continent to the monarch, whose servants
had fulfilled the conditions required by Roman jurisprudence for the acqui-
sition of property in a valuable object, which could be covered by the
hand (und so, nach juristischen, blutige Kriege mit den Maoris in
neuester Zeit). The history of roman property law is the history of the
assimilation of res mancipi to res nec mancipi" (s. Maine). Christliche
Bedenken (bei C. A. Schmidt) fürchten giftige Impfstoffe beim Aufpfropfen
auf fremden Stamm.

8

tischen Wandlungsverhältnissen der Umgebung, aber unter
solchem Localabdruck wirkt ebenmässig überall ein gleichartiges Gesetz, das zu kennen, da mit Ausdehnung der
internationalen Beziehungen sich Conflicte*) mehren müssen,
wenn nicht die leitenden Gesichtspunkte als Gemeingut unseres
Verständnisses Jedem zur Hand sind.

Wie in Betreff der Stammeskreise stehen die aus römischem Recht in unserer Culturgeschichte als geltend ge-
schöpften Ansichten auch bei dem Eigenthum im diametralen
Gegensatz zu dem bei der Majorität der Naturvölker geltenden, die weit entfernt, eine ursprüngliche Schenkung der
Erde (in Blackstone's Sinne) anzunehmen, vielmehr im Gegentheil jedes der Dinge um sich herum in der Hand eines
Besitzers glauben, von dem erst durch Sühnungen oder Gelübde die Erlaubniss eines Niessbrauches erworben werden
möchte.

Und doch, weil aus den Ursachen des Warum erklär-
bar, liegt hierin kein Widerspruch zu allgemein gleichartiger
Gemeinsamkeit menschlicher Gesellschaftsgesetze.

Unsere Cultur nimmt ihren Ausgangspunkt in den
classischen Unterlagen, als abgeschlossen fertig gegebenen, —

---

*) Die Maxime: „Nemo in communione potest invitus detineri" gilt in
West-Europa, „but in India this order of ideas is reversed" und daraus
fliessenden Missverständnissen (zwischen jus personarum und jus rerum) sind
zuzuschreiben (bei europäischen Beamten) „some of the most formidable
miscarriages of Anglo-Indian administration (s. Maine), wobei (wie bei-
fügbar ist) es sich um das Wohl und Wehe von Millionen handelt, wie
um das von Millionen, oder doch Hunderttausenden bei den (durch geographische oder historische Unkenntniss) abortiv unreifen Projecten der Coloni-
sationspolitiker in der Auswanderungsfrage (und um Millionen aus der
Schatzkammer des Gemeinwesens leicht genug obendrein). Ancient law
(s. Maine) knows next to nothing of individuals (concerned not with individuals, but with families, not with single human beings, but with groups).
Im Wesen der (inductiven) Forschungsmethode liegt es, dass „ihre allgemeinen
Ergebnisse einer beständigen Schwankung und Verbesserung unterworfen
sind" (Sachs). Und bei gesundem Organismus geht dann die Entwicklung
ununterbrochen fort.

als in einiger Hinsicht sub beneficio inventarii (s. Röder) angetretene Erbschaft, — auch in den Rechtsbestimmungen, „modern jurisprudence accepting all their dogmas without reservation" (bis zu der durch den Zwang der Dinge selbst erzwungenen Reaction), während wie weit sie für die römischen Juristen selbst als solche galten „their language leaves in much incertainty", indem diese noch für das Verwachsensein*) mit ältern Wurzeln ein dunkles Gefühl bewahrten, das aber vor der aufsteigenden Geschichtssonne mehr und mehr verblich, und bei dem neuen Aufbau einer fremden Civilisation in gänzliche Vergessenheit sinken musste. Auf diese ursprünglichen Vorstadien wird uns das Studium der Naturvölker zurückführen, nicht etwa (wie keiner Bemerkung bedarf) um bestehende Einrichtungen zu reformiren, sondern um von der Entstehung des Bestehenden einen richtigen Einblick zu gewinnen, von seiner organischen Entwicklung, und damit in die Erfordernisse naturgemäss gesunder Fortentwicklung, um pathologischen Abweichungen zu rechter Zeit bereits vorzubeugen, ehe sie in Revolutionen Zerstörung anzurichten vermögen.

Griechische ἰσότης, soweit staatlich (wie rechtlich in Aequitas) zulässig, wurde in Rom (bei dem Zusammenfluss der Fremden in künftiger Weltstadt) als „Naturalis Aequitas" über das zunächst auf italische Stämme bezügliche Jus gentium erweitert, im Hinblick auf die ausserhalb der Gerichtsbarkeit des Corpus juris civilis Stehenden, indem die im jus feciale (als Vorläufer des Völkerrechtes) bereits fühlbaren Bedürf-

---

*) In den „leges barbarorum" war das Bewusstsein dieses Zusammenhanges noch lebendiger; indem sie nun aber mit den secundären Stadien eines unter verschiedenen Geschichtsaspecten heraufgewachsenen Corpus zu vereinbaren waren, konnten jene Incongruenzen nicht ausbleiben, die bekannt sind, obwohl das Vortheilhafte in der „Aneignung der Früchte der Rechtslebenarbeit eines höher gebildeten Volkes" (s. Röder) für den Gesammtgang der Culturgeschichte zu Tage liegt.

nisse*), dann auch für Privatpersonen (besonders für Begünstigung des im freien Verkehr der Civilisation Bahn brechenden Handels) zur Rücksicht gelangen mussten (wie im engeren Kreise für die „pays de droit coutumier", neben dem „pays du droit écrit" anerkannt), bis weiter mit stoischem τὸ ὁμολογουμένως (ἀκολούϑως) τῇ φύσει ζῆν das Naturrecht (über Dumoulin's juristische Theorieen hinaus) zum Durchbruch kam.

Im natürlichen System fand Fries (in der Botanik) „quoddam supranaturale" (in der Verwandtschaft der Organismen) und dass „singula sphaera (sectio) ideam quandam exponit" im Schöpfungsplan, wogegen nach Darwin die im natürlichen System ausgedrückten Verwandtschaftsgrade „die verschiedenen Grade der Anstammung variirender Nachkommen gemeinsamer Ureltern" bezeichneten (s. Sachs), wobei dann aber für die „Ureltern" selbst oder Ur-Ureltern das „supernaturale" noch völlig dasselbe bleibt und für die Variationen ihre Weite erst durch die Aussagen objectiver Thatsachen, wenn im erschöpfenden Ueberblick bekannt, bestimmt werden kann. Wenn es sich einerseits für die inductive Forschung von klarem Nutzen erweist, solch' Uebernatürliches**)

---

*) Wer von dem Wato, als heiligem Seher, auf dem Berg Dalacha geschützt wird, kann ungestört durch die Galla-Stämme reisen (s. Harris). Neben dem (unter Anrufung Wak's) den Göttern Ogli und Ateti opfernden Lubach, exorcisirt der Kalicha durch Peitschenknallen (wie in Tirol). Die dem Festpriester (ἱερωμένος) Ἀγητής beim Fest der Κάρνεια (für Apollo Carneus) zugegebenen Gehülfen (als Carnentes) durften sich während des Amtes nicht verehlichen, zur Sühne der Pest wegen Tödtung des Seher Carnus (wie der chinesische Kaiser büssend Landplagen sühnt). Als Rechtsgrundsatz des Rhadamanthys findet sich das jus talionis (bei Aristoteles). In der Stadt liess Minos das Gesetz des Rhadamanthys bewahren, im übrigen Kreta durch Talos, der dreimal jährlich die Ortschaften durchzog für Ausübung der auf Erztafeln mitgetragenen Gesetze (s. Hoeckh).

**) Die Schwemme (aus Feuchtigkeit) wachsen am meisten, „wenn es dondern oder regnen will" (nach Aquinas Ponto). Die Tubera haben „mit dem Himmel etwas Vereinigung" (s. Bock). Auf diese weiss redet auch

das sich anfangs immer gleich im Anfang vordrängt, so weit wie möglich aus dem Gesichtskreis hinauszuschieben, so würde sie andererseits mit ihren eigenen Grundprinzipien brechen durch hypothetische Erweiterung der Variationen über den jedesmaligen Horizont gesicherter Thatsachen.

Wie unbewusst die Vorstellungen aufsteigen, so schaffen sich die gesellschaftlichen Bedürfnisse, zunächst unbewusst, ihre entsprechende Befriedigung, und an gegebenen Wendepunkten krystallisirt dann ein System heraus, für die religiösen Anschauungen ebensowohl, wie für rechtliche Institutionen. Solch' stabile Anhaltpunkte*) werden periodisch für Stetigung des Entwicklungsflusses verlangt, sie müssen indess im Fortgang desselben, wenn allmählig anachronistisch verknöchernd, hemmende Schranken zwischenschieben, und manchmal steigert sich dann der Widerspruch zwischen veraltenden Bestimmungen und dem thatsächlich in der Gegenwart Gegebenen

---

Porphyrius und spricht: „Der Götter Kinder heissen Fungi und Tubera, darumb das sie on samen und nit wie andere leut geboren werden".

*) Für die (erblich) constant genommene Pflanzenform hat der Begriff der Metamorphose (als normale oder aufsteigende) „nur eine bildliche Bedeutung, man überträgt die von dem Verstand vollzogene Abstraction auf das Object selbst, indem man dieser eine Metamorphose zuschreibt, die sich im Grunde genommen nur in unserm Begriff vollzogen hat" (in Göthe's naturphilosophischer Auffassung einer idealen Grundform) wenn nicht anzunehmen, „dass bei den Vorfahren der uns vorliegenden Pflanzenform die Staubfäden gewöhnliche Blätter waren u. s. w." (Sachs), wodurch sich die Descendenz dann von selbst widerlegte, da mit den Staubfäden als gewöhnlichen Blätter sich die Existenzbedingungen der Pflanzen dadurch aufheben würden. „Rohe ungeklärte Sinneseindrücke wurden ebenso wie gelegentliche Einfälle, als Ideen, als Prinzipien betrachtet" (in der naturphilosophischen Fortbildung der Metamorphosenlehre), „indem man die höchsten Abstractionen mit der nachlässigsten und rohesten Empirie zum Theil mit ganz unrichtigen Beobachtungen verband". Bei dem Fliessenden der Erscheinungen in der Natur (und im Besondern im organischen Leben für die Entwicklungsgeschichte) bezeichnete Nägeli „das natürliche System als ein Fachwerk von Begriffen" (s. Sachs), gegenüber den platonischen Ideen (bei den Systematikern der idealistischen Schule).

zu solch' schreienden Widersprüchen, dass sich nur im
Bruch gewaltsamer Revolutionen ein neues Gleichgewicht
herstellen lässt. Es ergiebt sich deshalb die Aufgabe, hier
eine feine Fühlung zu erhalten, besonders in der Jurispru-
denz, welche dies zunächst in den „fictiones legis" zu erreichen
sucht, wodurch die Gesellschaft „escaped from their swadd-
ling clothes" (s. Maine), während sich später dann im Rück-
greifen auf das Naturrecht der Grundsatz der Billigkeit bot
(the very conception of a set of principles invested with a
higher sacredness, than those of the original law), und
schliesslich tritt, bei volksthümlicher Staatsverfassung, die
bewusste Gesetzgebung in ihre Rechte.

So, wenn im religiösen System die Orthodoxie stark
genug bleibt, die steten Erschütterungen aus heterodox
ketzerischen Secte machtlos niederzuschlagen, wenn sie die
ununterbrochen mit Erweiterung und Veränderung des Horizonte's, im Rollen der Tageswandlungen neu aufsprudelnden
Fragen mit den Entscheidungen aus unfehlbarer Alterthums-
weisheit erdrücken zu müssen meint, so hat sie selbst damit
den Zwiespalt der Weltanschauung herbeigeführt, wie wir
ihn so oft zwischen Religion und Philosophie klaffen sehen, —
gesehen haben und sehen werden, bis eine auch die Psychologie
umschliessende Naturwissenschaft sich zu dem Versuche fähig
fühlen dürfte, eine einigende Brücke zu schlagen.

Im Gegensatz zu dem früheren, aus einer fest abge-
grenzten Geschichtsbetrachtung natürlichem Bestreben, Analogien, wenn in socialen Gebräuchen oder religiösen Vorstellungen entgegentretend, auf historische Beziehungen zurückzuführen, und daraus zu erklären, hat es unter der mit
Erweiterung des geographischen Gesichtskreises anwachsenden
Masse des Materiales, als die Aufgabe der Ethnologie erscheinen müssen, zunächst auf elementare Grundgesetze*)

---

*) Bei Feststellung allgemein gültig durchgehender Fundamentalgesetze,
als erblich dem Rassentypus einwohnend, wird kritische Sichtung verlangt,

völkerpsychologischer Entwicklung zurückzugehen, und erst, nach stattgehabter Eliminirung, in zweiter Reihe, historische Ursächlichkeiten zuzulassen (und sie stets soweit nur, wie auf topographisch gesicherter Basis nachweisbar).

Sobald die Kritik diese principielle Differenz ausser Acht lässt, so lange sie fortfährt, von einem zur Gewohnheit gewordenen Standpunkt her Bücher zu betrachten, die mit diesem in bewusster Absicht gebrochen haben, so lange wird ihr, von solchem Standpunkt aus, weil einem diametral entgegengesetzten, Alles auf dem Kopfe stehend erscheinen, das Unterste zu Oberst, und bleibt, bei Vergegenwärtigung solch' verkehrter oder umgekehrter Welt, ein allzu liebenswürdiger fast, der Langmuth solcher Zuschauer, die trotz des in ihrer Beobachtungslinse nothwendig gespiegelten Wirrwarr's, die darin zusammengeknäuelten Bücher dennoch einer Beachtung werth zu halten scheinen, statt sie, im kurzen Process, mit dem gerechten Verdammungsurtheil zu beseitigen, das über die Symbolik mit ihren Völkerflickereien, ihren Wanderungslabyrinthen und etymologischen*)

---

um nicht durch simulirte Aehnlichkeiten der unter den, zu den geographischen hinzutretenden, Geschichtsbedingungen erworbenen Erscheinungen getäuscht zu werden, wie die Zoologie, (für die richtige Verwandtschaft) die vererbten Charactere von den durch Anpassung erworbenen scheidet, und (s. *Semper*) so wenig die Flossen der Wale von denen der Fische abgeleitet werden können, die Flügel der Vögel von denen der fliegenden Fische. Functionell entsprechen die Lungen der Wirbelthiere denen der Schnecken und Krebse, „welche durch seitliche Faltungen der äusseren Haut entstehen" (nicht mit dem Darmkanal zusammenhängend), morphologisch der Schwimmblase der Fische und sie doch „athmen vielmehr mit ihren Kiemen". Wie hier, ist auf „natürliche Existenzbedingungen" auch bei den ethnologischen Organismen zurückzugehen.

*) Ueber Etymologien hat man sich zu verständigen innerhalb einer abgeschlossenen Theilwissenschaft, die der Principien ihrer eigenen Forschung bereits sicher zu werden beginnt, sie stehen also nur solchen Fachmännern zu, die das jedesmalige Feld ihrer Studien vollkommen beherrschen, und deshalb dort als Meister zu sprechen berechtigt sind. Ohne Stütze derartiger Autoritäten würde die Ethnologie, die bei allen Sprachen der Erde

Monstruositäten längst gefällt ist (und das nur noch ver-
schärft zu wünschen wäre, um alle Wiederbelebungsversuche
im Keime abzuschneiden).

Unsere Forschungsmethode in der Ethnologie ist, nach
den Anforderungen der inductiv naturwissenschaftlichen, eine
voraussetzungslos vergleichende, aus den nach einander herantretenden Erfahrungen, die für ihren Umfang noch unbegrenzt,
für die schliessliche Tragweite jedes einzelnen Falles noch
nicht zu übersehen sind, und sich mit zunehmender Detail-
kenntniss sogar beständig vor unseren Augen über noch un-
betretene Felder weiter ausdehnen.

Wie nun ein Pionier-Reisender bei dem Betreten eines
bis dahin unbekannten Landes, jede Eigenthümlichkeit am
Wege zu registriren hat (wenn auch für den Augenblick
vielleicht nur als Curiosum), so sind aufstossende Analogien
vorläufig als solche zu constatiren, Aehnlichkeiten also,
weil einmal vorhanden, damit anzudeuten. Einige verwerthen*)
sich sogleich durch naturgemäss geschichtliche Beziehungen,
andere mögen später ihre Bedeutung zeigen oder — mögen es

---

hospitiren geht, auf eigene Hand keine Etymologie wagen dürfen, sie stellt
indess den Anforderungen ihrer comparativen Methode gemäss, Aehnlichkeiten
zusammen, wo sie sich finden, für objective Constatirung, wie pflichtgemäss
zu geschehen. Wenn darin einem an die Perspective nicht gewohntem
Auge, Mancherlei barock erscheint, wäre die Schuld nicht dem Autor zu
belasten, und sofern auf die Natur geschoben, müsste altkluges Besserwissen
sich mit dieser abfinden, (etwa auch die epikuräische Frage über die Schöpfung
beantwortend: Quae machinae, qui ministri tanti muneris fuerunt?)

*) Das aus musivischer Zusammenfügung von Steinchen (durch mög-
lichst vollständige Herbeischaffung der geringfügigsten Details) „hergestellte
Mosaik ist bunt und das Muster schwer zu entdecken, wenn aber bei aufmerksamer Beobachtung der diesem buntscheckigen Gefüge zu Grunde liegende Plan sich als jener allgemeine Charakter der semitischen Religion
herausstellen sollte, so wäre mit diesen kleinen Dingen der Religions-
geschichte überhaupt, auch der Entstehungsgeschichte der alttestament-
lichen Religion ein Dienst geleistet" (s. Baudissin). So in der Ethnologie
auf ihren verschiedenen Arealen, und alle diese wieder in gegenseitigen
Beziehungen mit einander, zum allgemeinen Abschluss.

nicht, das braucht zunächst nicht zu kümmern. Denn jetzt
muss hier, als unverbrüchlicher, der Grundsatz gelten,
dass nie ein Schritt über das sicher Constatirte
hinaus geschehen darf, keine frühzeitige Einmischung will-
kührlicher Verstandes-Abstractionen und deren Gebilde statt-
haft ist. Für verführerisch ableitende Hypothesen ist kein
Boden gefährlicher und schlüpfriger, als der der Ethnologie, und
deshalb bedarf es hier vor Allem der Ascese, der Selbstentsagung
und Geduld, um bei den trocknen Thatsachen stehen zu bleiben,
so schwer das manchmal auch ankommen mag. Wenn während
dieser Vorbereitungsstadien*) die unter Ungunst der Verhält-

---

*) Wer noch an der Wiege unserer jungen Wissenschaft gestanden,
und all' die Schwierigkeiten mit durchlebte, unter deren Gefahren die
schwache Kindheit bedroht wurde, der freut sich des kräftigen Schwunges,
den die Entwicklung jetzt genommen, und des gesunden Fortschrittes.
Manch' junge Herrchen freilich, die seitdem an des Dichters Recensenten-Ross
emporgeklettert, sind altväterischer Weisheit voll, und strenge Präceptoren,
mahnend und warnend, auch böswillig drohend, wenn die bequemen Esels-
brücken, die doch so oftmals ernstlichst angerathen, nun nicht bald gebaut werden sollten. Wer jetzt bereits, kaum an der Schwelle eines un-
übersehbaren Arbeitsfeldes angelangt, im Vertrauen auf individuelle Hirn-
arbeit den grossen Plan des Weltganzen zu reconstruiren wagt, dessen
Muth ist beneidenswerth, aber nicht Jedem beschieden. Die Nachwelt
indess wird es wenig kümmern, welche Vermuthungen wir gehegt haben,
über Dinge, die kaum unter den schwankend ersten Schattenumrissen in
unsern Augen auftauchten. Sie wird vor Allem das objectiv reine und
unverfälschte Rohmaterial verlangen, soweit jetzt noch (und später nicht
mehr) zugänglich, um es in der Umschau eines weiteren Gesichtskreises,
der dann zu Gebote stehen wird, richtig zu verwerthen. Zunächst also
eine topographische Aufnahme des Terrains, dann Eins-nach-dem-Andern,
und wer dabei mehr verlangt, als innerhalb des Sonnenumlaufs in 24 Stun-
den zu geschehen, der ist willkommen, wenn er etwa Josua's Kunst von
den Maui oder andern Schlingenfängern gelernt hat. Die Ethnologie ist augenblicklich noch so sehr eine Wissenschaft brennendster Fragen, dass, wer nicht
in der einen oder andern Weise für seinen Beitrag activ gedient, sich zum
Commandiren kaum herandrängen sollte. Im Uebrigen würde, wenn die Zeit
bereits gekommen oder gegeben wäre, gerne dem dringenden Wunsche
nach Detailvertiefung gefolgt werden, und weiter folgender Erleichte-
rungen für den Leser. So lange indess die Arbeiten unter oft wiederholter

nisse hervortretenden Bücher eine für Fernerstehende etwas abschreckende*) Form bewahren, so mag es darum sein, da diejenigen, denen es ernstlich um die Sache zu thun ist, den Eingang schon finden werden, wie in jeder Fachwissenschaft die damit Vertrauten. Und emsige Arbeiter**) nur sind

---

Unterbrechung (mit langjähriger Entfernung von literarischen Hilfsquellen) geführt werden müssen, liegt in gewisser Unbestimmtheit der Citationen der Gewinn eigener Controle unter den Augen des Sachkenners, für den die Anhalte zur Verificirung (oder Rectificirung) genügend sein werden. Da nur die Skizzenumrisse von Entwürfen geliefert werden, ist neues Durcharbeiten gewinnreicher, als allzu ängstlich gleiche Bahn nachzutreten. Ohnedem kreuzen sich in der Ethnologie die Wege stets nach allen Seiten, und manchmal entsteht der Schein von Verwirrung für den, der gerade einer Richtung nur in seinem Gedankengange folgend, die Wegweiser nach andern Seiten hin übersicht, die in der Citation für allseitige Erwägung liegen sollten, oft zugleich mit Rückweis oder Anschluss an früher bereits Behandeltes. Je unermesslicher die Masse des Stoffes wächst, desto mehr ist das Gedruckte auf möglichst kurze Winke zusammenzudrängen, wie für den genügend, der zwischen den Zeilen zu lesen versteht. Wo die Folgerungen klar zu Tage liegen, erhöht es dann die Befriedigung des denkenden Lesers, sie selbst zu ziehen, und ohne Denken kein Gedeihen für eine Wissenschaft, in der wir noch Alle mehr zu lernen, als zu lehren haben.

*) Dass in Benutzung der Quellen, soweit auf anerkannte Autoritäten zurückgegriffen wird, die secundären überwiegen müssen, ergiebt sich von selbst, da sie schon dem classischen Gelehrten beim Anstreifen des ganz benachbarten Feldes der orientalischen Literatur zuzugestehen, und es eine allzu ungeheuerliche Anforderung wäre, wenn die Ethnologie bei all' den verschiedenen Literaturkreisen, nicht Asien's allein, sondern in noch 4 ganzen Continenten ausserdem, in sämmtlichen schriftlichen oder schriftlosen Traditionen des Erdball's nur durch eigenes Selbststudium erschöpfte Originale benutzen dürfte. Auch ist auf diesen geographisch vergleichenden Arbeitsfeldern, weil universellen, Theilung der Arbeit als zu Recht bestehend längst anerkannt, von den Autoritäten in Specialfällen und für dieselben.

**) Observation, expérimentation, telle est actuellement la devise de la science médicale (s. Perret). Philosopher, c'est doctriner, or nous n'avons pas le temps de cela, quand le malade nous réclame (und in der Ethnologie, wenn das Material vor unseren Augen zu Grunde geht, ohne rasches Zugreifen und Ansammeln durch den dazu Berufenen). Generally speaking

für die nächste Zeit hinaus zunächst erforderlich, nur ihrer bedürfen wir vor Allem, nicht jener speculationsgewandten Hitzköpfe, die gern neue Literaturfelder für Curiositäten absuchen, um sie für gangbare Lieblingstheorieen oder wissenschaftliche Romane zuzustutzen, in Kant's „dogmatischem Geschwätz" (das seinem klaren Kopf zum Ueberdruss geworden).

Ob jeder Zweck sein Mittel heiligt, mag die beliebte Controverse bleiben, dass aber, bei beruhigtem Gewissen über die Heiligung, die Mittel zum Zweck, für Erreichung desselben, nothwendige Vorbedingung bleiben, dürfte auf keine Controverse stossen. Wer nun in dem mühsam herbeigeschleppten Baumaterial nicht die Mittel, sondern den Zweck, zu sehen sich caprizirt, der mag darin eine Entschuldigung finden, sich solcher Arbeit zu entziehen, vielleicht auch im eigenen Kopf Baumaterial genug zu finden meinen, zierlicher und bequemer, als das von der Natur gewährte. Mit ästhetischer Geschmacksrichtung soll nicht gestritten werden, doch mögen dann ihrerseits auch störende Zwischenreden erspart bleiben, da sie die Erreichung des Zieles nur noch länger hinausschieben, und damit jene Theorieen, auf welche als bessere und zuverlässigere, im Vergleich zu manchen früheren, gehofft wird (in naturgemässer Rückwirkung wissenschaftlicher Fortschritte auf practische*) Erfolge).

Während nach Darwin's Lehre neben der fortgehenden Variation nur noch die durch den Kampf ums Dasein bewirkte Auswahl die fortschreitende Vervollkommnung der

---

it is necessary (bemerkt Sproat) to view with suspicion any very regular account given by travellers of tho religion of savages (1866). A traveller must have lived for year, among savages, really as one of themselves, before his opinion as to their mental and spiritual condition is of any value at all (im besonderen Bezug auf die Aht). So fehlen leider vielfach schon die Vorbedingungen der Möglichkeit, rein ungetrübtes Material überhaupt zu gewinnen.

*) Le progrès prochain de l'humanité consistera dans le développement de plus en plus considérable de la raison pratique en politique (s. de Glinka).

organischen Form bedinge, wies Nägeli darauf hin, dass
schon in der Natur der Pflanze selbst Gesetze der Variation
vorgezeichnet seien, welche unabhängig vom Kampf um's
Dasein und der natürlichen Auswahl zu einer Vervollkommnung und fortschreitenden Differenzirung der organischen
Formen hinführen (s. *Sachs*), nachdem Schleiden die „Botanik
als inductive Wissenschaft" unter die Naturwissenschaften
(neben Chemie und Physik) eingeführt hatte. In der Embryo-
logie traten die Ergebnisse von Hofmeister's: „vergleichenden
Untersuchungen", (grossartigere, als auf dem Gebiete der
descriptiven Botanik je vorgekommen), „ohne weitläufige Dis-
cussionen, welche die Genauigkeit der Methode überflüssig
machte, sofort klar hervor", (die Materialien liefernd, aus
denen Haeckel eine „phylogenetische Methode" aufzustellen
suchte, als mit Ausbildung der Descendenzlehre die Constanz
der Arten aufgegeben wurde).

So lange eine neu aufsteigende Theorie*) die gesammte
Aufmerksamkeit concentrirt, vermag, ausser ihr, das von dem
unerwarteten Glanze geblendete Auge nichts Anderes**) zu
sehen, und man glaubt dann leicht, in ihr bereits das letzte
Wort gefunden zu haben. Als ob dies je gesprochen werden
könnte! und nicht die den Beobachtungskreis einengende Zeit-
spanne schon ihr Veto einlegte. Selbst unserer auf allen

---

*) Broussais avait tiré son système de sa fournaise cérébrale, avant
d'observer les faits, et bon gré malgré, tout avait du se plier aux exigences
de la théorie. C'est là et ce sera toujours le sort reservé à ces impatients
avides, créateurs d'une idée, qu'ils regardent commes les colonnes d'Hercule
de l'entendement, comme si les courts instants de la vie suffisaient à soulever
le voile, qui cache la vie éternelle (Perret).

**) Dann spricht selbst das Widersinnigste zu ihren Gunsten. Stahl
fand in der Gewichtszunahme geglühter Metalle eine Bestätigung seiner
Theorie, da das Phlogiston, welches leichter als die Luft sei, und (also die
Körper hebe) verloren gegangen, während man meinen sollte (s. Wagner),
„dass, wenn sich Stahl bei seinen Versuchen der Waage bedient hätte, er
sogleich von der Unrichtigkeit seiner Ansichten überzeugt worden sein
müsste", durch die Waage, von Lavoisier als Symbol der Chemie proclamirt.

Seiten durch mathematische Formeln gesicherten Astronomie könnte Missgunst vorhalten, dass eine ihre bisherige Lebensdauer weit übersteigende Zahl von Jahrhunderten hindurch die frühere Theorie der Epicykeln ebenso sicher und fest gegolten, und dennoch vom Abend auf den Morgen plötzlich gefallen.

Ein Dutzend Jahre hindurch schien jeder Zweifel an der Descendenztheorie Ketzerei, und dennoch hatte man so-manche Theorien in nächster Nähe, die gleiche oder längere Zeit hindurch mit Enthusiasmus begrüsst und betrieben waren, ohne deshalb vor dem Sturze, als ihre Zeit gekommen, bewahrt zu werden.

„Die Vorstellung vom schraubenförmigen oder spiraligen Gang der Entwicklung sämmtlicher Sprossungen der Pflanze ist nicht nur eine unzweckmässige Hypothese, sie ist` ein Irrthum" (s. Hofmeister), aber nichtsdestoweniger bleibt Schimper's Theorie (von der Blattstellung nach Zahlenverhältnissen und geometrischer Construction) „eine der beachtenswerthen Erscheinungen in der Geschichte der Morphologie", weil sie überhaupt eine consequent durchgeführte Theorie ist (s. Sachs), wie Brown's in der Medicin (seit 1780).

So liegen auch die Einwürfe gegen die Descendenzlehre nicht darin, dass sie auf Grund der von Darwin mit bewundernswerthem Scharfsinn und ausdauerndem Sammelfleiss angeordneten Thatsachen eine Theorie[*]) entworfen, dass sie, was, wie in vergleichender Anatomie der Zoologen, De Candolle botanisch im Symmetrieenplan des Typus auszudrücken

---

[*]) Die Zuchtlehre Darwins ist „die kurzsichtigste, niedrigdummste und brutalste, die möglich, und noch weit armseliger, als die von den zusammengewürfelten Atomen, mit der ein moderner Possenreisser und Fälscher bei uns sich interessant zu machen gesucht hat" (K. F. Schimper). Wenn indess jüngere Bewunderer im Feuer der Begeisterung zu Uebertreibungen fortgerissen wurden, dürfen diese keinenfalls dem grossen Reformator zur Last gelegt werden, dessen ganzes Leben, auf Reisen und im Studirzimmer, dem vorschwebenden Ziele gewidmet war. Τῷ γὰρ ποιοῦντι χὠ ϑεὸς συλλάμβανει.

suchte, in unabhängigere Beleuchtung gestellt, dass Entwicklungsvorgängen (wie bei Nägeli's Gewebezellen aus der Scheitelzelle) allgemeinere Anwendung gegeben, sondern in dem
vornehmlich, worin über das soweit sicher Constatirte weiter
hinausgegangen wurde, als die Bewahrung des Schwerpunkts
erlaubte (bis zu eigener Negirung*) in Einführung philosophischer Zersetzungskerne aus dem Absoluten**) in die natur-

---

*) Die Fortpflanzung der Pflanze beruht darauf, dass sie eine specifisch ähnliche zeugt (nach Jungius), und Erlaubniss von Variationen über
erlaubte Variationsweite hinaus, müsste damit vim afferre vitae suae (im
Selbstmord).

**) Wie weit wir (unter festgehaltener Deutlichkeit des Gedankenkreis)
in der Entstehung der Materie (des anorganisch Vorhandenem) zurückzuschreiten suchen, wir würden stets ein Letztes, als Gegebenes (wie in
der Mathematik) zu setzen haben, sei es in Atomen eines mechanischen
Nebeneinander, sei es in chemischem Hervorwickeln aus nebligen Horizonten.
In Evolution der Welt aus solcher Materie, als vorläufig anfangloser, lässt
sich ein bestimmter Anfang dann für das Leben (im Organischen) fixiren,
nämlich (nach scheidend anordnenden Verwandtschaften elementarer Kräfte)
der, Leben ermöglichende, Moment richtiger Wechselbeziehung zwischen
Tellurischen und Solarischen, indem nach der einen Seite Uebermaass des
Kalten, nach der andern Uebermaass der Wärme desjenigen unmöglich
machen würde, was, nach irdischen Verhältnissen, vom Menschen als Leben
verstanden wird. Dieses Leben, als (im Gegensatz zum Anorganischen)
innerlich bewegt (in Entwicklung und Zerfall) zeigt (bald directe, bald indirecte) Beziehung zu dem Wechsel von Tag und Nacht, im Umlauf der
Sonne (für Jahrespflanzen) oder denen des Mondes. Als höchste Blüthe
des Lebens befreit sich das Geistige durch seine, Ahnungen eines
anfangslos Unendlichen und Ewigen ermöglichende, Gedanken von den
Schranken in Raum in Zeit. In dem mythologisch vergleichenden Studium
der Ethnologie erlangen wir einen erschöpfenden Ueberblick über alle
(in buntester Mannigfaltigkeit spielenden) Möglichkeiten einer Schöpfungserklärung, ohne je (wie durch die Denkgesetze verboten) über einen
provisorisch ersten Anfang hinausgelangend, der meist durch Supponirung eines jenseitigen (oder ausserweltlichen) Gottes, (der bei weitergehender Reflexion sich selbst wieder aufs Neue, als das nur letzte Endglied unabsehbarer Vorreihen ergeben würde), verdeckt, oder sonst, mit
Wiederholung stetiger Auswicklungen des Späteren und Früheren, im Kreise
herumgeführt wird. Da unsere wissenschaftlichen Systeme erst innerhalb

wissenschaftlich gefestigten Relativitäten), in der Täuschung
zunächst, dass das Gebiet der Naturwissenschaften bereits

---

des Planetensystems, und auch hier (für Reihen deutlich erkennbarer Thatsachen) nur für die Sonderbeziehungen der Erde allein einigermaassen ge-
klärt sind, hat die Induction selbstverständlich (sobald das Gebiet der
reinen Mathematik verlassen ist) schon deshalb stillstehend anzuhalten,
weil die für das Planetare bis jetzt bereits vermuthbaren Anfänge des Anfangs in anderen Theilen der Sternenwelt liegen, und so für schärfere Detailbetrachtung ausserhalb des Gesichtskreises bleiben (und selbst bei ihrer
Zulässigkeit, aus diesen Anfängen des Anfangs dann nur zu neuen Anfängen
weiter zu führen hätten). Der Lösung des Lebensräthsels im Sein, wird
(der im All' angewiesenen Stellung gemäss) der auf einen Einblick in die
relativen Beziehungen des Werden's beschränkte Mensch nie durch raum-
zeitliche Betrachtungen (um die Speculationen aus denselben in das Un-
endlich-Ewige überzuführen) näher zu kommen vermögen, sondern die
einzige Handhabe kann erst psychologisch (durch Vervollkommnung ethnologischer Induction auf physiologischer Grundlage) geboten sein, im momentan enthüllten Contact der, (in Wechselwirkung des Innern und Aeussern),
im sprachlichen Austausch der Gesellschaft, Gedanken zeugenden Kräfte,
unter dem Bann unabänderlich fester Naturgesetze. Da für das Leben ein
(wenigstens secundärer) Anfang, der seine Wurzeln in der (primär zunächst
anfangslosen) Materie (vor geordneter Wechselwirkung im Gleichgewicht
der Kräfte) verbirgt, herstellbar ist, so lässt sich derselbe auch für den
Geist, das Product des Lebens, gewinnen, obwohl (bei unvollkommener
Uebersicht möglicher Combinationen in jeder Zahl) keine logische Nothwendigkeit vorliegt, solchen Anfang a priori als einmaligen zu setzen, da
scheinbar gewonnene Vereinfachung nur an der Oberfläche täuscht (in
der mit dem Anfang selbst verschwindenden Maya). Weder über das
Wie, das Wann oder Wo im Anfang des Lebens ist derartige Aussage
zulässig, die unter der von der Methode der Induction verlangten Schärfe
die Probe bestehen würde, und vorläufig ist genug damit geschehen, ein
grosser Schritt vorwärts bereits, wenn sich der Anfang selbst (als bei dem
Gegensatz von Sonne und Erde secundär unabhängiger) proclamiren liesse,
da wegen der ununterbrochenen Aufeinanderfolge der hierbei waltenden Gesetze
bis zum Geistigen, bei der in diesem dann gegebenen Begriffsmöglichkeit,
die Aussicht eröffnet ist, Anfangsgesetze (und wenn secundäre, weiterhin
auch primäre) im Fortgang der Studien zu verstehen. Immerhin lässt sich
die Ableitung gewinnen, dass bei ausgeschlossener Umkehr in's Nichtsein,
der Gedanke, nachdem erzeugt, einer Vernichtung (auch relativ genommen)
bereits dadurch entzogen ist, weil im Bewusstsein, bei organischem Zusam-

zu überblicken sei, so lange die Psychologie*) darin noch fehlte. „Die Behauptung, dass die sinnliche Erfahrung alle Erfahrung erschöpfe, ist so ungerechtfertigt, wie etwa die Behauptung, dass alle Materie Schwere besitze" (Wundt).

Mit dem Anschluss an die Physiologie ermöglicht sich für die Methode die naturwissenschaftliche Durchbildung der Psychologie, und in den Gesellschaftsgedanken**) wird

---

menhang des individuellen Bestehens in der Harmonie des Kosmos, diesen Gesetzen inhärirend, wobei zugleich der eigene Vortheil (des Selbstinteresses schon) die gesunde, also gut erprobte, Entwicklung des Gedankens in jedesmaliger Lebenssphäre fordern muss.

*) Die wichtigsten Fragen der Bildungsgeschichte der Menschheit knüpfen sich an die Ideen von Abstammung, Gemeinschaft der Sprache, Unwandelbarkeit in einer ursprünglichen Richtung des Geistes und des Gemüths (A. v. Humboldt), im „genetischen Geist und Charakter eines Volkes" (s. Herder). Aus ethnischen Wurzeln wird der Völkergedanke entspriessen. — So ungeordnet die Materialien auch, als nach einander angesammelt, vorläufig zusammengehäuft sein mögen, so müssen sie doch, wenn richtig der Natur entnommen, aus eigenen Wahlverwandtschaften, (wie in chemischer Mutterlauge) lebenskräftige Produkte schliesslich hervorkrystallisiren lassen, und welche sich nicht als solche beweisen, üben damit eben an sich selbst die zuverlässigste Controlle. Unbequem Alles das für diejenigen, die mit fertigen Gedanken gefüttert sein wollen, aber ein Hochgenuss für die Gourmands im Denken, die sie kennen die Freude, mit Selbstschöpfungen überrascht zu werden. In der Statistik bedarf es einer steten Beachtung und Würdigung des grossen und allgemeinen Zusammenhanges (nach Wappäus). „Fehlt die Betrachtung dagegen, fasst man die Erscheinungen in ihrer Vereinzelung auf und fängt man, nachdem man sie blos vereinzelt dargelegt und analysirt hat, dann schon an zu generalisiren, eine Theorie oder Gesetze aufzustellen, so rächt sich dies unfehlbar durch die alsbald sich herausstellende Werthlosigkeit, ja offenbare Absurdität des Endresultates einer solchen einseitigen statistischen Untersuchung" (s. Gandil). So ist in allen auf Statistik basirenden Wissenschaften vorher der peripheische Abschluss zu gewinnen, ehe ein Maassstab für die Eintheilung gegeben sein kann, obwohl sich bereits im allmähligen Zusammentragen des ausfüllenden Inhalt's die Berührungspunkte des Zusammengehörigen überall lebendig aufdrängen.

**) Καὶ πρότερον δὲ τῇ φύσει πόλις ἢ οἰκία καὶ ἕκαστος ἡμῶν ἐστι, τὸ γὰρ ὅλον πρότερον ἀναγκαῖον εἶναι τοῦ μέρους (Aristoteles). Bei den

ihr die Ethnologie jetzt das bisher mangelnde Material beschaffen. Σὺν Ἀθηνᾷ καὶ χεῖρας κίνει!
Nur innerhalb von Raum und Zeit, und den relativ
dort gegebenen Verhältnissen, kann eigene Thätigkeit Klar-
heit des Gedankens erlangen, Einblick in Ursache und
Wirkung, Zweck, Entwicklungsphasen u. s. w. Wenn über
das Räumlich-Zeitliche hinaus, wir in das Ewig-Unendliche
des Entstehens eintreten, verschwinden, mit Anfang und
Ende, alle daran geknüpfte Folgerungen, und bleibt uns nur
ein Unbekanntes*), das in deutliche Rechnungen eingeführt,

Vorstellungen verschwindet der Einzelgedanke im Völkergedanken der
Gesellschaft, wie sich für das Gemeindewesen die „Volonté de tous" in
„Volonté générale" abzugleichen hat (im consensus gentium). Les idées
générales ne peuvent s'introduire dans l'esprit, qu'à l'aide des mots et
l'entendement ne les saisit que par des propositions. C'est une des raisons
pourquoi les animaux ne sauraient se former de telles idées ni jamais
acquérir la perfectabilité qui en depend (s. Rousseau). Die menschlicher
Wesenheit entsprechende Vorstellung, als auf sämmtlichen Sinnesauffassungen
basirend, setzt dann im Gehör zugleich das Verständniss des Gehörten voraus
(im sprachlichen Austausch).
    *) Mit der Wissenschaft Zauberstab bleibt jenes Dunkel des Unbe-
kannten zu bezwingen, das polynesische Kosmologien bereits mehr und
mehr vor dem in der Schöpfung aufglänzenden Lichte zurückweichen lassen.
Omnibus enim innatum est, et in animo quasi insculptum, esse deos
(s. Cicero), wogegen (für die Buddhisten) die Wesen und Welten vom Nicht-
Anfang her in der Umwälzung des Entstehens und Vergehens begriffen,
und (nach der Sautrantika) die Welt als anfangslose zu setzen (bei „wahrer
Erkenntniss"). Deum se arbitrari esse animam mundi, quem Graeci vocant
κόσμον, et hunc ipsum mun dumesse deum (Varro bei August.). Im προάρχη
und προπάτωρ gilt (gnostischer) Βυθος als αἰὼν τέλειος, doch bei Epimenides schaffen αἰών und φύσις, die Kinder des Zeus. Εἶς δὲ ὢν πολυώ-
νομος ἐστί (Aristoteles). Sic vario cunctus te nomine convocat orbis
(deorum dearumque facies uniformis für Isis), und dann Nana's entmannter
Sohn, τῇ φρυγίᾳ γλώσσῃ ὁ Ζεύς (bei Psellus). Mieux vaut une bonne
légende, qu'une mauvaise explication scientifique (Lenthéric). In mythologischer Phantasienwelt träumt der Geist die Vorstadien des Denken's,
das bereits aus mancher der in phantasmagorischen Umrissen mit Farben-
tönen verklärten Wolke Blitze künftiger Wahrheiten hervorschiessen mag,

diese verundeutlichen, ja als Null völlig negativiren würde, da mit den soweit bekannten Rechnungsmethoden die für Auflösung erforderliche Formelfassung eben noch unfassbar ist. Zum Verständniss eines Dinges müssen die für sein Bestehen zusammenwirkenden Bedingungen bekannt sein, wogegen für das Entstehen des Tellurisch-Solarischen die Wurzeln in einem kosmischen Jenseits liegen, über dessen Abschluss es auf dem heutigen Standpunkt der Kenntnisse noch gänzlich unmöglich bleibt, eine irgend entsprechend angenäherte Vorstellung hervorzurufen. Wir verstehen naturwissenschaftlich die Kräftewirkungen im Stoff, die Materie selbst aber ist vorläufig als gegeben anzunehmen, und wenn wir auch in soweit zulässiger Theorie bis auf einen nebularen Ursprung zurückgehen mögen, sind wir damit doch von

---

oder in fernem Wetterleuchten ahnungsvoll aufdämmern, wenn die Morgenröthe heraufzieht. Unter νοῦς (neben ὄρεξις) fasst Aristoteles die Phantasie „mit den höchsten Verstandesbethätigungen" zusammen (s. Brentano) und in der Imagination als magische Kraft des Geistes (bei Baader) trägt die „Götterkraft der Phantasie" über jede Gewalt und jede Beschränkung hinaus (nach Schleiermacher). Zu unterscheiden sind „Qualität, Quantität und Maass der Phantasie", deren Unterschiede „nicht blos auf dem ästhetischen Gebiete zu suchen sind, sondern in jedem Gebiete des Geistes sich geltend machen und selbst in der Speculation auftauchen" (s. Rosenkranz). Die bei Mendelssohn (als Erkenntnissvermögen, Empfindungs- oder Billigungsvermögen und Begehrungsvermögen) unterschiedenen Seelenvermögen (das Erkenntnissvermögen, das Gefühl für Lust und Unlust und das Begehrungsvermögen) lassen sich (nach Kant) „nicht ferner aus einem gemeinschaftlichen Grunde ableiten". In der Seele „als Substrat Ein räumlich untheilbares Wesen" genommen, erscheinen die psychischen Phänomene als „seine Thätigkeiten oder Zustände" (s. Waitz). Der Contact mit der Aussenwelt regt im psychisch wogenden Meer die Gefühle von Lust und Unlust an, widerstreitend und umherschwankend, um auf die durch die Reize angeregten Fragen eine Antwort zu finden, wie dann in deutlichen Vorstellungen gegeben, und obwohl, in der Zwischenzeit schon, ein temporäres Ueberwiegen nach einer oder andern Seite den Willen dahin determiniren mag, bedingt sich doch die Richtigkeit des Denken's eben darin, das Ganze möglichst in der Schwebe zu halten, bis sich ein gesetzmässiger Zustand der Abgleichung hergestellt hat.

erster Entstehung noch ebenso weit entfernt, wie vorher. Wenn aus den Folgereihen der Bildungsprocesse der Planet Erde hervorgeht, so sind die Elemente als solche anzunehmen, ohne dass wir uns jedesmal Rechenschaft geben könnten, weshalb aus ihren Combinationen etwa diese Felsarten hier oder jene dort vorwiegen möchten. In gleicher Weise muss in einer bestimmten Phase aus der Wechselwirkung des Tellurischen und Solarischen das jedesmal organische Leben (in specieller Modification des, allem Bestehen überhaupt bereits, in Urprinzipien vorauszusetzenden Lebens) aufspringend gedacht werden, das sich in seiner geographischen Vertheilung für characteristische Repräsentationen an bestimmte Localitäten geknüpft zeigt. Beim Studium geologischer Vor-Epochen (soweit bereits genügende Daten für deren Gleichartigkeit über die Gesammt-Oberfläche des Globus vorliegen) mögen wir aus Vergleichung früherer Revolutionen suggestive Aufklärungen erhalten, auch für das vegetabilische und animalische Leben, das im beschränkten Maassstabe, als beständig noch schöpferisch fortwirkend setzbar, während betreffs des Erscheinen's seiner dominirenden Vertreter die Bedingungen an eine dafür günstige Entwicklungsstadiums-Phase geknüpft, zu supponiren sind. Die daraus hervorgegangenen Typen werden jedoch (innerhalb der Spielweite ihrer Veränderungsmöglichkeiten im Wachsthum, unter mikrokosmischer Wechselwirkung mit der Aussenwelt) ebenso stabil zu setzen sein, wie die chemischen Elemente, so lange die physikalischen und physiologischen Gesetze der inductiven Naturwissenschaften unter die für sie adoptirten Grundlagen fortgelten.

Statt in bequem hypothetischer Weise den (von ersten Atomen zurückconstruirten) Ursprung des Lebens von einem, nach momentan vorwiegenden Liebhabereien gewählten, Mittelpunkt über die Erde zu vertheilen, bleibt uns die schwierigere Aufgabe, in der Mannigfaltigkeit des Organischen vorerst überall das geographisch an die Oertlichkeit der Umgebungs-

9*

wandlungen Gebundene abzuscheiden, und dann die späteren
Zugaben auf den Mannigfaltigkeiten einzuschlagender Wege
(und unter der Vielfachheit der auf denselben eintreffbaren
Schicksale) zu verfolgen. Das Endziel*) läuft aus in die
gesetzliche Harmonie der Kräfte, die den Menschen auf
geistig-körperliche Gesundheit**) im nationalen Gesellschafts-
bande hinweist, um im ungestört organischen Fortschritt
geistige Schöpfungen im All zu zeitigen.

De non existentibus et non apparentibus eadem est ratio,
wie gleiches auch für das Gegentheil gilt, und indem das
Seiende (oder einmal Gewesene) wieder in Nichtseiendes
nicht verschwinden kann, stellt sich die Fortdauer***) fest,

---

*) Wenn man aus Anlass nicht zu beantwortender Fragen, das Dogma
der Erkenntnissgrenze ohne Weiteres proclamirt, so ist das immer ein
vorschneller Schritt (s. Rehmke). Auf neugestellte Fragen neue Antwort,
ὁ καρπὸς τοῦ πνεύματος (Gal.) in Verjüngung veredelbar.

**) Wie die Formen unseres logischen und mathematischen Denken's
uns einerseits ewige Wahrheiten offenbaren, andererseits aber auch Er-
kenntnissprincipien sind, durch deren Entwicklung und Anwendung wir
die in der Natur vorhandene gesetzliche Ordnung entdecken, so führen uns
die ethischen Ideen, deren Gehalt an und für sich das unvergänglich
Werthvolle ist, auf den Gedanken einer noch andern und höheren Ordnung
der Dinge, einer auf die Verwirklichung des Guten abzielenden moralischen
Weltordnung (s. Drobisch). Dafür: la statistique morale et les principes
qui doivent en former la base (bei Quetelet), wenn wir soweit kommen
(in der Théorie des probabilités).

***) Am starrsten klebt an solchem Fortbestand die im westlichen
Urtheil als windigste und (atheistisch) gottlos erklärte Religion des Osten's,
das Teufelswerk des „Affen-Gottes“ oder (bei den Kapuzinern) des
ketzerischen Schreckgespenstes Manes. Durch den Schall von 84,000 Pauken
werden die Wesen für die Epiphanie auf dem Uccadhvaja genannten
Vimana (in der Lalita Vistara) zusammenberufen, und auch alle Schöpfungs-
vorgänge bereits, in der Vivattatthahi-kappa, verlaufen wie immer, je nach dem
Vordringen früherer Zerstörung in die Rupa-Terrassen, vor einer grösseren
oder geringeren Menge von Zeugen. Unsere Weltweisen allerdings, da sie
schwarz sehen, wo die buddhistischen weiss meinen, und umgekehrt, da sie
ja hören, wo die buddhistischen nein sagen wollten, und umgekehrt, haben
in den Erklärungen des Nirvana vorgezogen „cacumen radicis loco ponere“,

nicht als solche in dem elementar zersetzenden Kreislauf stofflichen Lebens, dagegen aber in den Elementartypen selbst, für
jeden Gedanken, der harmonisch im Selbstbewusstsein aufsteigt,
und so auch dieses einschliesst. Würde das Denken als ein

---

aber auch in solch unbehaglicher Stellung soviel Behagen an dieser Kehr-
seite der Triratna genommen, dass, seit Schopenhauer's Revindication, die
Literatur darüber, die verschiedenen Auflagen eingeschlossen, zur ansehn-
lichen Bibliothek angeschwollen ist. Auch gehören manche Werth-
stücke dazu, welche die im Dreikorb enthaltenen überwiegen, darunter eine
treffliche Geschichtsdarstellung, aber selbst der gelehrte Verfasser dieser
kommt am Ende seines Bandes dennoch zu dem Schluss, dass die „letzten
Gründe" der Theorie, also die eigentliche Grundlage des Ganzen, vom
Menschenverstande nicht begriffen werden können und es also „überflüssig"
wäre, auf „Erklärungen der Nidana einzugehen". Wenn so bei einem, in
seiner Art mit strengster Logik durchgearbeiteten System, ein System
zugleich, das in umfassenden Schriftstücken (Kameelladungen voll, wie
Baron Schilling weiss, und der Tandjur allein in 225 Folianten à 4—5 Pfund)
einem methodischen Gelehrtenstudium zu Gebote steht (ein wahres Eldorado
dafür, möchte man sagen), wenn so unter diesen verhältnissmässig günstigsten
Umständen, sich die Schwierigkeit erweist für den unter anderem Gedankengang aufgezogenen Geist in einem fremden heimisch zu werden,
was ist dann für die disjecta membra zu hoffen, die uns fetzenweis durch
Reisende, als beiläufige Wegesfunde unter schriftlosen Naturstämmen
überbracht werden, Gefälligkeiten, die dankbar entgegenzunehmen sind,
aber vom Pontifex Mucius Scaevola vielfach wohl unter sein „Genus
nugatorium" verwiesen wären. Graecos teletas ac mysteria taciturnitate
parietibusque clausisse „Varro dicit", und hätte dies noch von vielen anderen
Stämmen sagen können, wenn damals schon entdeckt. Bis zu einer
wissenschaftlichen Ansprüchen genügenden Behandlung, wird also die Ethnologie noch einige Geduld üben müssen. „Auf den Gedanken, Weltgeschichte
zu schreiben, wird der kunstsinnigste Historiker am spätesten verfallen",
(sagt, als Meister auf diesem Gebiete, Gervinus), aber „dass man schon
früher universalhistorische Werke schrieb und jetzt schreibt, war und ist
dennoch nothwendig" fügt ebenso richtig Fallati hinzu. Und so soll gegen
die jetzt bereits hervortretenden Versuche zu ethnologischen Lehrbüchern
oder Handbüchern um so weniger geeifert sein, weil dieselben in Anregung
weiteren Interesses an einem dafür nützenden Zwecke mithelfen. Zunächst,
oder wenigstens gleichzeitig doch, gilt es, sich mit Thatsachen zu nähren,
denn „Gedanken ohne Anschauungen sind leer" (Kant). Also das monotone
Ceterum censeo: sammlet das Material, ehe das letzte verschwindet.

Produkt der Hirnwindungen betrachtet, wie Wärme vom Feuer,
Duft von Blumen ausgehend, so liesse sich in Parabeln weiter
festhalten, dass wie die Wärme auf materielle Körper der
Umgebung, der Duft auf nahe Sinnesorgane einwirke, so auch
der Gedanke das verwandte Medium seiner Manifestation
finden werde (und gefunden habe in den das Zeitlich-Räum-
liche besiegenden Errungenschaften). Was freilich hat das
Feuer daran zu erwärmen, was der Duft zu ergötzen? wenn
überhaupt eine Nase treffend, möchte Naseweisheit fragen*),
und solchem Zweifler wird die Antwort nicht fehlen, sobald
er sich in die Daseinsbedingungen des Feuers oder des
Duftes genügend hineinzudenken vermöchte, um die Voraus-

---

*) Die Kamschadalen belächeln, bei den Missgriffen in der Natur, die
Sancta simplicitas ihres Biedermannes Kuka, als einfältigen Gott, und die
Weisheit wächst erst mit der Köpfezahl her, in mystischen Zahlen von
4, von 7, von 9 vermehrt, bis in Rugiwit wieder unter einen Hut gebracht,
wenn nicht bereits in Dreifaltigkeit entfaltet (auch drei Köpfe in einander
geschoben in Notre Dame zu Chalons). Janus belauscht mit zwei Köpfen
des Ein- und Ausgangs die neckische Nymphe (Carna oder Cardea), an
der Thürangel drehend, um sie zu haschen, wie Brahma seine nach den
Cardinalpunkten gerichteten Köpfe wachsen die Reize seiner lüsternen
Schöpfung zu beäugeln, und wie hier ein Ansatz zu vedantischer Philosophie gegeben, so in dem Vorborgensein Carna's (von carno) die Macht über
die Eingeweide, gleich denen im Topf der Canopen unter ägyptischen Göttinnen. Daneben dann limen, was die Neuvermählte nicht berühren durfte,
terram Vestam, quod in Mundo stet sola, um die Jungfräulichkeit (Vestae
id est castissimo numini consecratam) zu heiligen. Aus dem im ἄγνωτον
σκότος einer orphischen Nacht (bei Eudemos) die Atua fanau Po umhüllendem
Dunkel strahlt in Polynesien das von Tane (wie im Kalevala von Kave-
Ukko oder Wäinämöinen) erschnte Licht, und aus dem engen Mutterschoss
führen Lucetius (im Oskischen) und Lucetia, als Jupiter (diespiter unter dii
minuti) und Juno (Lucina) den Menschen zum Tageslicht. Tod droht dann
wieder durch die Pestpfeile leuchtenden Gottes (bei Homer) im Zorn gegen
Niobe seiner Schwester vereint, und bei den Serben senden die Wilen aus
der Luft tödtliche Geschosse auf die Menschen. Wenn die Wile im Walde
ruft, lautet es klappernd, wie das Hacken des Spechtes, und mit Picus ist
in Canens die Waldesstimme vermählt (wie später Pomona). Dem Gott
Ajus Locutius wurde als nächtliche Stimme ein Tempel erbaut.

setzungen ihrer Zufriedenheit zu erstehen. Die unsrigen
dagegen kennen wir im Selbstbewusstsein genugsam, um zu
wissen, dass in Wechselwirkung des Geistigen mit heller Strah-
lendem (im potenzirten Gedankenaustausch der Verdichtung,
wie nach den Eigenthümlichkeiten der Menschenexistenz im
Gesellschaftsleben*) anstrebbar), höherer und höchster Genuss

---

*) Ueberall tritt uns der Mensch in der Gesellschaft entgegen, im
Grossen und im Kleinen, und so auch in den Vereinen der Gesellschaften,
deren einer an ihrem 50jährigen Stiftungsfeste die folgende Ansprache
gewidmet war: „Jenes älteste unter den Culturvölkern der Erde, das der
Piramiden-Erbauer an den Gestaden des Nil, das unter den zu Denkmalen
aufgerichteten Mausoleen seiner Todten wohnte, hatte aus väterlicher
Tradition einen altgeheiligten Brauch überkommen, um in der Fülle des
Lebens das Bild irdischer Hinfälligkeit zurückzurufen. Bei der Vereinigung
zu festlichen Gelagen, kreiste ein Skelett von Hand zu Hand, unter dem
Jubel froher Gesänge klapperte das dürre Todtengebein, aus dem Geflitter
buntfarbigen Schmuckes grinzte ein nackter Todtenschädel hervor. —
Eines solch künstlichen Memento mori bedürfen nicht wir an dem heutigen
Tage, wo derartige Mahnung fühlbar und greifbar in uns lebt, wo sie, in
der Veranlassung zu diesem Feste selbst, sichtbar vor Augen steht, wo
sie mit jedem Gedanken der Erinnerung an das Ohr schlägt, laut und
gebietend. — Eine Gesellschaft stehen wir da, aus fünfzigjährigem Bestande,
aufgewachsen auf dem Schutt untergegangener Generationen, die uns ernährt und gepflegt haben, zurückschauend auf eine lange Reihe von Gräbern,
von Schädeln, von Todten. Aber diese Todten, sie sind nicht gestorben,
diese vermodernden Schädel, sie zeitigten die Gedanken, die in uns wirken
und wallen, diese Gräber, sie glänzen im Ruhmesschmuck Alles dessen,
was eine dankbare Mitwelt und Nachwelt, des Herrlichsten und Schönsten
an Ehrengaben zu verleihen vermag. — Die Gesellschaft überdauert das
Vergängliche, dem der Einzelne verfällt, der Einzelne kommt und geht,
er entsteht, er lebt, er vergeht. Er würde vergehen ohne die Gesellschaft,
ohne jene einigende Geistergemeinschaft, die mit den wogenden Gedanken
der Vergangenheit geschwellt, im Strom der Geschichte dahinbraust und
schäumend im Gischt die Schranken umbrandet, die es noch fortzuräumen
gilt, um dem Fortschritt des Wissens freie Bahn zu schaffen. — Was die
Geschichte im Grossen und Ganzen, die Geschichte jeder Gesellschaft
spiegelt es im Kleinen. Während der Einzelne altert, und nach flüchtiger
Spur dahinsinkt, treibt die Gesellschaft ein stets verjüngender Schoss,
jünger je älter sie wird, und stets erneut, im Zutritt jugendlich frischer
Kräfte, in denen die Vergangenheit fortlebt. Zeugend und schaffend

gewinnen, als Grundbedingung weiterer Umgestaltungen. Manch armer Tropf durchwälzt den ärmsten Kopf mit Fragen und Vermuthungen, die besten Falle's doch nur wieder in ein Glaubensbekenntniss verlaufen könnten. So mancher, als malade imaginaire, liebt es, sich zu zermartern in der Lebenskomödie, mit Selbstqualen. Besser, als stumpfes Hinbrüten, ein freies Umherblicken, ringsum, je weiter und tiefer in die Natur, desto besser. Und wenn sich dann Alles in bester und schönster Ordnung fände? beste und schönste Hoffnung auch auf ferneren Verlauf. Aus dunklem Ursprung entsprossen treibt das Leben blendendem Glanze entgegen, dem das in Aetherschwingungszahlen eingeschlossene Auge ebensowenig adäquat ist. Doch auch hier bereits klingen in ahnungsvoll verheissenden Tröstungen Harmonien eines Kos-

---

spriessen an ihnen neu die Ideen der Vorangegangenen, und die von den Vätern des Studiums angepflanzten Keime reifen dann zu jenen Früchten, welche die Wissenschaft erntet. — So aus anfänglich schwachem Kreis, emporgewachsen mit der Geschichte der Geographie, breitet sich unsere Gesellschaft ein weitschattiger Baum, der seine Zweige erstreckt, durch alle Zonen, durch alle Meere, durch alle Continente und Länder. — Braucht es eines weiteren Wortes? Sehen wir sie doch um uns die geographischen Gesellschaften, die an der uns gemeinsam gestellten Aufgabe, an einer Fundamentalwissenschaft inductiver Forschung, zusammenzuarbeiten berufen sind" u. s. w. Die Gesellschaftswissenschaft geht von dem Princip aus, „dass die Gattung allein der Gegenstand der Forschung sein kann und die Einzelnen ihr untergeordnet sind" (s. Petsche). Die Gesellschaften sind ein Kind der Zeit, die geographischen, wie die ethnologischen oder anthropologischen. Die Kenntniss und Bearbeitung der aussereuropäischen Sprachen „gestaltet sich jetzt zu einem eigenthümlichen Literaturkreis von sehr beträchtlichem, immer wachsenden Umfang" (1838). „Der Stoff zu dieser allumfassenden Sprachkunde der Völker des Erdbodens hat sich auf das mannigfaltigste vermehrt und wächst allmählig zu einem Reichthum an, dessen mächtig zu werden, die Kräfte des Einzelnen übersteigt, nur von gelehrten Vereinen, die durch die Regierung freigebig unterstützt und von ihren Bestrebungen nach richtigen Grundsätzen geleitet werden, ist eine, wenigstens theilweis gelungene Verarbeitung und wissenschaftliche Anordnung desselben zu erwarten" (Wachler). Dasselbe gilt seitdem für ethnologische Museen.

mos, denen harmonisch Gebildetes adäquat sein muss, Eine Bedingung, also nur für den, der an der Alles durchströmenden Glückseligkeit theilnehmen will, und dies die Bedingung, naturgemäss geistiger Gesundheit: klar und wahr zu sein mit sich selbst (in harmonischer Sympathie mit der Umgebung), — denn der Kranke und Elende verfällt dem Pessimismus, und an ihm, wenn es zu gruseln beginnt, haben sodann die Priesterärzte zu heilen*). Dafür nun die Illustrationen aus der Ethnologie, wie, wann und wo beliebt und in jeder Auswahl obendrein.

Ohne durch die Existenz-Möglichkeiten in einem Jenseits**), worüber sich nach der planetarischen Stellung des

---

*) Im Gegensatz zu der staatlichen Gesellschaftsorganisation, als auf der Natur (und diese, als Grund des Seins betrachtet, somit in der Gottheit) begründet (mit dem Ausdruck menschlicher Wesenheit im Gesellschaftszustande) ergiebt sich, solcher Schöpfung gegenüber, die Religion als Menschenwerk, und insofern allerdings mit ihren Wurzeln gleichfalls in die Natur (oder das Göttliche) eingeschlagen, aber erst secundär manifestirt, und durch den Willen hindurchgehend, demnach dessen individuellen Schwankungen ausgesetzt. Der Mensch freilich veredelt die Natur für seine Auffassung (in Fruchtbäumen, Rassethieren u. s. w.) nach besonderen Geschmacksrichtungen, deren Ablenkungen, wenn zulange in gleicher Linie fortgesetzt, mit allmähliger Abschwächung in Selbstvernichtung verlaufen müssen, wenn nicht aus ursprünglichem Stamm (dem directen Ausdruck der Natur) aufgefrischt. Je mehr im Uebrigen wir uns abmühen wollten, über Dinge, die nach dem naturwissenschaftlichen Einblick in das heliocentrische Weltsystem mit zwingender Nothwendigkeit ausserhalb der Relationsverhältnisse des Denkens fallen müssen, in diese einzuzwängen, desto kläglich-jämmerlicher müssten die Resultate ausfallen, und so in der That, wie ethnologische Umschau lehrt, zeigt sich kein anderer Ideenkreis auf der Erde (der des niederen Fetischanbeters am wenigsten) so zerfetzt und zerrissen, wie der unsrige, der höchste unter Allen, in Folge der zwischen Glauben und Wissen gähnenden Kluft (bis neue Einheit gefunden).

**) „Der Existenz eines Menschen macht das Sterben, der eines Viehs, das Schlachten ein Ende, die Vernichtung ist Alles Loos. Glücklich ist daher derjenige zu preisen, welcher in Folge hoher Gelehrsamkeit oder anderer Tugenden, von der Bühne des Dasein's abgehend, einen mit Ruhm gekrönten Namen für die Ewigkeit hinterlässt, er erfreut sich der Fort-

Menschen ein klarer Durchblick nicht erlangen lässt, abgezogen
zu werden, ist die gesammte Energie und Thätigkeit auf die
(in directer oder indirecter Weise auf das Engste mit dem
Fortschritt der Wissenschaft verknüpften) Verbesserungen des
gegenwärtigen Lebens in seinem staatlichen Gesellschaftsorganismus zu richten, und im Festhalten an der von der
Natur überall und deutlichst verkündeten Lehre, dass für
Wohlfahrt und Wohlergehen die erste unerlässlichste Grund-
und Vorbedingung in der Gesundheit gegeben ist, wird
ein Anstreben, auch geistiger, Gesundheit die idealen Interessen

---

dauer im liebevollen Andenken" (Rablis Meïr). Damit begeisterten sich auch
die Maori oder (s. Turner) Neu-Caledonier wenn sie um Futter für die
Cannibalenfeste kämpften, und die Neu-Caledonier höhnten es (1845) als
ein „parcel of lies", was die Weissen erzählt: „Rotten flesh and bones live
again". „Bei den gebildetsten Völkern trifft man auf Gebräuche und
Anordnungen, welche der Verachtung des unwissendsten Wilden werth
sind" (Graberg von Hemsö). Nur in seinen populären Schriften brachte
Maimonides die von den Talmudgläubigen verketzerte Unsterblichkeitslehre
zum Vortrag, und im More Nebuchim, „für einen engeren Leserkreis"
geschrieben, „erklärte er ausschliesslich nur die einzelnen Gedanken und
Ideen, abgesondert und abgezogen von der subjectiven Denkkraft der Seele,
welche sie im Leben gezeugt, und zwar nur die der höheren Gelehrten
und Weisen, die durch Erhabenheit und Wahrheit eine objective Realität
erlangt haben, d. h. zu für sich bestehenden, ewigen Wahrheiten geworden
sind, für unsterblich" (s. Simchowitz). Philosophische Aristokratie wäre
nicht viel besser, als clericale Arroganz. Nicht auf die Evolutionsweite
abstruser Gelehrsamkeit kommt es an, sondern auf das harmonisch gesunde
Gleichgewicht im Denkorganismus, das im kleinen und engen Kreise
erreichbarer oft, als im grössten. Daneben allerdings waltet der Wachsthums-
trieb, der nicht zu hemmen (und, um die Gesundheit vor Schädigung zu
bewahren, auch nicht gehemmt werden darf), im Geiste dahinstrebend, die
Aussenwelt im Wissen zu absorbiren. So gross dann der Abstand im
Wissen relativ auch erscheinen mag, zwischen den Klassen der Zusammen-
gesellten, er bleibt ein Minimum im Universum, dem noch nicht Gewussten
gegenüber. Dem einwohnenden Streben hat Jeder zu folgen, aber innerhalb
harmonischer Gleichgewichtsgesetze, deren bedachtloses Ueberschreiten im
scheinbaren Fortschritt, zur Selbstzersetzung führen würde (wie stets bei
krankhaften Störungen des Organischen). So gilt der Wahlspruch: Klar
und wahr mit sich selbst! sei es im kleineren oder kleinsten Kreise, sei es
im grösseren (je nach dem Maass der Kräfte).

der Menschheit besser hüten, als tröstende Vorspiegelungen,
die, wenn sie nichtig verwehen, mit um so härterem Fall den
bedrohen, der auf sie sich stützen zu können wähnte. Auch
hier wird an die Stelle des Meinen und Scheinen, der trüge-
rischen Glaubensschwankungen*), dann der deutlich klare Aus-
spruch des Wissens treten, dem jedesmal erreichten Stufen-
grade gemäss. Für solch naturwissenschaftliche Durchbildung
der Psychologie in der Wissenschaft vom Menschen hat die
Ethnologie das Material zu beschaffen, — und rasch**) möglich, ehe zu spät dafür auf immer (wie es droht).

---

*) In den Disputationen unter den Sung verwerfen die Confucianisten
die Vorspiegelungen von Himmel und Hölle, da die Uebung des Guten
aus dem Pflichtgefühl hervortreiben müsse, wogegen die Buddhisten den
Hoffnungsanker in der Zukunft nicht fahren lassen wollten. Da dieser jedoch
in eschatologischen Ausmalungen der Phantasie, die ausserhalb der Bemeisterungen durch verständliches Denken fallen, keinen zuverlässigen Halt
finden dürfte, hat er im Bewusstsein eigenen Selbstinteresses zu haften,
in der Ueberzeugung, dass geistige Gesundheit, als in sich harmonisch,
mit den allgemeinen Harmonien des rings umrauschenden Sphärengesang's
im Einklang bleiben wird, im jeglichen Daseins-Momente, für den die Zeit,
als planetarische Kategorien-Auffassung, sich annullirt (wie das Räumliche
im Psychischen an sich).

**) Die Schöpfung der vergänglichen (als dritten) Welt oder Savalo-
kadhatu geht aus von der zweiten, im zweiten Dhyana beginnend und im
ersten (dem Sitz der Brahma parichadyas, der Brahma purohitas und der
Mahabrahmas) seine Vollendung erhaltend, (aus Brahma's Logos). Die in
Hinwendung zum Nam-dhamma befreiten Gedanken, stossen bei Neu-Ord-
nung der Dhatu, in der Gravitation der Rupa nach abwärts, auf die
gröberen Elemente und versinken wiederum, durch Ate bethört, in's Dunkel
der Avidya. Freilich lassen sich die Megga weiter verfolgen bis zum
vierten oder fünften Dhyana, an die Gestade des zur Vollkommenheit
führenden Thoda-Stromes, aber vor dem Nirvriti kein Heil, denn selbst
über den Akanishta-Himmel hinaus, in die Arupa-Höhen sogar, verfolgt
die Kharma oder Kamma (während im energischeren Sinne der Hellenen
Ζεῦς πατήρ der πρέσβα Διός θυγάτηρ seine strafende Hand fühlen liess,
als τούς θεούς ἐπινίσσεται ἄτη, und über ihr Grab des heiligen Ilium gebaut wurde, das freilich seinem Schicksal nicht entging). Als Buddha die
ersten seiner Erlösungsworte den frommen Büsserpaare Vaisali's zu Gute
kommen lassen wollte, hörte er zu seinem Bedauern, von ihrem gerade
am Tage zuvor erfolgten Tode, erkennend, dass sie nach der Arupa-Welt

Il est bon de se choisir dans le passé des amis, qui
ne changent ni avec les années ni avec les revolutions, ni
avec le malheur (s. Laboulaye), in den Büchern der Biblio-
philen oder (s. Wins) der Bibliomanen, und so lebt der Gelehrte in seinem Studio mit den Edelsten der Geister, die
vor ihm auf der Erde erschienen, im trauten) Verkehr. Doch
wie viele ihrer auch zählen mögen in den Bänden an den
Wänden, wie verschwimmen diese Individuen in der Fluth
der Geschichte, die des Menschengeschlecht's Entwickelung
trägt! In den Wogen seiner Gedanken, wenn ringsum in
der Völkerkunde entfaltet, wird ein neues Leben schwellend
emportreiben, schwellend und erstarkend, je mehr die aus allen
Zonengürteln des Erdballs herbeiströmende Geistesnahrung
jeden Einzelnen mit durchwallt, in dem das Gesammte um-
schlingendem Bande.

---

abgeschieden seien, „the life of the inhabitants of which extends over
84,000 great Kalpas" (s. Beal), jede Mahakalpa (nach Remusat) zu 100 Qua-
drillionen Jahren gerechnet (obwohl dies bereits für ein Asankhya zu niedrig
gilt, und von solcher erst noch viere zu rechnen wären). Kraft seiner
so eben erlangten Allwissenheit erkannte Buddha weiter, dass nach Ab-
solvirung dieser Seeligkeitsperiode Udraka Ramaputra als Flederhund
(Pteropus javanicus) wiedergeboren werden würde, und, wenn diese Existenz
vorbei, in der Hölle, wogegen Alara Kalama, nachdem er 63,000 Maha-
kalpas die Seeligkeit der Arupa-Welten genossen, als König zur Erde
zurückzukehren habe, um nach Beendigung dieser Laufbahn, gleichfalls in
die Hölle zu stürzen. „Alas! alas! would that Alara had survived that he
might have heard the saving words of my law! alas! alas!" So ist mit
jeder Minute hauszuhalten, da der Unterschied zwischen heute und morgen
der einer Ewigkeit sein möchte. Das, in Ersparung rhetorischen Commentar's, demonstriren ad oculos in den Sammlungen der Ethnologie einige
der im letzten Augenblick geglückten Rettungen, die freilich, so erfreulich
sie ihrerseits auch sind, gleichzeitig doch mit tiefstem Bedauern füllen
über das Viele, was unwiederbringlich bereits verloren gegangen und nie
wieder gewonnen werden kann, so lange diesmal die Erde sich dreht.

In Nachstehendem noch einige Ergänzungen betreffs der Eheverhält-
nisse (und Anschliessendes) zu den früheren Behandlungen dieses Thema's
z. B. Zeitschrift für Ethnologie Bd. VI, S. 380; Bd. X, S. 43. Rechts-
verhältnisse (Berlin 1881) u. A m.

Bis zur Feststellung, durch staatliche Gebräuche, der monoganischen*) Ehe, „the creature of the social system" (s. Morgan), treten aus den in wilder Ehe bei ursprünglicher Paarung — the agreement of the parties and consummation, bei Bushman (s. Sparmann) — in den hie und da zusammengeschlossenen Gruppen (nach den Kreuzungslinien in den Heirathen modificirt), neben polygamischen auch polyandrische Formen in die Erscheinung.

In Lancerota (zur Zeit der Entdeckung) und, von Caesar in Britanien erwähnt, findet sich Polyandrie**) bei den Pandu (des Mahabharata) und in Ceylon (nach Tennent) „amongst the wealthier classes", während sie in Tibet von Horatius della Penna auf die Aermeren beschränkt wird, dann bei Toda***), Saporoger, Maypures u. s. w. genannt.

In Tibet wurden nur solche Mädchen geheirathet, die einem Reisenden zugeführt, von ihm einen Ring empfangen hatten (nach Marco Polo†), wie bei den Sifan (nach Garnier) oder in Yunan (nach Martini), sowie in Lydien (bei Aelian) u. s. w. Cooper sollte am Kinsha Kiang verheirathet werden, als Reisender. In Lybien trugen

---

*) Un homme ne doit avoir q'une femme, comme une femme ne doit avoir qu'un homme; cette loi est celle de la nature (Buffon).

**) Good for the heathen of so sterile country (nach mährischen Brüdern) in Tibet (s. Witson). „They club together as merchants do in trade" (Bogle).

***) If there be 4 or 5 brothers and one of them, being old enough, gets married, his wife claims all the other brothers as her husbands, and as they successively attain manhood, she consorts with them, or if the wife has one or more younger sisters, they in turn, on attaining a marriageable age, become the wives of their sister's husband or husbands, and thus in a family of several brothers, there may be, according to circumstances, only one wife for them, all or many, but, one or more, they all live under one roof, and cohabit promiscuously (s. Shortt). A Nair may be one in several combinations of husbands, that is, he may have any number of wives (s. Mc. Lennan).

†) No man of that country would on any consideration take to wife a girl, who was a maid (s. Yule).

die Frauen die von den Liebhabern erhaltenen Ringe an den Knöcheln (nach Herodot). Am Congo beweist sich die Gastlichkeit in Ueberlassung der Frau und so (nach Muir) früher in Europa. In Arracan wurden die Matrosen für Zwecke der Entjungferung gesucht, was anderswo den Priestern (den Butios u. s. w.) auflag.

In Caindu wurde Frau Tochter und Schwester dem Fremden überlassen, damit dieser mit ihnen im Hause wohne, weil dies Glück seitens der Götter bringe und Reichthum (wie ähnlich in Kamul) und (nach Bernier) im Himalaya, dann bei den Massageten (nach Strabo), Bactrier (nach Eusebius), Hazaras (nach Elphinstone), auf den Ladronen (nach Mendoza), auf den Canarien (s. Major), bei den Nairs u. s. w. (s. Yule). Nach Scheinehe durch Tali mit einem gemietheten Mann, kann das Mädchen (bei den Nour) als Amato männliche Besuche empfangen (besonders von den Namburi-Brahmanen, die sich dann reinigen). Bei den Vellala in Coimbatore lebt der Vater mit dem erwachsenen Mädchen, das seinem Sohne im Knabenalter angetraut ist (s. Jagor). Bei den Tottgar in Madura lebt die Frau mit den Verwandten*) des Mannes, besonders den Oheimen (nach Cornish). Bei den Thlinkithen hat die Wittwe ein Jahr den Verwandten des Verstorbenen zu dienen. Bei Wiederverheirathung einer Wittwe wurde der Reipus gezahlt (im germanischen Recht).

Wenn die Wittwe bei Damara, Haidah, Samoa u. s. w. auf den Bruder übergeht, oder bei Egba, Mishmis u. s. w. dem Sohne zufällt, ergiebt sich das aus dem Eigenthumsrechte des Erben auf ein gekauftes Gut, so lange nicht Exemptionen durch Verträge gesichert sind (wie in Padang).

Die Samojeden heirathen ausserhalb der Geschlechter, und so die Jakuten in andere Geschlechter hinein. Die Horden der Kalmücken heirathen kreuzend nach Aussen (s. Hell). Die Ostjaken dürfen eine Frau gleichen Namen's nicht heirathen, und dies war auch bei amerikanischen Stämmen verboten. Unter den Pibsing (Hundertfamilien) trugen Mann und Frau verschiedene Namen (in China). Verwandtschaft verbietet Heirathen (s. Du Chaillu), doch heirathet (unter Bakalai) der Sohn die Wittwen des Vaters (ausser der eigenen Mutter). Cimon heirathete seine Halbschwester Elpinice (von verschiedener Mutter). Der Brahmane darf eine Frau, deren Ghotra (Kuhstall) oder Geschlechtsname gleichartig ist, nicht

---

*) In Cuba, Nicaragua and among the Caribs and Tupis the bride yielded herself first to another, lest her husband should come to some ill-luck by exerising a priority of possession (s. Brinton), wie ähnlich in Aracan, Congo u. s. w. Bei der Syndasmian or pairing family (in Amerika) several of them were usually found in one house forming a communal household in which the principle of communism in living was practised (Morgan). Mädchen werden bei der Geburt Einem der Anwesenden verlobt und in dessen Haus auferzogen (in Neu-Caledonien).

heirathen. Die Danaiden, Töchter des Danaus, Bruder des Aegyptus, flohen vor der Heirath mit den Söhnen dieses (nach Argos). Weil aus dem Thum heirathend, gehören (bei den Magar in Nepaul) Mann und Frau verschiedenen Stammesgeschlechtern an. Bei den Yurak und Kasovo darf nicht innerhalb der Verwandtschaft geheirathet werden. Die Guarani durften keine Verwandten heirathen (nach Dobrizhoffer).

Bei den Telush der Circassier müssen nicht nur die Mitglieder des Stammes, sondern auch ihre Leibeigenen nach Aussen hin heirathen. Die Rajputen betrachten sich in den weitesten Verzweigungen des Stammes als Verwandte, die, als Bruder und Schwester, nicht miteinander heirathen können. Da für das Mädchen ein Ehemann von hoher Kaste zu suchen, nahm, wegen der wachsenden Schwierigkeiten, (und zugleich der hohen Unkosten bei Vermählungen) die Tödtung der Mädchen mit dem hohen Rang der Kaste zu.

Den Arowaken war verboten in das Geschlecht der Mutter zu heirathen (s. Berau). In Yucatan (s. Landa) durfte nicht in die Verwandtschaft des Vater's geheirathet werden. Nach Herrera vermieden die Maya Heirathen vom gleichen Stamm mit dem Vater. Bei den Mantschu ist die Ehe verboten zwischen Personen verschiedener Familiennamen. Unter Arabern hat der Vetter nächstes Anrecht auf die Base. Ehelosigkeit*) wird bei den Erular (s. Harkness), Teehur u. s. w. erwähnt (und weiterer Communismus).

---

*) Die Frauen (der Haidah) cohabit almost promiscously with their own tribe, though rarely with other tribes (Poole). Nondum matrimonia contrahunt non incestus vitant (Giraldus), Wilde Irish, id est silvestres Hiberni vocantur (Camden). Uxores habent deni duodenique inter se communes (Caesar) die Britten mit Belgae oder (bei Auson.) Bolgae, als Volcae (bei Caesar) an der Küste mit Venta Belgarum (im Antoninischen Itinerar). Unter den Chippewyan ist es Brauch „for the men to wrestle for any woman, to whom they were attached" (s. Hearne) und bei Buhmans nimmt der Stärkere die Frau des Schwächeren (nach Lichtenstein). Die Arhai-Ghar (two and a half houses) oder (in Khuni, Murowtreh, Seth und Kapoor zerfallend) die Lahoreen, an der Spitze der Bhunjaees (unter der Khatris) do not marry either into the house of their father or any one of the houses of their mother with whom she has the most distant connexion, which, speaking in round numbers, bars half of the mother's house. Out of the four Lahoreen houses, therefore, a Lahoreen girl has only two and a half houses out of which to obtain a husband, and she may not be given to any Khatri of the Char Ghar or other inferior tribe. A Lahoreen boy, in like manner, has among Lahoreens only two and a half houses out of which to choose a wife, but he is at liberty to receive a wife from any inferior tribe, because that is merely a condescension. The Char Ghar, in the same way, receive daughters from the Barah Garh, but do not give them, and the Barah Garh occupy the same relative position, with the mass of the unclassed Bhunjaees (s. Edwardes).

Bei den Locrern (in Italien) wurde der Adel von den Stammes-
müttern gerechnet (nach Polybius). Die Colonisten von Lyktos
betrachteten sich mit den Spartanern verwandt, weil von spartanischen Müttern, sowie die Athener, wegen der durch die Pelasger
von Brauron nach Creta gebrachten Frauen. Die Geschlechter
folgen in weiblicher Linie bei den Ashango. In Guyana pflanzen
sich die Familien (der Siwidi, Kamafadi, Onisidi u. s. w.) weiblich
fort. Bei den Banyai zieht der Mann zum Dorfe der Frau, dort
zu wohnen (der Schwiegermutter dienend). Bei Trennung unter
den Irokesen folgten die Kinder der Mutter. Fand bei den Azteken
eine Trennung statt, blieben die Töchter der Mutter, die Söhne
dem Vater*).

In römischer Ehe ging die Frau in manum viri über, als
Tochter. Liberorum quaerendorum causa wurde die Ehe geschlossen

---

*) Nempe patrem sequuntur liberi (Camilejus) in römischer Gens (s. Livius).
Mulier est finis familiae. Bei den Ojibwas hat die Erbfolge in der männlichen
Linie gewechselt, wogegen sie bei ihren Verwandten (Delawaren und Mohegan)
in der weiblichen verblieben ist. Obwohl indess bei den Ojibwas Nachfolge in
die männliche Linie geändert war, folgte die Erbschaft in der weiblichen.
Unter den Wuzeree wählt das Mädchen den Gatten, unter Zusendung einer
Haarnadel. Bei den Bantu-Stämmen wurde die Neigung der Mädchen berück-
sichtigt. Bei den Germanen brachte der Mann die Morgengabe, ein Schild,
Speer, Schwert, Pferd (zur Vertheidigung, wie bei Alfuren). Unter den Ligurern wurde der Gatte vom Mädchen gewählt. Bei den Iberern erbten die
Töchter (nach Strabo). Bei Iberern und Ligurern entschieden die Frauen in
den Rathsversammlungen (s. Plutarch). Usually the female portion rules the
house (s. Wright) unter den Familien des Langhauses, bei den Irokesen
(wie in Sumatra). Unter gemeinsamen Frauen maxime fratres cum fratribus
parentes cum liberis (s. Caesar) bei den Britanniern. Neben der besonderen
Frau waren die Frauen gemeinsam bei den Massageten (nach Herodot).
Die Stämme in Venezuela lebten in gemeinsamer Ehe (nach Herrera). In
Nord-Amerika gab die Heirath der ältesten Schwester das Recht auf alle
(und ähnlich bei Todas). Garamantes matrimonium exsortes passim cum
feminis degunt (Plinius). Die Auseer mischten sich ohne Ehe (nach Herodot).
Die Celten Irlands lebten in wilder Ehe nächster Verwandtschaft (Strabo).
In the Timaeus of Plato (des Idealstaates) his five grades of relations ore
precisely the same as the Hawaiian der „consanguine family", im Uebergang
zum System der „Punaluan family" (s. Morgan). Die Frauen der in Bezeichnung
von Punalua (Freund) zu einander Stehenden waren gemeinsam (in Hawaii).
Die Bramanische Ehe dauert bis zu der Geburt des Sohnes, oder bis der Sohn
des Sohnes gesehen wird. The members of the same tribe do not intermarry,
but members of different tribes do. Boys of twelve years of age are married
to girls of 15 or 16 (bei den Khond). Bei der Hochzeit „the principals in the
scene are raised by an uncle of each upon his shoulders, and borne through the
dance", dann folgt ein Scheinkampf der Freunde der Braut gegen die des Bräut-
gams (um die Entführung zu hindern). Bei den Kolam Gond wird das Mädchen
entführt (zur Ehe).

(s. Quinctilian) und παιδοποιεῖσθαι γνησίως (bei den Griechen). Die Genossenschaft der Familie stand (bei den Germanen) unter dem Mund der väterlichen Gewalt, aber „puyssance de père en France n'a pas bien" (unter den Franken). Die männlichen Kinder sind (bei Germanen) Miteigenthümer, neben dem Vater des Allodialgutes, das nicht veräussert werden darf (weder inter vivos noch testamentarisch). In Rom wurden testamente in den Comitia curiata vollstreckt (als Comitia calata). In der Erbschaft stand der Gentilis vor dem Cognaten (und waren Schwesterkinder, als anderer Gens angehörig, ausgeschlossen). Agnaten sind alle Cognaten in der männlichen Linie abstammend, neben den durch Fiction in die Familie aufgenommenen Personen. Waren in Athen bei Mangel von Söhnen nur Töchter als Erbinnen (ἐπικλήρες) mussten sie den Nächsten in der Verwandtschaft heirathen, obwohl sonst Heirathen im gleichen Stamme verboten waren. Nach den zwölf Tafeln erbten erst die Kinder (mit der Mutter), dann die Agnaten oder sonst die Stammesangehörigen. Eine einzige Tochter hiess nach der Gens (wie Tullia, Cicero's Tochter), dann, nach der zweiten (Minor) oder Major, wurde gezählt: Tertia (Tertulla), Quarta (Quartilla) u. s. w. In den jüdischen Geschlechtsregistern wurden nur die männlichen*) Descendenten aufgeführt (neben den Erbtöchtern oder den für die Geschichte des Stammes bedeutungsvollen Frauen). Heirathen**) konnten in allen Graden der ἀρχιστεία oder συγγένεια stattfinden, aber nicht innerhalb des γένος (s. Becker). Durch Heirath gingen (in der Deminutio capitis) die agnatischen Rechte der Frau verloren (in Rom).

---

*) Jeder Thum der Magar (mit Kreuzheirathen nach Aussen) stammt von einem männlichen Ahn (in männlicher Linie). The social organization among the Khonds is strictly patriarchal. All the sons, together with their wives and families, are in subordination to the father and obey his authority. They possess no property of their own, and all that they may acquire by labour or in any other way, belongs to the father. Their common mother prepares the food for all. A village consists of a number of families under the headship of an hereditary patriarch. A cluster of villages will have another head. Several clusters form a tribe, which is under the guidance of a petty chief. And all the tribes in a given tract are grouped together, and are governed by a superior chief, who is styled Khonro ar Bisaye (s. Sherring). Gajus fand Analogien zu der patria potestas (als römisch) unter den Galatern. Canut verbot den Frauenkauf in England. Der (sabinische) Raptus (wie von den Benjamiten in Ghilob geübt), wurde in Sparta (nach Plutarch) simulirt (und so in Wales).
**) Unter Cecrops wurden die Unilateres (nur der Mutter) in Bilateres (mit Vater und Mutter) übergeführt (s. Bachofen). Bei den von Sarpedon aus Creta zur Vertreibung der Solymer geführten Lycier folgte das Kind der Mutter (wie bei Etrusker). Die Frauen bei den Griechen durften die Gynaeconitis nur mit Erlaubniss des Ehemannes verlassen. Die Töchter Zelophedad's (im Stamme Joseph's) wurden (nach Moses Bestimmung) ihren väterlichen Vettern verheirathet,

An der Spitze des γένος stand der ἄρχος, als Häuptlig, an der Spitze der Gens der Princeps (in Rom), und jeder Gens sandte ihren Decurio in den Senat. Die Mitglieder der Gens (bei den Griechen) gelten als ὁμογαλάκτες. Mit 100 Gentes einigte sich der lateinische Stamm der Ramner in Rom, dann der sabinische der Tities und weiter der (besonders mit Etruskern) gemischte*) der

damit nicht, wenn sie in einen fremden Stamm heiratheten, das Eigenthum in der Erbschaft dem eigenen Stamm verloren ginge. Die Erbtöchter (ἐπικλῆρες) hatten die nächsten Verwandten unter die Agnaten zu heirathen (nach Solon). Bei den Kunnuvan in Coimbatore wird die Erbtochter mit einem männlichen Kinde (oder einen Theil des Wohnhauses) vermählt, unter der Erlaubniss mit den Kastengenossen frei zu verkehren, und auf das geborene Kind geht der (Grundbesitz über). Von den drei Formen der Ehe, wodurch die Frau in manum viri übergehend, unter die patria potestas des Ehemanns fiel, als seine Tochter, wurde usus (neben confareatio und coemptio) derartig (unter den Antoninen) modificirt, dass die Frau, ihre Familienrechte bewahrend (unter dem Schutz eigener Verwandter) dem Ehemanne nur für zeitweisen Gebrauch übergeben war, (also kaum gebunden, bis zur Einführung der christlichen Ehe). Die Sklaven wurden (bei den Griechen) in die Familie aufgenommen, verblieben aber immer unter der Macht der Vorgesetzten (zunächst der väterlichen), während der Sohn (wie in Rom) mit der Mündigkeit frei wurde (weil dann selbst für Bildung einer Familie fähig), und ähnlich erlangte (in Polynesien) nur der Ariki als Aeltester in directer Abstammung, die mit dem Haupt verbundenen Würden, als den übrigen Gliedern der eigentlichen Familie vorstehend, während die Sklaven völlig rechtlos blieben (im celtischen Clan dagegen durch Fiction zugesellt wurden). Unter den Maori verfielen die priesterköniglichen Schemen ihrem gewöhnlichen Auflösungsprocess unter den Rangitira. Auf Niue hatte der Höchste so oft bei Misswachs seine Verantwortlichkeit für die Ernte mit dem Leben zahlen müssen, dass sich Keiner mehr zur Annahme der Würde bereit fand, und die Familienhäupter seitdem im gemeinsamen Rath die Regierung führten (s. Turner).

*) Neben den Chilcat oder Chilcoot (der Thlinkiten) bestehen die an die Azan grenzenden Alitscher (Menschen) aus den Stämmen der Tageh (an der Küste) Kfukha, Kluhtane, Natiätsin, Tahtlin und Tahho, als (gemischte) Pamphyloi wie vielfach. The gens in its origin is older, than the monogamian family, older than the syndasmian and substantially contemperaneous with the punuluan (s. Morgan). Every family in the archaic, as well, as in the later period, was partly within and partly without the gens, because husband and wife must belong to different gentes (the gens entered entire into the phratry, the phratry entered entire into the tribe and the tribe entered into the nation, but the family could not enter entire into the gens, because husband and wife must belong to different gentes). Die Phrara (Phratrie) der Albanier entspräche der (sanscritischen) ganas (gens), die irische Sept der Sippe. Die römische Familie (als οἶκος) begriff die ἄνδρας. Die Villeins in Frankreich bildeten eine Hausgemeinschaft (wie sonst auch in Langhäuser). All the members of one gens or even of one phratry believed themselves to be sprung, not indeed from the same grandfather or great grandfather but from the same divine or heroic ancestor (s. Grote), im Rückgang auf Götter mit heiligen Thieren, (die, wenn dann in dem Toten der Wappen getragen, zugleich die Anrufung der Ahnen für heroische Hülfen erleichtern). Dii Penates et viales (animae humanae), qui appellantur

Lucerer unter Senat, comitia curiata und rex. In der claudischen Gens (unter Appius Claudius aus Regili nach Rom gekommen) war die Familie der Claudier patricisch, nicht jedoch die Familie der Marcelli. Die Gens Cornelia begriff die Scipionen, die Lentulus, die Cossus und die Sylla. Die Claudier, von den Sabinern zuziehend, erhielten ihr Familiengrab auf dem Capitol. Der von Maroboduus nach Rom gesandte Kopf des Varus wurde vom Kaiser in das Grab der Gens beigesetzt. Zu Cicero's Zeit trat an Stelle des gemeinsamen Grabes der Gens das Familiengrab.

Die dem γενος aufliegende Blutrache wurde (zu Orestes Zeit) über die Phratrie erweitert (bei Aeschylus). Das durch Draco auf die gens des Getödteten beschränkte Recht der Strafe wurde von Solon auf die Bürger übertragen, um das allgemeine Interesse zur Geltung zu bringen, und ebenso wurde die Freiheit des Individuum gefördert, indem Solon das Recht des Testaments verlieh, während bis dahin Eigenthum in der Gens gemeinsam vererbt war. In Rom hatte der pater*) familias das jus vitae necisque mit dem Recht auf alles Eigenthum (und als libripens oder emptor familiae übernahm der Erbe alle Rechte und Pflichten des Testator), aber das Castrense peculium wurde später von der patria potestas abgeschieden, und ähnlich gewährte das Recht des Krieges den Plebejern Güter von den Eroberungen, obwohl ihnen der ager romanus versagt war, ausserhalb welches Grenzen die Secession

---

animales (s. Servius). Auf ältester Darstellung der Trinität (in der Basilica S. Felice zu Nola) fand sich Gott Vater zwischen dem Sohn als Lamm und dem heiligen 'Geist, als Taube (400 p. d.). Das Kloster Schönthal wurde an der Stelle gebaut, wo die Madonna auf einem von Löwen und Lamm gezogenen Wagen zum Himmel fuhr (s. Schwab), während für Aphrodite Tauben angespannt werden. Aus des heiligen Procopius' Scheiterhaufen flog eine Taube zum Himmel. Der Ochs ist (nach Gaume) das Symbol „der himmlischen Ackersleute", der (persische) Urstier (als Ackerbaustier auch in China geschätzt) trägt (Siwa's) göttliches Zeichen (wie Apis auf der Stirn) und bei Demeter's Festen wurden Stierkämpfe abgehalten. Taurii appellabantur ludi in honorem deorum inferorum facti (equi circum metus currunt).

*) La divinité intérieure (ἑστία δέσποινα oder Lar familiaris) est au-dessus du père lui-même. The Roman family (s. Mackenzie) was a collection of individuals recognising the power of a single chief. Whoever was under this power was within the family, and this applied to all persons brought under power by adoption. Whoever was freed from this power by emancipation or change of status, though he might be a child or descendant of the common ancestor, ceased to belong to the family (in der Verwandtschaft als Agnaten unter der väterlichen Gewalt). Bei den Griechen trat im Alter der Vater vor dem Sohn zurück (wie Laertes vor Ulysses), aber in Rom galt die Patria potestas unbedingt im Privatgesetz, obwohl vom jus publicum (zum Besten der Staatsgewalt) abgeschnitten. The family (als „the type of an archaic society") is not exactly the family as understood by a modern (s. Morgan), oder unter den Naturvölkern.

nach dem Mons sacer stattfand. Aus Vereinigung der Stämme bildete sich der populus romanus, aber die Plebs war von den Comitia curiata ausgeschlossen, also (ausser den mit Patriciern verbundenen Plebejer) ohne Rechte. Connubia promiscua habent more ferarum (die Plebejer). Plebs *) gentem non habet. Im Widersinn gegen die Aristocratie war die Plebs daher der Einsetzung der Könige geneigt (als Tyrannen im Sinne der Griechen). Nach Lycurg's Rhetra sollten die Stämme und Obes unverändert erhalten werden. Die drei Stämme (Hylleis, Pamphyli und Dymanes) zerfielen in ὠβαι (in Sparta). Die Jonier Attika's waren in vier Stämme getheilt, als Geleontes, Hopletes, Aegicores und Argades. . Neben den Pedier wohnten die Diacrier in den Bergen, die Paralier am Meere. Die τριττυς bildeten sich aus den ναυκραρίαι (zwölf Haushalte aus jedem Stamm), in Eintheilung der Maori nach Canoe (der Einwanderung von der Seeseite gemäss) wiederholt. Mit Trittyen wurden Verbindungen von vier Naukrarien begriffen. In Verschmelzung der Gaue der Ramnes, Titier und Luceres ging (als Synökismus) Rom **) hervor, wobei Drittel zu Tribus

---

*) Die Plebejer hatten unter den Patriciern einen προστάτης, als Patron, zu wählen. Nachdem die grosse Masse der Plebejer unter Servius zu Cives erhoben, standen die unter den Patriciern verbliebenen Clienten bei eintretenden Differenzen gegenüber. In den Comitia centuriata hatten die militärischen Anforderungen des Gemeinwesens, als dringendste den Durchschlag gegeben. Dem Populo plebique Romanae (populo plebeique in marcianischen Weissagungen) günstig zu sein, werden die Gottheiten angerufen (s. Cicero). Augurium et petitur et certis avibus ostenditur, auspicium qualibet avi demonstratur et non petitur (Servius), so dass die Auspicien von jedem, auch privatim, zu nehmen waren (wie in den auspices nuptiarum), wogegen die Auguren ihre Geheimwissenschaft besassen (im collegium), mit Numa, während Rom nach auspicato gegründet war, doch: Principio hujus urbis parens Romulus non solum auspicato urbem condidisse, sed ipse etiam augur fuisse traditur (Cicero). Als Arten der Auspicien wurde ex coelo, ex avibus, ex tripudiis, ex quadrupedibus, ex diris unterschieden. Das Posimerium, (ubi pontifices auspicabantur) entsprach dem auguraculum ex arce (der Auguren). Θεοὶ δυνατοί, divi qui potes (der Auguren).

**) Rom bevölkerte sich als freigeöffnete Zufluchtsstätte aus der Umgebung. In 1467 „Paris que la royauté veut repeupler, est proclamé officiellement lieu de refuge pour les fugitifs, qui ne sont pas coupables du crime de lèse-majesté" (s. Rosières). Seit Cleisthenes zerfiel der (in Tritthyen und Naukrarien) getheilte Stamm in Trithyen und Demen. Die von Cleisthenes eingerichteten Demen unter dem δήμαρχος wurden (zu zehn) im φῦλον τοπικόν verbunden mit dem φύλαρχος über die Reiter, dem ταξίαρχος über die Fusssoldaten und dem στρατηγός, als allgemeinem Heerführer, sowie dem τριήραρχος über die Schiffe. Statt der Phytaliden, Kodriden, Hesychiden, Butaden u. s. w. (von Phytalus, Kodrus, Hesychus, Butes) wurden (seit Kleisthenes) die Namen der Deme zugefügt. Durch Landvertheilung wurden die tribus rusticae gebildet (in Rom). Urbs servata est, ut esset aliqua aratorum sedes (Livius). Nach dem localen Wohnort wurden die comitia tributa zusammenberufen (die städtische Modification der Demen in Attica). Dii topici, id est locales, ad alias regiones nunquam tran-

wurde (s. Mommsen), wie Trifo (umbrisch) oder τριττυς (attisch). In den Nachkommen der Senatoren*), als principes, qui appellati sunt propter caritatem, principes (s. Cicero), wurden die Patricier geschaffen (von Romulus), patres certe ab honore patriciique progenies eorum appellati (Livius), auch Erhebung unter die Patricii wegen Verdienste stattfand. Gegenüber den Senatoren der Ramnes und Tities, als patres majorum gentium, wurden die der jüngern Luceres als patres minorum gentium bezeichnet. Unter Bezeichnung der Optimaten im Senat als Patres**), folgten ihre Söhne „als Patricier, und nach Vellejus Pat. sind „nomen Patriciorum von den (100) Patres abgeleitet. Wie Numa (gleich Theseus in Athen) das Volk nach Klassen oder Beschäftigungen***) (s. Plutarch) theilte (als Erzarbeiter, Töpfer, Steinschneider, Goldgiesser u. s. w.), so Servius Tullius nach dem Vermögen (neben den ausgewählten equites) in fünf Classen, in den comitia centuriata (als exercitus) zusammenberufen, und solch militärische Einrichtung (wie Solon, neben den Beamten, die Reiter, Schwerbewaffneten und Plänkler stellte) bedingte dann zugleich die Scheidung in Seniores und Juniores†). Jede Centurie zerfiel

seunt (s. Servius). So kehren die Penaten Lavinium's aus Abba dahin zurück (gleichsam am Boden wurzelnd. wie schlangenartiger Genius).

*) Die Mitglieder des Senats (ex optimatibus) nannte man (s. Cicero) patres (partriciosque eorum liberos). Neben dem τοὺς ἐν τῇ κρείττονι πατέρας (τοὺς ἐπιφανεῖς κατά γένος καὶ δι ἀρετὴν ἐπαινουμένους καὶ χρήμασιν), als εὐπατρίδας stellt Dionys. die πληθείους (δημοτικούς). Romulus (nach Fulvius Nobilior) populum in majores junioresque divisit, ut altera pars consilio, altera armis rempublicam tueretur (Saturn.). Schutzgötter der Equites waren (in den Reitern Castor und Pollux) die Castoren, zusammengesellt (Träger der φήμη) Kane und Kanaloa in Hawaii, oder andere Götter anderswo.

**) Pater patrimus dicebatur apud antiquos, qui cum jam ipse pater esset, habebat etiamtum patrem (s. Paulus). Matrimes ac patrimes dicuntur, quibus matres et patres adhuc vivunt (wie bei Camilli und Camillae).

***) Unter den Audihya (der Brahmanen in Guzerat) the Kunbigors are priests to the Kunbis, the Mochigors to the Mochis or workers in leather, the Darjigors to the Darjis or tailors, the Grandhrapagors to players, the Koligors to the Koli tribes, the Marwbri Audiyas to the Marwari, the Kacchi Audiyas to the Kachhis (Sherring). Embleme erhielten sich unter den Gilden, auch im Fass. Die Amphora der Bona dea wurde im Tempel verehrt (wie orakelnder Topf in Senegambien). Am Inachifest in Tonga wurde in der jungen Frucht geschwelgt, wie beim Yamsfest der Aschanti, und „nunc posito pascitur umbra cibo" (Ovid), wenn der Lar begierig von den Erstlingen kostet. Wie der Kuchen der Inca von den Sonnenjungfrauen wurde die Mola salsa von den Vestalinnen geopfert für die Lupercalienopfer (sowie beim Opfer der Ops Consivia). Dies tubulustrium appellatur, quod eo die in atrio sutorio sacrorum tuba lustrantur (agna tubae tustratur, quos tubos appellant, quod genus ex Arcadia Pollanteo translatum) der Tubicines (sacerdates viri speciosi) an der Tabulustria.

†) Die Mohawk, Onondoga, Seneca galten als Väter, die Oneida und Cayuga als Söhne (bei den Irokesen). Die Ojibwä waren ältere Brüder, die Potawattamie jüngere Brüder, die Otawa Zwischenbrüder (wie jüngere Luceres).

(nach Vertheidigungs- und Angriffswaffen) in die Aelteren über 55 Jahr, und die Jüngere über 17 Jahr (unter Verbindung der Patricier und Plebejer in den Legionen). Man schied nicht mehr dreifach die (τὰς τρεῖς φυλὰς τάς συγγενικάς) φυλὰς τὰς γενικάς, sondern vierfach (von Servius eingerichtet) die φυλὰς τὰς τοπικάς (nach Dionysius), in Verbindung der Metoiki mit den Bürgern (unter den tribus rusticae).

Die öffentlichen Opfer gehörten nicht dem Priester, sondern dem Könige, als Prytanen oder Archonten (s. Aristoteles), gleich βασιλεῖς ιεροί (bei Pindar). Der Kriwe Kriweito (in Romowe) stand höher in Ansehen, als der König (nach Helmold). Die Lucumonen, als etruskische Magistrate, die Tages' Lehren entnommen, bedeuteten (nach Festus) Besessene.

Die Butaden stellten die Priester der Athene Polias, wie die Priester des Poseidon Erechtheus in der Acropolis. Die ἱερόποιοι legten die Orakel aus (in Athen). On pouvait hair ou mepriser les dieux de la cité voisine, quant aux divinités d'un caractère général et universel, comme Jupiter Céleste ou Cybèle ou Junone, on était libre d'y croire ou de n'y pas croire. Mais il ne fallait pas, qu'on s'avisât de douter d'Athéné Poliade ou d'Erechthée ou de Cecrops (s. Coulange*).

Die γένη, welche die ἀνδρας (oder Familienväter) der Familie (oder οἶκοι) vereinigte, wurde durch das religiöse Band der πατρῷα ιερὰ vereinigt, und wie bei der geheiligten Speise der θεοι ἐγγενεις waren Fremde ausgeschlossen. In Argos durfte kein Fremder den Tempel der Hera (als Nationalgottheit) betreten. Die Ὀργεῶνες (von ὀργιάζειν) traten als Mitglieder von Genossenschaften zur Ausübung eines gemeinsamen Cultus zusammen (s. Harpokrates). In den Familien**) wurden die Manen-Opfer den Vorfahren gebracht und von den Nachkommen erwartet. In Athen wurden die Sklaven am Heerde dem Familiengott durch Wasserbegiessen geweiht, unter Zusammenessen von Früchten und Kuchen, gemeinsam mit den Mitgliedern der Familie. Unter den Maori blieben Kriegssklaven ohne Atua, da sie die eigenen verloren, und denen ihrer Herren nicht zugetheilt wurden. Die Lidi werden vom Lehn absorbirt.

---

*) A Naples chaque quartier a sa Madone, le lazzarone s'agenouille devant celle de sa rue, et il insulte celle de la rue d'à côté, il n'est pas rare de voir deux facchini se quereller et se battre à coups de couteau pour les mérites de leurs deux Madones.

**) Famuli origo ab Oscis dependet, apud quos servus Famul nominatur unde familia vocata (Festus). Hiu bezeichnet Familie und Knechtschaft im Altdeutschen (nach Leo). Die Strafe der Verbannung (Potok) traf mit den Eltern die Kinder (in Russland).

Beim vierjährigen Reinigungsfest*) (unter dem Censor) wurde (in Rom) das Sühnopfer**) des Suovetaurile (Schaf, Schwein und Rind) gebracht unter Zählung des Volkes (wie jährlich in Athen). Zu den Sacra paganorum (unter den Sacra popularia) gehörten die Lustratio paganorum, von den magistris paganorum vollzogen, und beim Aufgehen der Saat (ulutatio carmine diaboli) wiederholt, in der Lustratio agrorum (am Fest der Ambarvalien)***).

---

*) Der bei dem Säuberungsfest aus dem Tempel der Vesta fortgetragene Unrath wurde durch die Porta stercoraria verschlossen (s. Festus), wenn nicht in die Tiber geworfen (zum Fortschwemmen). Das wäre ein Platz (per clivum Capitolinum) für anthropologische Lumpensammler, die schon so manch kostbares Kleinod aus archäologisch verachtetem Schutt gerettet, aus ärmlichen Kjökkenmödding selbst. Lockender noch nach den Pignora imperii Romani zu suchen, vielleicht fünde sich in vejischer Quadriga eine Vermehrung der Bronzewagen.

**) Et sciendum, si quid in caerimoniis non fuerit observatum, piaculum — admitti (wie auch Entheiligung von Feiertagen, durch den Pontifex ausserdem durch Geldbusse gestraft). In Rom entstand aus der Aequitas das prätorianische Recht (s. Hugo). Deorum manium jura sancta sunt (s. Cicero). Creditum est, insepultos non ante ad inferos redigi, quam justa perceperint (s. Tertullian). Exverrae sunt purgatio quaedam domus, ex qua mortuus ad sepulturam ferendus est, quae fit per verriatorem, certo genere scoparum adhibito, ab extra verrendo dictarum (s. Plautus), und Weiterführung der hierauf bezüglichen Vorstellungen in Congo.

***) Axamenta dicebantur carmina Saliaria (Paulus) in Verehrung des Janus (s. Varro), als duonus cerus (bonus creator). Mamurius Veturius, der die dem vom Himmel gefallenen Ancile ähnlichen Schilder (um den Diebstahl des ἱεροφυλάκιον) zu hindern verfertigt, wurde bei den Tänzen der Salier verjagt (eingeführt von „Morrio, rege Vejentanorum"). Februare positum pro purgare (Nonius) beim Regifugium (im Februar). Das Schild des Gottes Perowit oder Gerowit (in Havelberg und Wolgast) wurde zum Sieg vorangetragen. Die Bilder der Marzanae und Zievoniae, wurden an Stangen umhergetragen, in Wasser geworfen, von den Slawen in Meissen (s. Schneider). Der Lorbeer, als immergrün, wurde zu Sühnungen (suffitiones) verwandt (auch der Soldaten von dem in der Schlacht vergossenen Blut). Als die Götter des Staats (dii populi romani) wurden (ausserhalb der patricischen Gemeinde mit ihrem jus sacrorum) die capitolinischen Götter (Jupiter, Juno, Minerva) verehrt, und später fanden sich auf dem Capitol, als curia deorum (b. Tert.) omnium deorum simulacra (s. Servius). Jupiter enim sine contubernio conjugis filiaeque coli non solet (Lact.). Anfangs würde es nefas gegolten haben, einen gentilicischen Cult erlöschen zu lassen (da dadurch göttliche Hülfe der Gesammtheit entfallen) und den Familien wurde selbst vom Staate in popularia sacra (s. Festus) die Verehrung bestimmter Götter zugetheilt, später aber ging der Begriff der Gentilen, als besondern Göttern zugewandt, den öffentlich anerkannten gegenüber in den des heidnischen über (bei Consolidirung monotheistischer Eifersucht) und damit fiel dann auch das particularistisch den Pagi gehörige zusammen, in den sacra paganorum (wie die „lustratio paganorum" unter den „sacra popularia"). Die curulischen Aemter verliehen das Recht, im jus imaginum, zur Aufstellung der Wachsmasken (cerae) vom princeps nobilitatis oder auctor generis (s. Cicero) her „cum titulis suis" (Val. Max.), wie die Moko bei Maori im Whare-runanga.

Die Erntegötter bleiben die wichtigsten, und die Angst des Verhungerns macht fromm*), selbst wildeste Völker, die sonst ihre Götter, wie die Naga u. a. m., bedrohen**) mögen, zu demüthigem Betteln treibend oder Büssungen in allen Continenten. Wenn unter den Preussen die Priester bei Missernten die Vermittlung Auschweit's anriefen, bekannte und beklagte das Volk reuig seine Sünden. Hier haben die meteorologischen Wechsel in den Jahreszeiten die Möglichkeit eines Wechsels, also auch zum Guten, genugsam bewiesen, während der Hinblick auf den unerbittlichen Tod, trotz seiner Schrecken des Unbekannten, gleichgültiger lässt, da die Deiwes Walditoyes genannten Göttinnen dem Menschen sein Todtenhemd weben, im Gang des mechanischen Naturganzens fortwebend zum Ende, und hier nur mit übernatürlicher***) Offenbarungskraft eingegriffen werden könnte, wie um die Hand der Parzen abzuhalten, den Lebensfaden zu durchschneiden.

In bestimmten Adelsfamilien erbt die Pflicht zur Opferstellung beim Tode königlicher Familienglieder auf den Carolinen (wie bei den Chibcha). Die Nachkommen der sieben Rishi zerfallen in verschiedene Gotra (bei den Brahmanen) und das Heirathen geschieht zwischen verschiedenen Gotra desselben Stammes†), weil sonst das Pinda oder Ahnenopfer nicht gebracht werden kann. Nach Beseitigung des Königthums††), blieb dem Basileus die Priesterliche

---

*) Beim Opfermahl (am Erntefest des Swantowit) „galt es für fromm, die Nüchternheit zu verletzen und für ein Unrecht sie zu bewahren" (s. Schwenck), und so überall unter Verknüpfung orgiastischer Ceremonien mit Geheimgebräuchen der Ackerbaugötter.

**) Wie die Abor heilige Bäume abbauen, um die Rückgabe geraubter Kleider zu erzwingen, so schälten die Preussen (s. Lasicz) von ihren heiligen Bäumen die Rinde ab, um sich für den Tod von Gänsen und Hühnern zu rächen.

***) Heinrich VI. (von England) verlangte von den Priestern, die Brod und Wein in Christi Leib und Blut zu verwandeln vermöchten, auch unedles Metall in Gold zu verwandeln, während der Geldnoth, da dies ihnen doch noch leichter sein müsse (J. R. Wagner). Am Himmel pflegen die Heiligen mehr zu vermögen als auf der Erde. Der Prophet, der den Mond zertheilt, hatte dem Berg doch nachzugeben.

†) Unter den Clan der Gond (mit der königlichen Familie aus den Raj Gonds von Chanda in 4 Clans) the worshippers of seven deities may intermarry with those who worship five and four deities, but the worshippers of six, five, four deities being regarded as one, may not intermarry (s. Sterring). Die Clan der Naik oder Dhurwe Gonds wurden nach der Zahl der verehrten Götter unterschieden (7, 6, 5, 4) und so bei Mexicaner (nach den Grabbeigaben). Frau und Mann opfern getrennt (auf den Carolinen).

††) Nach Aristoteles beruhte das heroische Königthum auf dem Volkswillen, wogegen ἐκ δὲ Διός βασιλῆες (bei Callimachus). Der Interrex berieth sich mit dem Senat über den vom Volk zu erwählenden König (in Rom). Beim Losen für die Beamten wurde (nach Plato) die Wahl der Gottheit überlassen. Patricii, quum sine curuli magistratu respublica esset, coire et interregem creavere

Function. Dem (römischen) Könige wurde neben seiner religiösen Function das imperium durch besonderen Beschluss übertragen. Sacerdotes (in Pancheia) sunt duces. Der durch das Loos bestimmte König in Rügen stand über dem König (nach Helmold). Der Familienpriester gehörte früher derselben Gotra oder Klasse an, wie der Kschatrya, in dessen Hause er lebte (und so bei den Khatri).

In Athen wurden Eupatriden und Theten oder Pelaten unterschieden. Theseus theilte die Eupatridae in Geomorie und Demiurgi. Die Vornehmen weilten (in Attica) auf ihren Demen, nur im Kriege sich nach der Stadt zurückziehend. Quorum aliqua ratio est ($\dot\omega\varsigma$ $\tau\iota\varsigma$ $\dot\epsilon\sigma\tau\dot\iota$ $\varkappa\alpha\dot\iota$ $\lambda\dot\alpha\gamma o\varsigma$), als Angesehenen der Stadt (bei Justinian). Theognis unterschied in Megara die $\dot\alpha\gamma\alpha\delta o\iota$ (als boni homines und Goden) und $\varkappa\alpha\varkappa o\iota$. Die Armen (Dschadang) heissen, als Schlechte, Kusagattar (schlechtgekleidete) bei den Jakuten (s. Middendorf). Die Begüterten waren gut (als boni homines).

Der Vassus (ähnlich dem Gasindus) übernahm die eidliche Verpflichtung, dem Senior für dessen, wie beziehungsweise für sie eigne Lebenszeit, ingenuili ordine zu dienen, mit Anspruch auf defensio (s. Roth). Der Primus Alamannus fiel unter die Wehrmannen (oder Arimann) als höchster Adel der Freien. Die kriegerischen Begleiter der Bojaren hiessen deren Kinder oder Deti Boyarskie (Bojarenkinder).

In Sparta befehligte*) der Basileus**) das Heer und brachte

(s. Livius). The head and frequently the whole person of a New-Zealand chief is strictly tapu (s. Angas). The king, Tui-Tokelau, is high priest as well (in Tokelau), their great god is called Tui-Tokelau (s. Turner). The god and the king were generally supposed to share the authority over the mass of mankind between them (in Tahiti). The office of high priest was frequently sustained by the king (s. Ellis). Neben „the eldest man" (in Autorität), the doctor of a tribe had the most influence (unter den Feuerländern) and „gave advice" (s. Fitzroy). Das Common-law (im Gegensatz zum Statute-law) entstand aus Gewohnheit (in England), wie überall zur Deckung fortschreitender Veränderungen nöthig (und Vorbereitungen zum Naturrecht lagen im Fetialrecht). Die Clarigatio wurde an der Grenze vollzogen, auf Sumba gegenseitige Auseinandersetzung vor der Schlacht (in troischer Fehde vor dem Zweikampf).

*) $\sigma\tau\varrho\alpha\tau\eta\gamma\dot o\varsigma$ $\gamma\dot\alpha\varrho$ $\tilde\eta\nu$ $\varkappa\alpha\dot\iota$ $\delta\iota\varkappa\alpha\sigma\tau\dot\eta\varsigma$ $\dot o$ $\beta\alpha\sigma\iota\lambda\epsilon\dot\upsilon\varsigma$ $\varkappa\alpha\dot\iota$ $\tau\tilde\omega\nu$ $\pi\varrho\dot o\varsigma$ $\vartheta\epsilon o\dot\upsilon\varsigma$ $\varkappa\dot\upsilon\varrho\iota o\varsigma$ (s. Aristoteles). Der Archon Eponymus regelte die Stammes-Angelegenheiten, der Archon Basileus die religiösen, der Polemarch die kriegerische, (und daneben fungirten 6 Thesmotheten in Athen). Beim Auszug des spartanischen Heeres nahm der Pyrphoros genannte Priester Feuer von dem Altar, worauf der König dem Zeus Agetor opferte, um es voranzutragen. Ausziehende Colonisten (in Hellas) nahmen von dem Feuer der Heimath mit sich. Die Perigorod genannten Colonien in Russland galten als Filialen der Mutterstadt.

**) Im Rex sacrificulus weisen verwandte Züge nach den Ariki. Als Silvius die ihm von der Mutter her zustehende Herrschaft übertragen wurde, erhielt Julus (ältester Sohn des Askanius) die Macht heiliger Würde (nach Dionys).

Opfer (neben der Gerousia und den Ephoren). Unter Charilaos (zur Zeit Lycurg's) wurde das Königthum in Sparta als Aristokratie begründet (nach Aristoteles). Zu Homer's Zeiten wurden die Könige als ἄνακτες bezeichnet. Unter den Arten des Königthums bezeichnet Aristoteles als aesymnetische die τυράννις. Neben der βουλή (als Versammlung der Häuptlinge) und der ἀγορα (als Versammlung des Volks) stand der Basileus (als Kriegsherr). Auch nach Abschaffung des Königthums wurde die priesterliche Function des Basileus im Rex sarificulus bewahrt. Die Sodalitates, mit dem Zweck einem Heiligthum angeknüpfter Opferfeuer und Festmahlzeiten, hiessen Collegia templorum.

Die von Numa gestifteten Handwerkercollegien (collegia opificum et artificum) versammelten sich meist ad aedem Minervae. Den Tubicines war unter besonderer Gunst auch der Tempel Jupiter zugestanden. Der dem Mercur geweihte Tempel wurde im collegium mercatorum gestiftet (s. Livius), wie die Kaufleute Mexico's ihren Cult besassen (mit staatlichen Aufträgen). Als Inhaber der sabinischen Sacra (retinendis Sabinorum sacris) waren die Sodales Titii dem Cult ihres Eponym (König Tatius) gewidmet (nach Tacitus), dicti ab avibus, quas in auguriis certis observare solent (Sarro). Die Sodales standen unter sich in gesetzlich anerkannter necessitudo, wie die cognati oder affines (s. Marquardt). Die Gens einigt sich im religiösen Band.

Das von dem Sohne im Kriegsdienst erworbene peculium castrense bildete sein Eigenthum (zur Zeit Augustus'). Res Nullius wurde Eigenthum durch occupatio. „Absolutes Zueignungsrecht*)

Ἰουλω δὲ ἀντι τῆς βασιλείας ἱερά τις ἐξουσία προςετέθη και τιμή (in den Juliern fortgepflanzt). „Der Eroberer Tullus ist der alten Satzungen der Religion unkundig, vernachlässigte sie, erscheint als Feind der Götter. Sein Nachfolger (mit welchem ein hohes politisches Leben seinen Anfang nimmt) macht sich und das Königtbum freier von den Obliegenheiten der Religion, indem er einen nicht geringen Theil seiner geistigen Functionen dazu berechtigten Stellvertretern übergiebt" (s. Ambrosch). Wie neben dem Rex, für das Wohl des Staates betend (nach Brauch China's), verblieb auch bei dem Conclave der Cultus dem Flamen dialis, mit der Vorsicht der Brahmanen unter Pariah, Begegnenden durch die Commetacula genannte Virga fernhaltend. Während für die Collegien (wie dem der Arvalen) die von flare oder anblasen (des Feuers) erklärten Flamines oder Opferpriester jährlich wechselten, waren sie für die Pontifices lebenslänglich. Symbol der Pontifices war das Simpulum genannte Schöpfgefäss. Vom Opferkönig und (priesterlichem) Flamen erhielten die Pontificen die Reinigungsmittel (quis veteri lingua Februa nomen erat). Mit Kodrus endet das Königsgeschlecht weiser Nestoren (in reinigenden Neleïden im Sohn erneut).

*) The earth and all things therein were the general property of mankind from the immediate gift of the Creator (nach Blackstone). Das Studium lucri (Lust nach Gewinn) führte zum Eigenthum und damit zu den Bestimmungen über Erbschaft. Die Batellah (in Guzerat), als Landbauer (assisted by their

des Menschen auf alle Sachen" folgt nach Hegel, denn „jede Person
hat das Recht, in jede Sache ihren Willen zu legen".

, Das Eigenthum blieb in den Gens (in Athen), bis durch Solon
diese Bestimmung auf den Fall eines Testaments beschränkt wurde.
Weil im Jubeljahr ohne Kaufschilling an den ursprünglichen Be-
sitzer zurückfallend, konnte Grundeigenthum nicht verkauft, sondern nur cedirt werden (bei den Indern). Den Vereinigungen von
Geschlechtern und Verwandten (gentibus cognationibusque hominum, qui una coerint) ward jährlich (bei den Germanen*) Land
angewiesen (nach Caesar).

Im Gefolge des Kriegsherzoges entwickelte sich der Feudalismus, mit weiteren Formen des Hofadels. Jeder (unter den Indianern) konnte einen Kriegszug**) organisiren, „by giving a war-
dance and inviting volunteers" (s. Morgan). Und so der Scythe,
auf der Ochsenhaut sitzend (s. Lucian), oder der Germane (bei
Tacitus). Devoti, quos illi soldurios appellant (in Gallien),
des Häuptlings (s. Caesar), wie bei Jolof. Der Teuchli
(Krieger), als höchster unter den Häuptlingen der Azteken,
wurde geehrt durch einen Gehülfen mit Sitz hinter ihm (s. Cla-
vigero).

<hr />

Halees or hereditary „servants") dispute an usurped right or the doubtful possession
of a field or a tree bis zum Tode (in Processen). Res nullius wurde durch
Occupatio erworben. Das durch heilige Furche (Sita in Indien) umzogene
Eigenthum durfte bei (etruskischen) Städtegründungen nicht überschritten werden.
Dem Gott Smik (Semik) Perlevenu war die erste Furche des Pfluges geweiht und
diese während des Jahres nicht zu überschreiten, war heiliges Verbot (bei den
Samogitiern). Deus Rediculus an der Porta Capena schützt als Tutanus.

*) Bei den Germanen wurde das Ackerland jährlich von den Häuptlingen
vertheilt, während das Weideland im gemeinsamen Besitz stand (nach Caesar).
Bei den Alemannen hiess der Zent (im Gau oder Pagus) huntari. Der Gau
(Pagus) schloss die Mark (Markgenossenschaften) ein. Neben den Altepetlalli
oder Gemeindeländereien fanden sich Ländereien (in den Dörfern der Azteken),
die dem Verwandtenältesten gehörten, oder auf seinen Sohn übergingen, aber
nicht persönlich veräussert werden konnten (s. Clavigoro). Bei den Laguna-
Pueblo-Indianer folgt Eigenthum in der Linie der Mutter und das Land ist
gemeinsam, ohne dasjenige, welches persönlich in Anbau genommen ist, oder
dann an ein anderes Mitglied der Gemeinde verkauft werden kann (s. Gorman).
Bei den Moqui geht beim Tode der Frau der Besitz auf deren Verwandte über,
die dem Mann nur sein persönliches Eigenthum lassen (s. Powell).

**) Quid sunt regna nisi magna latrocinia (St. Auguste). Dem Stärkeren
gehört die Welt, erklären die Gallier den Etruskern. Omnia fortiorum virorum
esse (s. Livius). Die Antrustionen (in trustis dominica) waren in die nächste
Umgebung des Königs, gewissermassen in seine Familie aufgenommen, als
Hofstaat (s. Roth). Die Velama in the Telugudistricts (den Vellalars in den
Tamil-districten entsprechend) held formerly a military tenure (s. Cornish).

Samoa*), wo in den Fono oder Versammlungen die Malo oder Siegesparthei die Tulu-fono genannten Gesetze erliess, wurde durch Factionen regiert, wie (zur Zeit Caesar's) Gallien. An der Spitze der einen Faction (unter den Celten) standen die Aeduer (unter einem jährlichen Vergobret**), der seinen Nachfolger ernannte), an der Spitze der anderen erst die Arverner, dann die Sequaner und später die Remi.

Die (den Phylen untergeordneten) Phratrien (φρατρα oder φρατρια), denen die einzelnen Geschlechter (γενη) zugetheilt waren, versammelten sich am Fest der Apaturien (unter dem φρατρίαρχος) zur Aufnahme der im Jahreslauf in der Phratrie Geborenen (wie bei den Odjibwä die Kinder zur Aufnahme in den Midé-Orden präsentirt werden). Nach Isaeus wurde jedes Kind in die Phratrie eingetragen, und dem γένος des Vaters. Romulus benannte die Curien nach den sabinischen Frauen (s. Plutarch). Die römischen Curien unter sich oder (bei Dionysius) Phratrien standen mit ihren Gentes unter den Tribus. Allen Phratrien der Phyle stand (in Athen)

---

*) Nach altem Brauch nahmen an der Feldschlacht bestimmte Städte jedesmalige Stellung in Mua-au (Vorhut), Lotoala (Hauptcorps) und Muriau (Rückhalt). Die Rotten unterscheiden sich durch ihre Zeichen. Vor dem Kampfe verhöhnten sich die Gegner (mit homerischen Epitheten). Frauen gingen während der Kriege ungestört auf Botschaften hin und her.

**) Vergobretum appellant Aedui qui creatur annuus (s. Caesar). Die (blonden) Adligen der Equites herrschten in Gallien über die Obaerati. Ipsorum linguae Celtae, nostra Galli appellabantur (s. Caesar) als Galatier (oder Kelten). Ombros Gallorum veterem propaginem esse Marcus Antonius refert (s. Servius). Saxones lingua sua exterum quendam Wallum vocant et gentes sibi extraneas Walenses vocant (s. Giraldus). Nach Eroberung Britanniens durch die Anglo-Sachsen wurden dann die in Irland Einfallenden wieder „designés vaguement sous le nom de Galls, qui signifiait étrangers; ce furent surtout des Danois" (s. Valroger), in Deutschland dann die Wälschen Italien's, wieder von den Einfallenden benannt. Die Walliser (in Wales) leiteten sich aus Defrobani und Gwlad y Haf (Sonnenland), wo Menw (der erste Mensch) die drei heiligen Buchstaben niederschrieb (s. E. Williams). Die irischen Traditionen wurden von den Seanchaidhe (Shanchie) bewahrt, neben den Fileh als Dichter und Ollam als Gelehrten (fürstliche Barden). Im Unterschied vom Kymrischen bezeichnet Galisch den Dialect Irland; sacram sic insulam dixere prisci (Fest. Avien). Hibernia a Scotorum gentibus colitur (Isidor) neben den Picten (Caledonien's). Rutilae Caledoniam habitantium comae, magni artus germanicam originem adseverant (Tacitus). Unter Reuda zogen die Scoti (als Dalreudini) von Irland nach Schottland in Gaidhealach, l'Écosse montagneuse (s. Steub), und gründeten (nach Niedermetzelung der Picten durch König Alpinus) monarchiam totius Albaniae. Omnes altitudines montium licet a Gallia Alpes vocantur (Servius) und weisse Langstadt (bei Dionys.) auf Mons Albanus. Appianus in Illyricis Cimbros Celtas (Spener). He is a Kemper Old Man (Senex vegetus est). Les Gaals fugitifs venus en Irland sur un vaisseau phénicien (in a ship of Feneid) s'allient aux Danans (s. Steub). Hibernos veteres Fenios dictos (O'Connor).

der Phylo-Basileus vor (aus den Eupatriden). Die πατρα (nach Dikaearchus) erweiterten sich zu Phratria durch Einheirathungen (nach Steph. Byz). Nestor rieth Agamennon, die ἀνδρας zu ordnen κατὰ φῦλα, κατὰ φρήτρας (bei Homer), wie die Germanen*) (bei Tacitus). Theseus begründete die Synoikia, indem er die Beamtenschaft (Prytaeia mit Archonten) aus den Kome in der Polis zusammenführte.

Die Phratrien feierten das gemeinsame Fest der Apaturien. Bei den Festen von Theoenia, Apaturia u. s. w. wurde an den Festen**) der gemeinsamen Stammväter ein Gott verehrt. Nach Dionysius hielten die Curien (in Rom) ein Mahl vor dem Gotte (auf Holztischen speisend, aus irdenen Gefässen). Die Sacra pro curiis bestanden in Opfern und gemeinsamem Göttermahl. In Athen begleitete die παρασίτοι den Archoten zum Fest. Die Häupter der Tribus***) nennt Dionysius τριβῶν ἡγεμονίας (in Rom). Der Tribunus stand an der Spitze der Tribus (als φυλοβάσιλευς). Nach Stephanus von Byzanz ging die Patria (πατρᾶ) in Phatria oder Phratria über, als Aussen-Heirathen Platz griffen.

Nachdem Hä-go-went-hä (Hiowatha) durch den weisen Da-gä-no-we-dä (der Onondaga) die Gesetze des Bundes für die Irokesen hatte verkünden lassen (bei der Sitzung am See Onondoga), verschwand er in einem weissen Canoe.

Neben den Sachems†) (des Friedens) oder Ho-gar-na-go-war und dann für Verhandlungen, als Ha-su-no-wä-na stand der Kriegs-

---

*) In der Schlachtstellung traten die Familiae et propinquitates (bei den Germanen) zusammen (nach Tacitus).

**) Für den Cult im Sacellum erwählten die Curiales der Curia den Priester (Curio) mit Gehülfen (flamen curialis) in den Versammlungen (comitia curiata). Nach Dionysius waren · die curiones (φρατριαρχοι oder λοχαγοι) der Curie (φρατρα) oder Bande (λογος) militärische Befehlshaber. Heilige Spiele waren mit einem epulum verbunden (s. Friedländer), und beim epulum Jovis wurden, neben dem lectus, für Juno und Minerva sellae (s. Vat. M.) hinzugesetzt.

***) Populum in quatuor tribus distribuit (Servius). Lemonia tribus a pago Lemonia appellata (s. Paul. Diac.). Die Bezeichnung des Tota (τὸ κοινόν) als Ganzes (im Umbrischen) trat für Tribus in der Respublica (der Römer) zurück (s. Mommsen). Quadrifariam urbe divisa regionibusque collibus qui habitabantur partes eas tribus appellavit (Livius). Die Patria potentas erstreckte sich nicht auf das jus publicum, indem darauf bezüglich der filius familias volle Freiheit besass. The father was entitled to take the whole of the sons acquisitions (in Rom). Die germanischen Einwanderer in das römische Reich erkannten die Mund, als Autorität des patriarchalischen Häuptlings, seit Caracalla allen Unterthanen die römische Bürgerschaft ertheilte (von mandare).

†) Die den Brockmer-Richtern (bei den Friesen) zur Seite stehenden Talesmännern entsprechen (s. Von Wicht) den Sagibaronibus der Franken oder Sakemannen der Angelsachsen (als Nomophylacibus). Das Hauscommunionssystem (als naturwüchsiges) wurzelte tief in dem Wesen der slavischen Familie und

häuptling oder Hos-gä-ä-geh-da-go-wä, als zweifacher, aus dem Wolf und der Schildkröte der Seneca (weil von Westen besonders Angriffe drohten) im Nun-da-wä-o-no (grosses Hügelvolk). Der Sachem des Stammes fungirte im Bunde unter Annahme des für das Amt festgestellten Namen.

Die Sachem (durch Aufsetzen von Hörnern geweiht) oder Hogar-na-go-war wurden gewählt als Berather des Volkes oder (bei Aeschylos, δήμου προβούλοι, neben dem Ha-sa-no-wä-na (erhabener Mann) oder Häuptling. Die Doppelheit der Kriegsführer entsprach der spartanischer Könige oder der Consul in Rom. Während die Sachem, als Sä-ke-mä, bei den Delawaren erblich, waren sie bei Irokesen*) vom Bunde gewählt. Nachdem bei Eröffnung des Rathes der Ceremonien-Meister das (von den Sachem umwandelte) Feuer gerieben, rauchte er gegen Zenith, Boden und Sonnenstand (Grosser Geist, Erde und Sonne) zur Dankbringung**) (bei den Irokesen). Die bei der Bundesversammlung vortretenden Sachem jedes Stammes theilten sich in Classen nach den Geschlechtern, denen sie angehörten, und hatte zuerst Einigkeit unter sich herzustellen (dann im Ganzen).

Die in der Anordnung der Wampum hingesprochenen Ueberlieferungen wurden bei Trauer im Rath oder Hen-nun-do-nub-seh

---

dem psychologischen Character der südslavischen Völkerschaften (s. Utiešenović). Omnia erant eis communia (bei den Slaven) mit ältester Person, als Verwalter „da das Gesammtvermögen ein gemeinschaftliches war, so ernannte die Familie aus ihrer Mitte einen Verwalter desselben, welcher das Haupt der-Familie darstellend, in derselben herrscht und die vorkommenden Streitigkeiten schlichtet" (s. Hube).

*) Die Irokesen empfahlen (1755) „a union of the colonies similar to their own (s. Morgan), und wie im physischen Habitus des Yankee, wie im Spiritismus, liesse sich auch in der grossen Union der Nachschimmer eines Abglanzes erkennen aus dem ethnischen Horizonte der geographischen Provinz, innerhalb welcher sie aufgewachsen. So (nach Scapov) Einfluss des eingeborenen Typus auf die Russen in Sibirien. Von den Dakota abgezweigt, zogen (von jenseits des Missisippi) die Irokesen über den San Ontario zum Hudson, die eingeborenen Algonkin vertreibend. Der Bund wuchs gleich einem Rom hervor.

**) Die Irokesen feierten sechs Jahresfeste. Zehn Tage lang wurde bei dem Leichenfest der Irokesen geklagt, unter Anzündung von Feuer auf dem Grabe, bis die Seele den Himmel erreicht, und damit das Fest beschlossen war. Anreden geschahen bei den Irokesen nach der Verwandschaft (in Stufen), oder sonst als Freunde. Im Tamil werden die Jüngeren nach dem Grade der Verwandtschaft angeredet, die Aelteren nach der Abstammung oder dem persönlichen Namen. Bei den Chinesen ist die Bezeichnung als älterer oder jüngerer Bruder gewöhnlich. Neben frère und soeur findet sich puné und cadette für jüngeren Bruder, ainée und cadette für ältere und jüngere Schwester (im Französischen). Les parents du mari ou de la femme ne peuvent se mêler ensemble par des marriages (nach Hiuenthsang) in Indien (s. Julien).

(wenn der Name einen Nachfolger verlangte) vor der Versammlung durch Auslegen (von den Onondaga-Sachem) gelesen.

Die Stämme*) der Irokesen zerfielen in De-a-non-da-a-yoh (Brüdershaften oder Phratrien, als Horden) mit Bär, Wolf, Biber, Schildkröte und mit Reh, Schnepfe, Reiher, Habicht (unter den Seneca), indem die Heirathen von einer Abtheilung in die andere kreuzten. Beim Ballspiel stehen sich die Phratrien gegenüber. Bei drohendem Aussterben des Habicht traten Mitglieder des Wolfs dahin über (unter den Seneca-Irokesen).

Zehn Familien der Afghanen stehen unter einem Spir (Weissbart), zehn dieser unter einen Kandi-daser (Häuptling), dieser unter dem Malik oder Muschir, um im Chail vom Chan beherrscht zu werden. Der Haftleng (Stamm) zerfällt (bei den Bachtiaris) in Familien. Unter dem Geschlecht (Rod) in näherer Familienbeziehung steht der Stamm (Orda oder Horde).

Die Thlinkithen zerfielen in die Phratrien des Wolfes und des Raben (mit ihren Geschlechtern in Kreuzheirathen).

Jede der zwei Phratrien (des getheilten Volkes und geliebten Volkes) enthielt zwei Geschlechter (bei den Choctaw).

Die Chickasa theilte sich in die Phratrien des Panthers und der Fremden (mit ihren Geschlechtern), die Mohegan waren in drei Phratrien (des Wolf, der Schildkröte und Aal) getheilt (mit den Geschlechtern).

Bei den Wyandot (mit 8 Geschlechtern) waren die Sachem (jedes Geschlecht's) erblich (vom Onkel zum Neffen), die Kriegsführer wählbar.

Bei den Dacota sind die Banden (worin die Geschlechter im Nomadenleben übergegangen) durch Symbole (von Thieren) bezeichnet.

Bei den Punkas sind die Sachem (männlicher Erbfolge) aus den Familiengliedern wählbar.

Die vier Phratrien der Tlascalaner standen jede unter ihrem Kriegshaupt (Teuctli), und so finden sich vier Phratrien bei den Azteken.

---

*) Die Nation (populus) oder der Bund der Irokesen zerfiel in fünf Völker (Stämme) oder (Geschlechter) Sippschaften (Seneca, Cayuga, Onondoga, Oneida, Mohawk), als Phylen oder Tribus, und jedes Stammesvolk in 3 bis 8 Gentes (Sippen oder Geschlechter), wobei diese sich dann in Sippen oder Banden (Phratrien) theilten, z. B. bei den Seneca in die Sippe des Bär, Wolf, Biber oder Schildkröte und in die Sippe des Reh, Schnepfe, Reiher und Habicht. Die Phratrien (als Abzweigungen der beiden ursprünglichen Geschlechter Wolf und Reh) wurden verwandt betrachtet, und so heiratheten die Geschtechter jeder Phratrie anfangs nicht unter sich, sondern mit Geschlechtern der anderen Phratrie. Der Bund der Irokesen als Populus gefasst, enthielt 5 (später 6) Phylen oder Tribus, jede dieser zwei Phratrien oder Curien, und in solchen unterscheiden sich die gentes durch das Totem-Zeichen.

Die Manipurer und ihre Nachbarstämme (Koupowes, Mows, Muram, Murring) sind alle in vier Familien (Koomul, Losang, Argom und Ningthaja) getheilt (s. Mc. Lennan).

Die Stämme (Aimak) der Mongolen zerfallen in Kokhum (Banner).

Die Häuser (Beth) oder Geschlechter der Hebräer waren in Genossenschaften oder Bünde (Mispacah) vereinigt, und diese in Stämmen (Matleh), wie die Leviten von den Söhnen Gersons (Libni und Shimei), die Söhne Kohath's (Amran, Izhar, Hebron und Uzziel) und die Söhne Merari's (Mahli und Mushi) zerfielen.

Bei den Arabern zerfällt der Kabyle in die Hamula und diese in die Ashira, welche sich aus den Piyut (Pet oder Haus) zusammensetzt (mit Heirathen in engsten Verwandtschaftsgraden).

Unter dem Sirdor oder Häuptling zerfallen die Tomun oder Stämme (unter einem Tomundar) bei den Beluchen (von Aleppo durch Araber hergeleitet) in Para (unter dem Muqaddam) und diese in Palli mit Familien.

Die Stämme der Rewas (in Fiji) sind weiter getheilt. Die Hapu oder Stämme gliedern sich (bei den Maori) als Iwi (Knochen) nach den Canoes, welche die Einwanderer gebracht.

Neben Neo, dem Geist des Lebens, Atahocan (dem Himmelsherrn), Tarenyawagon (dem Thürhüter des Himmels), Agreskoe (dem Kriegsgott) fand sich in der Höhe Atahentsic, die Himmelsfrau, die (weil in Einen der sechs Urmenschen des Himmels verliebt) von Atahocan kopfüber aus dem Himmel geschleudert, auf den Rücken einer Schildkröte (im Wasser) niederfallend, die Zwillinge des (guten) Inigorio und des bösen Gegensatzes gebar, und dann (nach Ausdehnung der Schildkröte zur Erde) eine Tochter, von der die Söhne Yoskeka und Tho-it-sa-ron geboren wurden (bei den Irokesen).

Auf die Erde herabkommend, zeugte der Gross-Manitu mit der (bei der Geburt sterbenden) Erdenfrau die Kinder Manabozho (Schutzherr der Menschen), Chibiabos (Beherrscher der Todtenseelen), Wabasso (vor dem Licht nach Norden in der Gestalt eines weissen Kaninchens fliehend) und Chokonipok (der Feuerstein-Mann). Als den Tod der Mutter verursacht habend, wurde Chokonipok von Manabozho angegriffen, und nach langem Kampf getödtet, wobei in seinem Zerrissenwerden die Feuersteine überall umhergestreut wurden, den Menschen Feuer zu gewähren, und dann wurden für sie von Manabozho die Aexte, Lanzen, Pfeilspitzen, Knochen- und Stein-Instrumente erfunden, sowie die Kunst Fallen und Schlingen zu stellen, Netze zu verfertigen u. s. w. Als Chibiabos durch den Neid der Manitu auf dem Eis des See's durchgebrochen war, kamen die durch den Zorn des klagenden (und sie in die Tiefe stürzenden) Manabozho Erschreckten mit den Medicin-

säcken der begünstigten Thiere und Pflanzen, um in der aufge
richteten Priesterhütte, unter Gesängen, den Grossen Medicin-Tanz
zu lehren, während Chibiabos als Herr der Todten eingesetzt
wurde. Nachdem Manabozho bei Rückkehr vom grossen Geist,
zu dem er aufgestiegen war, die Mysterien des Medicin-Tanzes bestätigt, verlieh er der Erdenmutter Minckumigawa die Keime, um
Gift- und Heilpflanzen (gegen Krankheiten) hervorwachsen zu
lassen, und tödtete die den Menschen feindlichen Ungeheuer (fossi-
ler Knochen), vier Geister in die Cardinalpunkte setzend. Sollte
der auf eine Eisscholle des arctischen Oceans zurückgezogene Manabozho getödtet werden, wird ein Weltbrand Alles verzehren
(s. Schoolcraft). Nachdem Kichenmonedo (neben Matchemonedo) die
erste Menschenrasse wegen Undankbarkeit in einem See ertränkt,
schuf er einen Jüngling, dessen Schwester von den fünf Besuchern nur
den letzten, Tamin oder Montanun (Mais), zulächelnd empfing, während die übrigen bei ihrem Abwenden, todt niederfallend und begraben, den Tabak (Usama), Pumpkin (Wapako), Melone (Esh-
kossimin) und Bohne (Kokees) wachsen liessen (nach den Pottawa-
tomie). Der aus der Muschel hervorgekommene und vom Grossen
Geist mit Bogen und Pfeil (sowie Feuer) versehene Mann ver-
mählte sich mit der Tochter des Biber (nach den Osagen). Im
Dorf Leipe (bei Burg) zeugt der Stammherr mit Hirschkuh. Varro
enumerare deos coepit a conceptione hominum, quorum numerum
exorsus est a Jano (Aug.), una navi exul venit (in die Tiber).
Mit Janus, als Matutinus pater, beginnt der Tag. Nach Heraklit
bildete sich die Sonne jeden Tag neu, $\nu\acute{\epsilon}o\varsigma$ $\dot{\epsilon}\varphi$ $\dot{\eta}\mu\acute{\epsilon}\varrho\eta$ (bei Arist.),
und so der (auf Ulea u. s. w.) gegessene Mond in vielerlei Versionen.

In der neuen Religion von Gäneodiyo bei seinem Besuche des
Himmel's und der Hölle offenbart (1800), bezogen sich die von
Sosehawä gepredigten Lehren*) auf die Pflichten der Eltern und
Kinder zu einander, die Sorge für die Waisen, die Pflege der Alten
und Kranken u. s. w., dabei besonders die Verbote des Feuerwassers
und den Landverkauf an die Weissgesichter einschliessend.

---

*) Julian's, des Apostaten, religiöse Pflichten begriffen $\varphi\iota\lambda\alpha\nu\vartheta\varrho\omega\pi\iota\alpha$ (den
Armen zu helfen), $\dot{\alpha}\sigma\kappa\eta\sigma\iota\varsigma$ (Enthaltsamkeit), und $\sigma\dot{\omega}\varphi\varrho\sigma\sigma\nu\nu\eta$ (moralische Ge-
setzesbeobachtung in Uebereinstimmung mit den göttlichen Lehren). Service of
the Gods and the laws are coupled together as equally essential to true morality
(s. Rendall). Die Chinesen (als Buddhisten) „see in every attack of sickness
and in other misfortunes, a close connection with sin (tsui), they hold, that
sin is the cause of suffering" (Edkins). That which is cut by kusala is Klesha,
evil desire, or the cleaving to existence. Akusala is the opposite of kusala.
That which is neither Kusala nor akusala is Awyakrata (s. Hardy) in Buddhismus (Ceylon's).

Vorher jedoch schon durchwaltete ihre, auf Reinheit*) (des Herzens**)) begründete, Religion der grosse Geist Hä-wen-ne-yu, den sie im Federtanz (O-sto-weh-go-wä) feiernd ehrten.

The beliefs (der Irokesen), when brought together in a connected form naturally call forth an expresson of surprise. A faith so purely spiritual, so free from the tincture of human passion, and from the grossness of superstition, can scarcely be credited, when examined under the ordinary estimate of the Indian character (s. Morgan).

Die (nach dem Naturell der Neger in den Sybaritismus epicuräischer***) Götter übergehende) Auffassung des grossen Geistes deckt mit dem Monotheismus arabischer Wüsten auch die Prairien der Indianer. Die Götzenfiguren†), wie sie bei sesshafter Handwerksgeschicklichkeit vielarmig attributenreich, für die verschiedenartigen

---

*) Aeusserlich freilich fehlten die Vorschriften brahmanischer Waschungen, doch wuschen die Indianer Florida's dafür die Eingeweide, wie auch am Napo durch Vomitive, und ebenso die Haidah, die Seewasser tranken, „washing themselves inside out" (s. Poole).

**) Before each of their periodical religious festivals, there is made a general and public confession of sins (mit weissen Wampum's in der Hand) bei den Irokesen (s. Morgan), und das Fest Otädenoneneonawata öffnete mit dem Sanundathawata (meeting for repentance). So beichteten die Azteken, und Aeakos betet für das Unglück seines Landes (in Afrika).

***) Nullis occupationibus est implicatus, nulla opera molitur (s. Cicero) und „hunc deum rite beatum" beneiden die Eweer in Mawe und ihre Nachbarn in den Synonymen. Die Lappen dagegen versuchen Opfer für Jabmiakka (der Todesmutter) in Jabminimo, damit sie das Leben nicht fortnehmen möchte, die Kamschadalen belächeln gutmüthig die Missgriffe ihres Gottes, die ihr Scharfsinn in den Natur-Einrichtungen aufgefunden hat, und die Wogulen meinen den (bösen) Kul verachten zu können. Wenn (bei sonst für einen Kranken vergebens gesuchter Hülfe) die Schamanen (der Samojeden) ihre Geister oder Tadebjo bitten, bei Num selbst zu flehen, entschuldigen sich diese mit der Unmöglichkeit, denn „er ist weit von hier" (s. Castrén). Am Feste von Vesta's Neufeuerzündung „et publice et privatim ad Annam Perennam sacrificatum itur, at annare perennarcque commode liceat" (Macrob). Anna Perenna hatte Zeus die erste Speise gereicht (unter den Töchtern der Atlas).

†) Von dem (höchsten) Himmelsgott Toruim oder Tuurum verfertigen die ugrischen Ostjaken (s. Erman) kein Bild, wohl aber von seinem Günstling Oertik, von Long (dem Schutzherr der Künstler), vom bösen Jelan, von Meik (dem irreführenden Waldgott) u. s. w. Bei den (sibirischen Tartaren) erscheinen die Aina als Menschen nicht nur, sondern auch in Thierformen (als Bären, Schlangen, Füchse, Schwäne u. s. w.), und so geehrt (s. Castrén), wie im Totem der Indianer (mit Nachbildungen noch auf dem Grabespfahl). Nach Varro (b. Aug.) hatten die Römer ihre Götter (bis auf Tarquinius) ohne Bilder verehrt (s. Ambrosch). Umbras nescio quas incorporales inanimales et nomina de rebus efflagitant deosque sanciunt (die Römer) neben den Bildern (Tertullian). Pontifices (b. Aug.) quattuor diis faciunt rem divinam, Telluri, Tellumoni, Altori, Rusori, in Plato's Kosmos (ζῶον ἔμψυχον ἔννουν τε).

Bedürfnisse magischer Operationen gebildet werden, fehlen, soweit durch Zaubersprüche noch ersetzbar, und obwohl die drei Kornschwestern*) Deohoko oder (s. Morgan) Our Supporter's gekannt sein müssen, weil zur Erhaltung des Lebens selbst erforderlich, auch „Grossvater"**) Heno mit dem Donnerkeil, der bei den Erntearbeiten die Luft in Gewittern verklärt, so belästigt man sich doch mit keinem weiteren Cult der Honochenokeh („Invisible Aids", die von der Gottheit über die einzelnen Naturgegenstände***), in jeden derselben gesetzt sind), ausser ihrer dankenden Erwähnung in den Gebeten.

Anders aber nun mit Hä-ne-go-ate-geh, den die Legende zu Hä-wen-ne-yu's jüngerem Bruder macht, der indess auch ohne solch mythische Schöpfung, als realiter existirend gefühlt wird, in jedem Augenblick des Lebens, als dieses Lebens Elend und Jammer. Ihn der, wenn kein Zoroaster in seinem Sohn Oshedar-Mah einen Wächter gesetzt, überall sich einschleicht, wie Kurrat der Esthen†), den man wie die Tschuwaschen es gegen den bösen Schaitan von Thore erflehen, gerne gefesselt sähe, wie Hikuleo††) in Bolotu durch Mani und Tangaroa, ihn sucht man nun an

*) Die Dreiheit der Ilman impyet ihanat (liebliche Jungfrauen der Luft) war von Ukko aus seinen Knien hervorgerieben (bei den Finnen). Trismegistus lehrt facere deos (bei August.), und dann folgen Rivalitäten, wie sich der capitolinische Jupiter über die Verminderung der Verehrer (und ihrer Opfergaben) beklagt (Tonantem pro janitore ei oppositum). Als τριτογενή tritt Athene zu Zeus und Hero (nach G. Herrmann), mit Stühlen zum Sitz (neben dem Ruhebett).

**) Mit Pergubios (Gott der Früchte und Ernte) oder (bei Tscheremissen) Pürükscha (Pugurscha Juma oder Kudortscha Juma) sich berührend, hiess Perkun der Preussen oder (in Nowgorod) Perun (mit Blitzstein in Swastica) Wezzais tehws, Altvater, bei den Letten. Bei den Finnen hat Jumala (nach Lencquist) die Bezeichnung der Gottheit im Allgemeinen, obwohl auch wieder (als Jumala ilma der Luft oder des Wetters) in besonderen Beziehungen (wie zu Ukko) gesetzt (s. Castrén) bis zur bildlichen Darstellung (in Olaf's Zeit) — en i gardhin stendr god Bjarma, er heitir Jomale —, wie auch bei den Samojeden der allgemein umbreitende Himmel die für sie wichtigste Personification des Heerdenhüters in Jilibeambaertze annehmen mag, oder für Ackerbauer Saturnus (et ops, als Caelum et terra) und Tengri (bei Mongolen) den Inbegriff der „Esprits, génies terrestres et célestes, bons et mauvais" (s. Kowalewski).

***) Bei den Lappen stand jeder Gegenstand unter dem Schutze eines Haldde und beim Zeltaufschlagen wurde dem des Ortes geopfert. Der Genius loci wurzelt im Boden, als Schlange. Stryjkowski beschreibt Potrympum, Iarem sive unum ex diis penatibus (bei Murini), als längsgewundene Schlange (neben dem Idol des Perkun).

†) Die ihn durch Geprügel und Räuchern vertrieben, wenn Viehsterben, oder gar Unglücksfälle in der Familie seine Anwesenheit im Dorfe verdächtig machen. Bei den Slawen steht dem Dobrebog (s. Reinesius) als gutem, der böse (sleho) gegenüber.

††) Gleich einem Nachzebrer, dem in der Mark das Genick gebrochen wird, zog er die Erstgeburten aus Tonga an sich, und auf dem vom Ersten Menschen

dem unumgänglichen Reinigungsfeste*) zu vertreiben, am besten, wenn, wie im Jelbola der Wogulen, die Götter herabkommen (um Neujahr). Bei irokesischem Neujahrsfest**) oder Giyewanousquā-gowā gingen „disguised in bear skins or buffaloes robes" (und sonstigem Fastnachtsscherz) die Festordner (taking corn pounders***) in their hands) bei den Häusern umher, befehlend: „Clear away the rubbish, drive out all evil animals" †) (s. Morgan). Den Ostjaken, die ihre Verehrung an den Gott Innen Nom (da droben) richten, sind die bösen Lus gefährlich, die sich auch in die Götzenbilder verstecken, und unter dem Mordwinen steht dem Gott Paas oder Pas (bei Ersaner) oder (bei Mokshaner) Skei (Himmel) der unterirdische Master Pas gegenüber (wie räumlich, auch im feindlichen Sinne).

Bei den Sorben in der Lausitz wird das an hoher Stange befestigte Strohbild ††) des Todes (wozu wer die letzte Leiche gehabt das Hemd liefern muss) im Laufe aus dem Dorf getragen (von Steinwürfen verfolgt) und an die Grenze des nächsten Dorfes ge-

---

gewanderten Pfade müssen die Anderen folgen, auch ohne Yama's Netze wohl, oder den von Nurunduri's Sohn in Australien geworfenen Strick. Von den drei Heilrätinnen verfertigt Held ein Seil, womit sie den Menschen bindet und unter Hülfe der beiden Schwestern an sich zieht (in Baiern). „Der Ring der Anangke, als Adrastea oder Tyche (Fortuna oder Nemesis) ist Merkmal der Göttin, die das Loos des Sterblichen dreht." $Ai\omega\nu$ ($\chi\varrho\acute{o}\nu o\nu$ $\pi a\~{i}\varsigma$) ist der Genosse der Moira (bei Euripides). Zu Pluto, als Rusor kehrt Alles zurück, $\check{\varepsilon}\sigma\tau\iota$ $\gamma\acute{a}\varrho$ $\check{\varepsilon}\iota\mu a\varrho$-$\mu\acute{\varepsilon}\nu\eta$ $\pi\acute{a}\nu\tau\omega\varsigma$ (s. Heraklit).

*) Bei Anfang des Pflügens feiern die Tschuwaschen das Reinigungsfest der Keremet, für Keremet Asch (der Vater), Keremet Amscha (die Mutter) und Keremet Uewli (der Sohn).

**) Die sechs Religionsfeste (der Irokesen) waren durch das Jahr vertheilt, und ihnen gemäss auch die 82 Tänze, unter denen beim Todtentanz (oder Okewä der Frauen) die Abgeschiedenen sich einmischten, wie die Krankheitsgespenster in dem letzten der Toltekenfürsten. Kascej (mit Leier in goldener Wohnung) holt als Skelett junge Mädchen fort (bei den Russen) zum Tode (s. Kayssarow), zu dem „in schwarze Nacht" Morana (bei den Czechen) einsingt. Gute Seelen gelangen nach Tschemherda (Land der Zufriedenheit), während Böse als Skelette in Einöden umherirren (bei den Tschuwaschen), wie in Ceylon die Preta's (von Hunger gequält).

***) Jaga Baba, als Skelett mit Knochenfüssen (s. Popow), zerstampft mit Eisenkeulen im Mörser (bei den Slawen).

†) Bei Ausbruch einer Seuche (unter den Wotjaken) wird (nach dem Opfer eines schwarzen Schafes) ein im Dorf getödteter Hund oder Katze (für das Orwas genannte Opfer) nach dem Fluss geschleppt, und dort mit Strick und Prügel liegen gelassen (s. Schwenck). Sonst wird der Sündenbock in die Wüste getrieben.

††) In Böhmen wird der Strohmann des Todes im Flusse weggeschwemmt (zum Ersäufen), ebenso (s. Hageck) am Rhein und der Donau, in Görlitz u. s. w. Die Slawen trugen Marzana aus, damit im Sommer Zievonia's Reich begann, aber von christlicher Zeit wurden am Sonntag Lätare beide in's Wasser geworfen (s. Schwenck). Die Mäuse, deren generatio (s. Plinius) „lambendo constare, non coitu, dicitur", vertreibt, als norwegische Lemminge, der Exorcismus im Sacer-

bracht, hinübergeworfen, worauf die Singenden mit grünen Zweigen zurückkehren. „Die Jugend des anderen Dorfes aber läuft ihnen zuweilen nach, und wirft ihnen den Tod wieder zu, so dass es zeitweis zu Hader kommt" (s. Schwenck).

Ebenso am Alt-Calabar unter den verschiedenen Dörfern, wenn man sich die ausgetriebenen Krankheitsgespenster gegenseitig zujagt, oder auf den Nicobaren zwischen den Inseln, wenn die Sühnungsböte (aus Jambulos' Zeit) statt in's offene Meer an verkehrte Küsten schwimmen.

Zum Schutz gegen die überall drohenden Uebel lässt sich bei gewiegter Priesterkenntniss auch die elementare Kraft des Wasser's, in Aqua lustralis oder sonst, zur Purification benutzen, doch ist dieser Sitz des mit Schaitan verwandten Jo bei den Tscheremissen (s. Georgi) ein bedenklicher*), und die Wotjaken haben in Krankheit dem Wu Waschä (erzürnte Wasser) zu opfern.

Vertraulicher ist das Feuer des traulichen Heerdes, dem Einigungsort hellenischer Familien, zumal es bei den Tschuwashen auch durch tägliche**) Speisung kirre zu halten, um dann als mächtiger Agni zu schützen. Bei Wiedererzeugung nach der Feuerlöschung kommt es besonders auf die Reinheit des Materials an, und wie den Inkas ein Brennspiegel, dient im Nothfeuer das Holzreiben, und dies heilige Feuer, durch Reiben von Hölzer erzeugt, umtanzten beim Frühlingsfest die Finnen, als Hela-walkia.

Das von Ilmarinen geschlagene, von Wäinämöinen geblitzte Feuer sprüht aus dem neunten Himmel zum zehnten, dann, als rother Knäuel in blauem, in das Wasser des Liemo-See's fallend, in die Spitze der Seegräser, die in Feuersgluth klagend, vom Schnäpel

---

dotale Romanum (vos pestiferos vermes, mures, aves aut animalia alia), wie sonst Apollo Sminthius (auch in Aegypten), der dem polnischen Popel hätte helfen können oder dem Bischof im Bingerloch. Und so die Hexe als Mauerschlägerin (s. Grimm), dass „die Thiere aus dem Pott springen". Um den Kopf des im October geopferten Pferdes wurde gestritten „inter Suburanenses et Sacravienses, ut hi in regiae pariete, illi ad turrim Mamiliam id figerent" (Festus). Und so unter verschiedenen Symbolen von Aegypten bis Indien.

*) Neben den bösen Wassergöttern (Wesi-Hiisii, Turso oder Tursas, Wetchinen) fanden sich die den Fischfang schützenden (zum Kreise Ahti's gehörig u. s. w.) bei den Finnen (s. Castrén). Bei den Tungusen lebt im Wasser der Buni (Dämon) Garan, der die Fische an den Strand treibt, aber auch Böte umstürzt (wie seine caribischen Vettern).

**) Jährlich bei den Esthen, die einmal nur dem geheiligten Heerde in der Waschküche Speisen in die Asche werfen (s. Hollmann). Wenn reichlicher gespeist, mit fetten Oelen, wie Agni, liessen sich auch Gegendienste erwarten. Tarquinio Prisco regnante tradunt repente in foco ejus comparuisse genitale e cinere masculini sexus eamque, quae insiderat ibi, Tanaquilis reginae ancillam Ocrisiam captivam conurrexisse gravidam (s. Plinius). Mulciber Vulcanus a molliendo scilicet ferro dictus (Festus). Nur zum heiligen Gebrauch durfte Feuer aus der Flaminia herausgebracht werden (nach Gellius). Am Heerde der Vesta opferte der Staat (an den Fornacalia oder Fordicidia).

verschlungen werden, wie sie dann vom Hecht, dieser durch den
rothen Lachs und er weiter durch den Karpfen, für dessen Fang
zwei Brüder das Boot aushauen und aus Hanf (in der Nacht
gesäet und im Mondschein gepflügt) Netze stricken. Als durch
straffes Anspannen mit Steinen gefangen, steigt zum Aufschlitzen
der schwarze Zwerg (oder Däumling) Uros aus dem Meere, mit
Steinschuhen an den Füssen und Steinhelm auf dem Kopfe und
dann zum Bannen wird nach einem Wisser oder Seher gesucht
(s. Schwenck), mit Analogien, wie in Loki's benachbarter Sage,
so in der fernen Maui's u. A. m.

Wenn man beim Herumtragen der Todespuppe dieselbe in
das Fenster gucken lässt, holt im Laufe des Jahres der Tod Jemand
aus dem Hause, wenn nicht durch Geldgabe abgelöst (in der
Lausitz), wie die Popanzen in den afrikanischen Geheimbunden
zum Schrecken dienen.

Für gefährliche Operationen bedarf es priesterlicher Wagehälse,
gleich den Baksa, die bei den Kirgisen den Verkehr mit bösen
Geistern unterhalten (ähnlich den Bixu Macassar's), oder die Wedin
(oder Wedun) genannten Zauberer, die auch die Himmelsgestirne durch
einen Ubir oder Verwandelten bedrohen mögen, bei den Wotjaken,
denen die Tuna oder Tona ihre Götter befragen und die Ludu-
Tjäss Opfer bringen, wie dem Gott Prowe (s. Helmold) der Mike
(bei den Wagriern). Bei den Kutschinzen fungiren die Kamnö für
die Tus oder Idole, bei den Teleuten die Kam als Priester u. s. w.
Sonst genügen die Familienhäupter, wie bei den Satkatatia genannten Priestern der Wogulen, und wenn bei den Mordwinen
Priester mangeln, vertreten ihre Stelle „alle guten Männer" (Atä
genannt). Bei Tschuwashen fungirt statt der Priester oder Tschuk
Toat ein „verständiger alter Mann" und bei Ermangelung von
Priestern unter den Tscheremissen erwählt sich jede Gemeinde
(für die Opfer) den Kart, als alten klugen Mann von „unbeschol-
tenem Wandel" mit dem Udschö, als Gehülfen. Für die Ho-nun-
de-ont (keepers of the faith) „suitable persons were selected by
the wise men and matrons out of their respective tribes and ad-
vanced to the office (bei den Irokesen), um (neben ihrem Amt
als Censoren) die periodischen Jahresfeste anzusagen und für die
Ceremonien derselben die Vorbereitungen zu treffen.

Im Grabe liessen die Irokesen der Seele die Möglichkeit
ihren alten Gefährten, den Körper, noch ferner zu besuchen, in
dem in Assam und bei Neger zum Einstecken von Speise und
Trank, auf Madagascar zum Seelenhaschen, dienendem Loch, das
benutzt wird, während die Ingrier oder Ischorken (s. Georgi) die
Speise neben den Todten einscharren, und wenn vergangen, von
ihm gegessen glauben (wie an der Westküste Afrika's). In Sibirien,
wie auf den Aru, steckte man dem Todten den Mund voll Speise,
denn „Essen und Trinken hält Leib und Seele zusammen", am

Congo um wickelt man die Leiche, wie der Verwesungsprocess fortschreitet, mit neuen Tüchern, um sie nicht fortzulassen, wie sie (in Amerika auch) über Feuer gedörrt wird, und die Mumien standen in heiliger Kammer der Behausung auf den Durnley, in Central-Amerika u. s. w., während die Lappen die Skelette am heiligen Platze lassen (die durch Hunde gefressenen Knochen durch deren ersetzend). Da sich das Klappergebein wird mit Fleisch bekleiden mögen, dass das (private) Eigenthum dem Todten zu lassen (mit Mitbegraben der Waffen, Geräthe u. s. w.) lehrte (bis auf juristische Spitzfindigkeiten in Abfassung von Testamenten) der Rechtssinn sowohl, wie die Furcht unheimlicher Rache (die auch das Verbrennen feindlicher Beute für die Götter Lua verlangenden Motive), aber im Uebrigen erklären die Naturvölker, das Fortleben zu beschreiben, ihre bescheidentliche Unfähigkeit, wie in Betreff der Schöpfung „da keiner dabei gewesen" (nach unmassgeblicher Ansicht der Abiponen*)). Vielleicht weckt**) eine Budintaia (der Preussen) die Schlafenden für Buddha, dem unter dem Bodbi-Baum Erwachten, in dem als Budha erneuerten (oder in Ove

---

*) Die bereits den Weg alles Fleisches gegangen und auf der Erde nicht mehr sind, (— was nicht zu ändern gewesen) —, leider aber auch nicht im Ethnologischen Museum, — was zu bedauern und zu bereuen (mit hoffentlich dem Vorsatz ernstlicher Besserung). Und neben trauerndem Rückblick auf unersetzliche Verluste steigen die Ansprüche der mit der wachsenden Masse der neuen Thatsachen immer drängenderen Detailarbeiten in der Ethnologie. „Der Formenreichthum der Thallophyten erwies sich so gross, dass zahlreiche Botaniker ihre Thätigkeit ihnen allein zuwandte, manche sogar nur die Algen, andere nur die Pilze oder Flechten sammelten" (mit Tausenden von Diagnosen dicke Bände füllend), und obwohl „tiefere Einsicht" damit nicht gewonnen (bis zum Jahre 1850), war doch „für die Kryptogamenkunde in ähnlicher Weise eine empirische Basis geschaffen, wie durch die „Kräuterbücher im XVII. Jahrhundert für die Phanerogamen" (s. Sachs). Als darauf mit den Schwärmesporen der Algen in der „Thierwerdung der Pflanzen" die Grenzregulirungen durch einander zu laufen drohten, lieferte das Dogma von der Constanz der Species „gute Dienste" der Wissenschaft, bis dann Pringsheim's „characteristische Gruppen" (in Erforschung sexueller Vorgänge) „sich wie Inseln aus dem Chaos noch unerforschter Formen erhoben", und auf dem dunkelsten Räthselgebiete der Mykologie, wo „es galt mit der äussersten Umsicht und Vorsicht der Wissenschaft Schritt für Schritt neues Terrain zu gewinnen" de Bary die Entwicklungsstufen der niederen Pilze verfolgte. „Wie bei den Algen lässt es sich auch hier noch nicht absehen, zu welchen Resultaten schliesslich die Untersuchungen führen werden" (1875). Also zunächst voraussetzungslos (auch in der Ethnologie).

**) Für den Schutz der Nationalität, wenn diese erwacht, im Bewusstsein des staatlichen Gemeinwesens, auf der Vestalinnen Frage: „Vigilasne rex? Vigila!" und Vigila Mars (vigila, Hennil, vigila, der Vandalen), indem „is qui belli susceperat curam" die Schilder bewegt und die Speere schüttelt, im Tempel der Regia bei drohender Gefahr. Die Dhari oder Jangar (in Bombay) „sing early in the morning, and awaken the Rajah, the god and the Brahmans" (s. Sherring). Im Gebet auf dem Morai wird zuerst Roo erweckt (Gott des Morgens), dann Tane, Tau, Tuaratai u. s. w. (in Nukahiva).

der Fijier gebärendem) Mond, das Sinnbild des Fortlebens bei
Eskimo und Hottentotten, die „dem Mond, als ihrem sichtbaren
Gott Ehre anthun" und „in Betrachtung ihres Eyffer's, den sie
darbey spühren lassen, viele Millionen Christen beschämen", sagt
Magister Peter Kolb. Und so der Reden gar viele.

Als manche der im Vorgegangenen behandelten Gesichtspunkte zusam-
menfassend, folgt hier ein am Geographentage*) Berlin's gehaltener Vortrag:

*) Die hiermit eingeleiteten Versammlungen gehen auf das Stiftungsfest
der Gesellschaft für Erdkunde zurück, wo die Erweiterung des in der afrikanischen Gesellschaft geschlossenen Vereines zu einer allgemein geographischen
in Anregung kam in einer (an das in der Eröffnungsrede entrollte Bild der
Zeitgeschichte aus 50jährigem Bestande angeschlossenen) Ansprache:

„Wir stehen hier (wie es von unserem Vorsitzenden ausgeführt), innerhalb einer naturgemäss organischen Entwickelung, die im Kleinen nur, im
engeren Maassstab gewissermaassen, dasjenige reflectirt, was in grossen und
mächtigen Umrissen, in deutlich lesbaren Schriftzügen an dem Gesichtskreis
unserer Gegenwart abgezeichnet steht.

Diese Gegenwart, in der uns so manche der von altersher lieb gewordenen
Ideale verloren gegangen sind, sie hat uns dagegen mit einer neuen Hoffnung
beschenkt, hat eine Hoffnung eröffnet, schöner und dauernderer, als je eine
andere: mit der grossen Zukunft, die sich unserm Volke zu eröffnen beginnt.

Wunderbar drängt es zu Blüthen ringsum in der Fülle der Zeit, denn wie
in allen Schöpfungen der Natur walten ewig' unabänderliche Gesetze auch in
der Geschichte, in der wir leben, weben und sind, — in jener Geschichte, die,
wenn die Zeit der Reife gekommen ist, die langverheissenen Männer der That,
die in dankbaren Huldigungen verehrten Heroen der Mitwelt, ins Dasein ruft,
und in ihren unsterblichen Namen das bisher umdüsternde Gewölk in strahlenden
Leitungssternen durchbricht.

Als jener glänzende Morgen tagte, als der sehnlichst begrüsste Hoffnungs-
schein nationaler Einigung an dem Horizonte unseres Volkes heraufzog, als wir
geeinigt standen, ein Volk der Brüder, da verbrüderten sich auch die geographischen Vereine Deutschlands und aus der früheren Zersplitterung wuchs
eine gemeinsame Gesellschaft hervor. Diese Eine und gemeinsame Gesellschaft,
die Frucht des geeinigten Vaterlandes, sie tragen fortan den Namen einer
geographischen Gesellschaft Deutschlands. So vereinigt werden wir dann im
internationalen Verbande wirken, zusammen unter den grossen Gesellschaften
Europas, denen Frankreichs, Englands, Russlands und den neuerdings hinzu-
getretenen von den verschiedenen Ländern".

Von dem, was die demgemäss Versammelten zu pflanzen suchten, zeigen
sich jetzt erst Sprossen, die vielleicht noch zu ihrer vollen Tragweite auswachsen
werden, um auf der allgemein umfassenden Grundlage der Geographie dann im
Besondern auch der Ethnologie zu Gute zu kommen, gefördert durch derartige
Organisationen, wie sie Leibnitz' umfassender Blick für die vergleichende Lin-
guistik vorbereitete, (die wichtigste Hülfswissenschaft der Ethnologie). Hierfür
wird der erste Neubau eines Museums für Ethnologie den natürlichen Mittelpunkt
bieten. Zunächst war die Energie zu concentriren auf die Ausentdeckung des
noch völlig Unbekannten (wie in Afrika), zur Einordnung; dann ist der allgemeine Ueberblick zu fördern.

Meine Herren! Wenn ich Sie um kurzes Gehör bitte für die Ethnologie und deren Aufgabe, so handelt es sich, wie kaum erwähnt zu werden braucht, um jene neue Wissenschaft, die über uns gekommen ist, wie ein Dieb in der Nacht, vor deren plötzlichen, fast unvermittelten Ueberraschungen, wir fragend verwundert stehen, in der wir sie zu erkennen glauben, die-lang Verheissene, die lang Gesuchte: die Wissenschaft von Menschen.

Vor 10 oder 20 Jahren noch kaum bekannt und wenig genannt, hat sich die Ethnologie, — eng ihrer Schwester vereint, der Anthropologie, — mit einem Schlage zu einer der populärsten Wissenschaften gestaltet, getragen von der allgemein geographischen Zeitströmung, die wir von unserem Vorsitzenden ausgeführt hörten. Im Jahre 1869 wurde die erste Gesellschaft für Anthropologie und Ethnologie auf deutschem Boden gegründet, jetzt bestehen Dutzende von Vereinen, in stets wachsender Zahl, damals kaum eine Sammlung, die mit Berechtigung den Namen einer ethnologischen hätte beanspruchen können; jetzt bilden und mehren sich Sammlungen ringsumher, erheben sich selbst bereits Museen, der neuen Wissenschaft geweiht. Wo der Zeitgeist mit so durchschallenden Schlagworten redet, so laut und deutlich das ausspricht was er will, würde es Anmaassung scheinen, in einem Commentar mitreden zu wollen. Es lässt sich nur sagen: die Zeit verlangt die Ethnologie, organisch ist sie herangereift in jahrhundertjährigen Vorstadien, jetzt aufgebrochen aus schwellenden Knospen, jetzt ist sie da, steht sie vor uns mit ihren Fragen; uns liegt es ob, die Antworten dafür zu finden.

Es könnte Wunder nehmen, jetzt erst von einer Wissenschaft des Menschen zu sprechen, von ihr, als einer neuen. Wunder, dass der Mensch, der die ganze Natur durchforscht, der sorgsam Steine, Pflanzen und Thiere studirt, sich selbst vergessen haben sollte. Und doch, so ist's, meine Herren, so ist es hier, wie mit dem Ei des Columbus: Es versteht sich von selbst, sobald vom richtigen Ende angesehen. Ehe ein Studium beginnen kann, muss ihm selbstverständlich sein Gegenstand zur Hand sein, denn aus Nichts kommt Nichts, und zum Bauen bedarf es des Materiales, da uns gegenwärtig Luftschlösser aus Gedankenbildungen gewebt, für unsere materialistischer gesättigten Ansprüche nicht mehr genügend substanziell gelten. Die Menschenkunde unserer Tage verlangte also zunächst den Menschen, wie er leibt und lebt, nicht zufrieden länger mit den Menschenschemen, wie in Gedankenschildereien gemalt. So lange der beschränkte Orbis terrarum den Gesichtskreis abschloss, sah man wohl Völker vor sich, Theile des Menschen, aber der Ausblick in die Menschenwelt konnte sich erst eröffnen, als die kühnen Entdecker das Meer des Nebels und des Dunkels durchbrachen, als die Seefahrten den Globus abrundeten und uns nun von allen Seiten desselben der Mensch entgegentrat in seiner Gesammtheit. Damit war indess erst eine erste Möglichkeit für Entstehung der Ethnologie gegeben, und bei dem vielen Neuen, das gleichzeitig einstürzte, hatte noch geraume Zeit zu vergehen, bis sich die Aufmerksamkeit unter den verschiedenartigen Beobachtungsobjecten auf den Menschen als solchen zu concentriren vermochte. Solch' thatsächlich reale Auseröffnung eines Terrain für das Arbeitsfeld war immerhin erste Vorbedingung, und daran anknüpfend lässt sich sagen, dass es drei kritische Revolutionsstadien unserer Culturgeschichte sind, aus denen, da in ihnen die Wurzeln der organischen Entwicklung eingebettet liegen, die Ethnologie jetzt in ihrer Reife hervorgetreten ist.

Zuerst, wie eben genannt, diese geographische Umgestaltung, die in Verbindung mit der astronomischen, das gäocentrische System in ein heliocentrisches verwandelte, den gesammten Globus in der ganzen Weite seiner Ausdehnung aufschliessend, und dadurch von allen Seiten sich mehrendes Material für eine neue Weltanschauung herbeiführte. Dann, als naturgemäss daraus folgend, die inductive Reform, die in dem dogmatischen Scholasticismus keine Befriedigung weiter findend, sich der realistischen Auffassung zuwandte, und weiterhin die sozialen Bestrebungen unserer Zeit, um die Wohlfahrt des Einzelnen als Ziel der Gesellschaft, und die Wohlfahrt der Gesellschaft im gemeinsamen Verbande der Einzelnen, auf die naturgemässe Lehren vom menschlichen Dasein zu gründen, unter Betrachtung des Menschen als Gesellschaftswesen (dem genetischen Princip gemäss: aus dem Werden erklärt und verstanden). Die Erfolge unserer naturwissenschaftlichen Weltanschauung sind vor Allem der Inductions-Methode zuzuschreiben. Nachdem dieselbe ihre Siegesbahn betreten, die sie im allmähligen Fortschritt vom Anorganischen zum Organischen geführt, — als sie in der Biologie auch die Physiologie bemeistert, da liess sich voraussehen, dass sie nicht beim Körperlichen stehen bleiben würde. An die Grenze der Physiologie gelangt, fand sie sich der Philosophie gegenübergestellt, und dort entbrannte jetzt der Streit um die Psychologie. Sollte sie fernerhin den Naturwissenschaften angehören, sollte sie, wie früher, eine metaphysische Wissenschaft bleiben? Diese Frage, meine Herren, ist von den Philosophen selbst zuerst gestellt. Sie wissen, es war Beneke der die Psychologie als Naturwissenschaft auszubilden dachte. Ihm ist darin Waitz gefolgt in seiner „Psychologie als Naturwissenschaft“, und in ähnlicher Weise sind die Arbeiten angelegt von Fries,

Apelt u. A. m. Sie alle strebten in gleichem Sinne, sie fühlten den Zug der Zeit, dass die Psychologie ebenfalls eine Naturwissenschaft werden müsste. Der Grund, dass sie gescheitert sind, lag eben daran, dass ihnen das fehlte, was eine Inductionswissenschaft als unumgänglicher Vorbedingung bedarf, es fehlte Ihnen das Material. Beneke dachte dies in Selbstbeobachtungen zu finden, obwohl schon Kant auf die darin liegende Täuschung hingedeutet hatte; daneben könnte man dann zurückgehen auf die Seele in der Psychiatrie, auf pathologische Abweichungen, auf die Entwickelungsstufen der Kindes-Seele, und auf die Thierseele auch mochten vorsichtige Seitenblicke geworfen werden, — aber Alles das war ein beschränktes Feld. Sobald nun dagegen einmal die Ueberzeugung zum Durchbruch gekommen war, dass es sich zunächst überhaupt gar nicht um den Gedanken des Einzelnen handele, sondern um den Völkergedanken, um den Gedanken der Gesellschaft, da plötzlich lag das Material massenhaft da, in Hülle und Fülle. Es strömte sogar in solchen Fluthen zu, dass wir uns gewissermaassen eines „embarras de richesse" zu erwehren hatten.

Für die Ethnologie ist der Mensch nicht mehr der individuelle Anthropos, sondern jenes Zoon politikon, das den Gesellschaftszustand als nothwendige Vorbedingung seiner Existenz fordert. Das Primäre ist also der Völkergedanke, innerhalb welches sich der Einzelgedanke, als integrirender Theil, seinen Verhältnisswerthen nach wird fixiren lassen, und im Völkergedanken reflectirt sich die ganze Welt geistiger Schöpfung, an den ethnischen Horizont projicirt.

Diese ist dann allerdings, bei den Einzel-Individuen wieder, für die Entwicklung zurückzuführen, in der Physiologie, auf den körperlichen Habitus, als dem (auch im Psychischen gespiegelten) Abdruck des Milieu oder der Monde ambiante, und damit auf die Anthropologie, die fest gesicherte Stütze der Ethnologie, ohne welche dieselbe

Gefahr liefe, sich in schwankende Phantom-Welten zu verlieren.

Und dieser Gesellschaftsgedanke nun wird uns die
geistigen Schöpfungen, die psychischen Thaten des Mensch-
heitsgeistes vorführen, in den religiösen Vorstellungen, in
den Grundideen rechtlicher Institutionen und in allen Bedingungen des socialen Lebens, wie es sich bald in weit-
greifenden Ergebnissen fühlbar machen muss, — denn welche
Wissenschaft könnte es für den Menschen geben, ohne sich
in der einen oder andern Weise mit der Wissenschaft von
dem Menschen zu berühren?

Die weiten und grossen Horizonte, wie sie unsere kosmo-
politische Weltstellung verlangt, jene geographische Erweiterung des Gesichtskreises, wie schon häufig von Klarer-
schauenden und Weiterblickenden zum Schaden unserer
gesellschaftlichen Wohlfahrt bedauernd vermisst, sie werden
durch die Ethnologie, die dem Menschen nächstliegende
Popularisirung der Geographie, am naturgemässesten herbeigeführt, und zum Besten des Kaufmann, Fabrikanten, Diplomaten, Gelehrten realisirt werden, um aus der früher, so zu
sagen, mit Brettern vernagelten Welt continentaler Klein-
staaterei den Ausblick in das Universum aufzuöffnen.

Die Ethnologie gehört dadurch jener Zeitströmung an,
die von der rein philosophisch-,logischen Bildung einer
realistischeren Unterrichtsform zustrebt.

Nicht allerdings, wie es manchmal in vielleicht wohl-
gemeintem Eifer geschieht, darf des Classischen hohe Bedeutung irgendwie geschmälert werden, und am Wenigsten
würde dies der Ethnologie anstehen, die so oft Gelegenheit
hat, für eigene Controle ihrer, weil allzu jung, noch unstäten
Principien, auf die sorgsamen Detailarbeiten classischer Literatur zurückzukommen und die schwerwiegende Verdichtung
der beiden kleinen Halbinseln abzuschätzen, die so diminutiv
sie extensiv erscheinen mögen, dennoch durch ihre Intensivität
das Uebrige gleichwiegen und in Schatten stellen. In ihnen,

den nächsten Vorläufern der eigenen Civilisation, wird jetzt, wie früher die maassgebende Unterlage derselben zu gewinnen sein, und auf ihrem, in minutiösen Gliederungen wohnlich eingerichteten, Terrain wird gerne stets die Ethnologie einkehren, wenn ermüdet, über die unabsehbaren Weiten eigenen Gebietes formlos verschwimmenden Anschauungen zu folgen, oder wenn etwa befähigt, in Erklärung bisher unverstandener Archaismen, kleine Gegengeschenke darzubringen.

Neben solchem, aus engsten Focus strömenden, Intensitätsglanz verlangt dann freilich räumliche Extensität, bei statistischen Aufstellungen und Reihen (wie für die Induction) ebenfalls ihre Berücksichtigung, und wie sehr die sogenannte Weltgeschichte im Vergleich zu den der Ethnologie zugefallenen Territorien zusammenschrumpfen würde, braucht nicht hervorgehoben zu werden, weil geographisch Ihnen, als Geographen, vor Augen liegend. Und in genetischer Inductionsforschung besitzt ausserdem das Kleinste auch, seine ihm voll zu gewährende Wichtigkeit, oft im speciellen Fall eine grössere, als das Grosse.

Dies führt zur Betonung der wissenschaftlichen Bedeutung der Ethnologie, in Einführung des genetischen Princips in die Menschheitsgeschichte.

Aus dem Werden verstehen wir das Sein, als Gewordenes, so auch im Studium des Menschen, um im Rückgang auf erste Anfangszustände den organischen Wachsthumsprocess des Geistes in seinen Elementargesetzen zu enthüllen, und damit gleichsam der Menschenkunde denjenigen Dienst zu erweisen, durch welchen neuerdings mit dem Studium der Kryptogamen die Pflanzenkunde für eine wissenschaftliche Botanik umgestaltet ist.

In den Culturvölkern stehen uns die vollendetsten Schöpfungen der Natur vor Augen, in Pracht und Herrlichkeit, wie die duftenden Blumen in Schmuckgärten prangend, von erprobter Nutzbarkeit, gleich den Früchten des Landwirths. Die Blumen, sie waren von jeher besungen von

Dichtern, die Früchte von Landwirthen gepflegt, aber dann erst, als die Zellentheorie zum ernstlichen Studium der bisher verachteten und vernachlässigten Kryptogamen führte, hat man in ihnen das Entwicklungsgesetz erkannt, das es uns jetzt in der Pflanzenphysiologie ermöglicht, auch die complicirten Gebilde mit dem Auge begreifenden Verständnisses zu durchschauen. Wie nun, nachdem wir das Zellleben in durchsichtigen Zoophyten verfolgt, sich daraus für die Agricultur sowohl (in Vorbeugung parasitischer Zerstörungen), wie für die Medicin (in pathologischer Anatomie) allerlei Anhaltpunkte ergeben mögen, so aus dem Begriff des Gesellschaftsorganismus im einfachen Naturstamm Aufklärungen für den eigenen auf höheren Stufengraden.

Wir haben uns somit der Beobachtung der Naturvölker zuzuwenden, einem systematischen Studium derselben, um zunächst in diesen einfachen Organismen die Grundgedanken aller derjenigen Formen zu erkennen, die den Organismus der Gesellschaft überall zusammenzusetzen haben, ob im Grossen, ob im Kleinen. Der Vortheil liegt eben darin, dass, indem wir hinabblicken zu diesen engen Gesellschaftsgestaltungen, wir dort mit einem Blick, in nuce so zu sagen, das überschauen, was, wenn wir es bei den Culturvölkern suchen, in unendlichen Entfernungen auseinanderliegt, zeitlich und räumlich zerstreut ist, so dass Verirrung nahe droht auf durchkreuzenden Nebenwegen, und Verwirrung gar manche und böse, von zufälligen Ornamenten über den Kernpunkt der Fragen getäuscht. Sobald es uns gelungen, in den Natur völkern den Gang der Entwicklung zu durch schauen, haben wir dann gewissermaassen einen Schlüssel gewonnen, um mit seiner Hülfe auch die complicirteren Gestaltungen höherer Gebilde aufzuschliessen.

Darin liegt die Bedeutung der Naturvölker für die Ethnologie, die Zeitanforderung ihres Studiums, ihres eingehenden Verständnisses zum Besten höherer Cultur, und dieser Aufgabe kann um so besser Rechnung getragen werden, weil es sich um nichts anders, als verachtete Naturvölker handelt, noch bis vor Kurzem mit Füssen getreten, wo es sein konnte, wie niedere Moose und Flechten. Wir mögen sie also unbehindert analysiren, zerreissen, zerzausen, wir können sie, ohne weiteren Einspruch, in ihren psychischen Schöpfungen vivisecciren,—wogegen wir uns den, Bewunderung weckenden, Idealen der Culturvölker nur mit gewisser Scheu und Ehrfurcht nahen werden, wodurch das Secir-Messer mitunter vor allzu scharfem Einschnitt zurückschreckt.

Bei den Naturvölkern liegen keine derartigen Bedenken vor, wir verflüchtigen sie unbekümmert im Schmelztiegel, bis wir die Spannungsreihe der Elementargedanken klar und reingesäubert vor uns liegen haben.

Diese Primärgedanken zu gewinnen, das ist die erste und Hauptaufgabe der Ethnologie, und bei ihren Materialansammlungen hat sie zunächst der voraussetzungslos vergleichenden Methode der Annäherungen zu folgen, ohne sich durch vorgefasste Theorien die Aussicht einzuengen. Bei richtiger Rechnungsmethode müssen sich im harmonisch regulirten Naturganzen die Resultate von selbst ergeben, sobald wir der Gedanken-Elemente sicher sind.

Als mit Beginn ernstlicher Forschung in der Ethnologie das darin angesammelte Material sich zu mehren begann, als es wuchs und wuchs, wurde die Aufmerksamkeit bald gefesselt durch die Gleichartigkeit und Uebereinstimmung der Vorstellungen, wie sie aus den verschiedensten Gegenden sich miteinander deckten, unter ihren localen Variationen. Früher war man durch solche manchmal bei oberflächlicher Betrachtung getäuscht worden, mit näheren Eindringen liess sich bald jedoch die nur local bedingte Färbung von dem überall gleichartig darunter waltenden Gesetze scheiden. Anfangs war man noch geneigt, wenn frappirt, vom Zufall zu sprechen, aber ein stets wiederholter Zufall negirt sich selbst (und obwohl Ausnahmen die Regel bestätigen mögen, würde Fortdauer der Ausnahmen sich als Regel befestigen). Dann wunderte man sich über die curiosen Sonderbarkeiten der Coincidenzen und bald war, wie immer, der „geheime Bautrieb" bereit, seine Hypothesen aufzustellen, in Uebertragungen und Künsteleien, monstruöse Völkerbeziehungen schürzend. Dies war der gefährlichste Feind für den gesunden Fortschritt der Ethnologie, besonders auf so schlüpfrigem Gebiet, wie das Psychische, und um ihm vor Allem entgegenzutreten, musste das Princip völliger Voraussetzungslosigkeit auf das Entschiedenste urgirt werden, vielleicht bis zum Excess hie und da, in Formlosigkeiten, die von der an wohlgeschulten Formen gewöhnten Kritik keine Billigung erwarten konnten. Indess lag hierin eine Lebensfrage für die neue Wissenschaft. Da wir ein völlig unbekannt fremdes Gebiet betraten, durfte die freie Umsicht nicht durch vorgefasste Theorien beschränkt werden, durfte vorläufig selbst kein bestimmtes Ziel vor Augen stehen, da eben die ersten Landmarken erst abzustecken, um zu erwarten, welche Resultate aus zunehmender Ansammlung der Thatsachen als gültige hervortreten würden. Jetzt in Folge des sich theilweis bereits erschöpfenden Materials haben leitende Gesetze sich von selbst zusammengeschlossen, und dürfen so, als nicht mit subjectiver Absicht, sondern rein objectiv (oft wider, oder doch ohne, eigenen Willen) gewonnen, auf naturgemässe Begründung Anspruch machen.

Von allen Seiten, aus allen Continenten tritt uns unter gleichartigen Bedingungen ein gleichartiger Menschengedanke entgegen, mit eiserner Nothwendigkeit, wie die Pflanze je nach den Phasen des Wachsthums Zellgänge oder Milchgefässe bildet, Blätter hervortreibt, Knospen ansetzt, Blüthen entfaltet. Allerdings ist unter klimatischen (oder localen) Variationen anders die Tanne des Nordens, anders die Palme der Tropen, aber in beiden schafft ein gleiches Wachsthumsgesetz, das sich für das pflanzliche Ganze auf wissenschaft-

liche Normen zurückführen lässt, und so finden wir den
Griechen unter seinem heiteren Himmel von einer anderen
Götterwelt geistiger Schöpfungen umgeben, als den Scandi-
naver an nebliger Küste, anders die Mythologie des Inder
in wunderbaren Gestaltungen des Urwald, um diesen zu
entsprechen, und so, über weite Meeresflächen treibend, die
des Polynesier. Ueberall aber, wenn den Ablenkungen durch
die auf der Oberfläche schillernden Localfärbungen wider-
stehend, gelangt ein schärferes Vordringen der Analyse zu
gleichartigen Grundvorstellungen, und diese in ihren primären Elementargedanken, unter dem Gange des einwohnenden Entwicklungsgesetzes, festzustellen, für die religiösen
ebensowohl, wie für die rechtlichen und ästhetischen Anschauungen, — also diese Erforschung der in den gesellschaftlichen Denkschöpfungen manifestirten Wachsthumsgesetze
des Menschengeistes: das, wie gesagt, bildet die Aufgaben
der Ethnologie, um mitzuhelfen bei der Begründung einer
Wissenschaft von Menschen. Sie hat die unsichtbare Welt,
die den jedesmalig ethnischen Horizont umzieht, zu reconstruiren, und da bei den Naturstämmen nicht auf das Rück-
bleiben dauernder Monumente, wie bei den günstiger ausgestat-
teten Culturvölkern gerechnet werden kann, da es sich in der
Mehrzahl der Fälle nur um Eintagsfliegen handelt, die
gehascht werden müssen, wie sie vorüberhuschen, ist keine
Zeit zu verlieren. Sind sie dahin gegangen, in Vernichtung
für immer, so klafft eine unausfüllbare Lücke und in ihr eine
bedenkliche Klippe für künftig erhoffbarer Erfolge, denn als
unerlässliche Vorbedingung ergiebt sich diejenige Vollständigkeit, wie sie für Richtigstellung der Rechnungen in statistischer Umschau von jeder Induction verlangt werden muss.

Sind Culturvölker allzu früh zu Grunde gegangen, so
bleibt die Aussicht, in späteren Ausgrabungen auf ihre
substanziellen Erzeugnisse zu kommen, und mit solchem
Material, was mangelhaft geblieben, ergänzend auszubauen;

das Naturvolk dagegen, als ephemeres Gebilde, lässt keine Spur, wenn einmal dahingeschwunden.

Wenn es uns im Laufe der Forschungen gelingen sollte, die Fäden genetischer Entwicklung in der transparenten Durchsichtigkeit der Naturstämme zu erspähen, um mit so erlangtem Zauberspruch das gesellschaftliche Leben der Geschichtsvölker, und demnach auch unser eigenes, zu Selbstbekenntnissen zu zwingen, so würden wir dadurch in den Stand gesetzt sein, den socialen Organismus in naturgemäss normaler Weise zu überwachen und vor pathologischen Abweichungen zu bewahren, wir würden in der objectiven Betrachtung dessen, was der jedesmalige Volksgeist in seinen Schöpfungen am geographisch-politischen Horizonte projicirt hat, das zu Grunde liegende, das zeugende, Gesetz verstehen, aus Entstandenem ein Entstehen, und in diesem Falle uns selbst, als Menschen (in der bereits durch alte Orakel geforderten Selbsterkenntniss).

Und jetzt gerade, wo uns im Contact mit den ethnischen Welten, das Bewusstsein, oder doch die Ahnung, auftaucht der Offenbarungen, die hier zu erwarten stehen, da bricht, mit der Reibung des Contactes selbst, jene Feuersbrunst aus, die sie vor unsern Augen zerstört, die verheerend dahinrast durch alle Continente, durch Amerika, Afrika (Asien selbst hier und da), und unter modernder Gluth leider erloschen schon in der Weite des Stillen Oceans.

Und wir schauen gleichgültig zu, als ob uns das nichts anginge, — statt dass ein wilder Aufschrei des Entsetzens durch alle am Erbtheil der Civilisation Berechtigte hindurchstürmen sollte, wenn nicht zum Löschen, wo nicht mehr zu löschen ist, so doch zum Retten auffordernd, was sich beut, denn: was hier in wüthender Hast ausgetilgt wird, das sind der Menschheit geistige Güter, die uns gehören, uns und unseren Nachkommen, die wir diesen wenigstens zu bewahren die Pflicht haben,

12*

wenn wir sie etwa nicht selbst ausnutzen wollen , oder können.

Halbe Erdtheile, ganze Thesauren, angefüllt mit den in tausendjähriger Geistesarbeit aufgehäuften Schätzen, sie mag jetzt oft ein Tag mehr oder weniger zerstören*), versenken für immer in das Reich des Nichts.

Das sind keine Uebertreibungen, meine Herren. Die Erfahrungen neuerer Reisende, durch die eigenen letztlich wieder bestätigt, die Jammerberichte, die von allen Seiten einlaufen, sie machen schaudern, wer sich hineinzudenken die Mühe nicht scheut. Man fühlt, als ob ein schweres Vergehen auf Jedem laste, der wenn zum Bewusstsein dessen gelangt, was hier auf dem Spiele steht, unthätig zurückbleibt.

Jedem freilich steht es frei, sich Verantwortlichkeiten zu entziehen, die unbequem werden könnten. Aber genügt das

---

*) Eine brennendste Zeitfrage allerdings! Es brennt in allen Ecken und Enden der ethnologischen Welt, brennt hell, lichterloh, in vollster Brunst, es brennt ringsum, Gross Feuer! und Niemand regt eine Hand. Die Autopsien der von 1850 — 1880 periodisch wiederholten Reisen liefern die gewaltsam zwingendsten Ueberzeugungen des in schreckbar steigenden Progressionen fortschreitenden Verderbens. Wenn indess ihnen, als subjectiven Eindrücken nicht zu trauen, so sei auf die Acten des ältesten der ethnologischen Museen verwiesen, mit ihren Belegen in Zahlen und Thatsachen, die prophetische Rechenkunst erleichtern, auch dem nüchternsten Kopf, (ohne oratorische Ueberredungskünste). Wer hier zu widerlegen vermag, mich eines Besseren zu belehren, der ist willkommen, und um so freudiger sei ihm ein Dank, wenn befreiend von folternder Angst, über unausbleiblich verlorenen Documentenschätzen, die Heiligthümer der Menschheitsgeschichte, — verloren unwiederbringlich, auf immer, so lange der Erdplanet sich drehen wird (in diesmaliger Schöpfungskalpe wenigstens). An Ungläubigen oder Altersgläubigen wird es, wie immer, nicht fehlen, aber: „sie dreht sich doch", e pure si muove (auch nach meiner unmaassgeblichen Meinung) und: es brennt überall (für die Ethnologie und ihre Völkergedanken). Wunderbar überraschendste Entdeckungen ruhen im Schosse der Zukunft. Sie sind uns gewiss, wenn wir uns darum mühen wollen, sie sind verloren für immer, wenn jetzt im kritischen Moment des Wendepunktes die Gleichgültigkeit fortdauert.

Leben, als physische Tretmühle, aus der man sich je eher
je lieber befreite? Ist das Leben des Lebens werth, ohne jene
Ideale, die als aus dem Naturganzen entfaltet, ihre Anerkennung heischen.

Man spricht vielfach von einem Aussterben der Naturvölker. Nicht das physische Aussterben, soweit es vorkommt,
fällt ins Gewicht, weil ohnedem von dem allmächtigen Ge-
schichtsgang abhängig, der weder zu hemmen, noch abzuwenden ist. Aber das psychische Aussterben, — der Verlust
der ethnischen Originalitäten, ehe sie in Literatur und Museen
für das Studium gesichert sind, — solcher Verlust bedroht
unsere künftigen Inductionsrechnungen mit allerlei Fälschun-
gen, und könnte die Möglichkeit selbst einer Menschenwissen-
schaft in Frage stellen.

Damit dann aber auch die Möglichkeit eines Studiums
des Menschen nach inductiver Methode. Und ob deren
Hülfe, die angeboten scheint, allzu vornehm abzuweisen wäre?

Wir haben gar manches hinzugelernt im Laufe der
Jahrtausende, aber die grossen Geheimnisse des Daseins,
die Räthselfragen eigener Existenz, sie stehen noch vor uns
mit denselben Wunderfragen, wie sie unserer Urväter früheste
am frühen Schöpfungsmorgen angeblickt. So viel im Einzelnen
gelernt und gewonnen, der Kern des Mysterium bleibt un-
berührt, seine Lösung so fern, wie immer.

Und alle Wege, die einzuschlagen waren, sind versucht,
bald in philosophischer Meditation, der Askese ergeben, bald
in religiösem Glauben, voll Glaubensmuth, dann in forschender
Zersetzung der Materie wieder, auch in mystischer Versenkung, schwärmerischer Hingabe, fanatischer Verzweiflung,
— alle und jede sind durchwandert, und alle haben sich mehr
oder weniger als Irrwege ergeben, die uns im Kampf mit der
Materie zwar manch glänzenden Sieg gewährt, aber auf geisti-
gem Terrain, hänselnd und näselnd, stets auf den Fleck
zurückgeführt, von dem der Ausgang genommen, in den
Religionsphilosophien des Wesens nicht minder, wie Indien's

und China's, den classischen und den scholastischen Dialecti-
kern, und dem unbestimmten Sehnen des Volksglaubens
überall, in der fünf Continente Jedem.

Noch ein Versuch bleibt übrig, es ist der letzte, auch
der nächstliegende zugleich, doch ein bis dahin unausführ-
barer, weil erst mit der inductiven Wissenschaft vom Menschen
angebahnt, — der Versuch nämlich: uns an den Menschen
selbst zu wenden, ihm selbst die Antwort abzufragen. Und
wer sonst in der Natur könnte besser und berechtigter auf-
klären über das, was ihm am Nächsten liegt, als nächste
und eigene Interessen? Was wir hier suchen, wir werden
es finden, in objectiver Umschau über die Gesammtheit der
Völkergedanken, in einer Erschöpfung der Denkmöglichkeiten,
da damit das Denken an die irdisch erreichbaren Grenzen
seiner Fähigkeiten gelangt ist, und, innerhalb des so gezogenen
Horizontes, in der Harmonie des Kosmos auch die für seine
Schöpfungen harmonischen Gesetze zu finden haben wird.

Das Studium der Naturvölker wird unseren materiellen
Kenntnissen nichts Positives hinzufügen, und sonst der
fremden Culturen keine würde dies ebensowenig gewähren
können, selbst nicht die, in ihrem vollberechtigten Namen
bereits, classische, da die unsrige auf den jetzt naturwissenschaftlichen Unterbau sie alle weit überragt. Keines der
Völker der Erde vermag uns etwas zu lehren, wohl aber
können wir, wenn wir es wollen, von ihnen lernen, — lernen
die Entwickelung der Denkgesetze, aus deren Studium in
vorangegangenen Philosophien wir in den bisherigen Wachs-
thumsstadien unserer Civilisation bereits die kräftigste Nahrung gesogen. Dafür hat jetzt die Erweiterung zu einer
comparativen Wissenschaft einzutreten, mit den Hülfsmitteln
des genetischen Principes in der Induction.

Da es sich hier um organisches Leben handelt, würde
die Exhaustions-Methode der Denkmöglichkeiten zunächst alles
in irgend einer Form und irgendwo auf der Erde jemals
Gedachte zu registriren haben, und trotz der anfangs im

ungeordneten Wirrwar schreckbar erscheinenden Masse, reducirt sich das Ganze, wie jetzt bereits erkennbar, auf eine verhältnissmässig sehr geringe Zahl von Typen*). In jedem

*) Mit diesen Typen ist in der Seelenwelt (einer ethnischen Psychologie oder Anthropologie) das System herzustellen in seinen Ordnungen, Familien, Gattungen, wie in jeder anderen Naturwissenschaft mit deren Sammlungen (welche sich für schriftlose Völker auf die ethnologischen reduciren), und das Material kann hier, der Natur der Sache nach, natürlich aus der Natur nur, durch objective Beobachtung, erlangt werden. Indem nun die Museen dieses Material in alljährlich steigende Progressionen vor den Augen verschwinden sehen (unter dem unabänderlich nothwendigen Gang eiserner Naturgesetze in der Geschichte), auf der anderen Seite aber die Zahl der Concurrenten, die sich um die letzten (und mit weiterer Entfernung in der Originalität beständig verschlechterten) Reste streiten werden, zunehmend und (je mehr das Bewusstsein der hohen Culturfragen, die hier auf dem Spiele stehen, bei allen Nationen erwacht) zunehmender steigt, so sollte die Wahl, ob mit verhältnissmässig noch mässiger Summe gut und billig (soweit es nicht etwa jetzt bereits dafür vielfach zu spät ist) oder später schlecht und theuer, mit kolossalen Summen (wenn überhaupt noch Etwas dafür zu haben sein wird), zu kaufen, in verständiger Staatsökonomie nicht schwer fallen, und also: caveant consules, ne respublica detrimentum capiat (zunächst betreffs der eigenen, wofür betraut). Diese Verhältnisse sind so durchsichtig klar, dass sie Keinem, der sich zum Hineindenken geringste Mühe giebt, undeutlich bleiben können, sie basiren so sehr auf elementarsten Rechnungsoperationen, dass sich auch dem Ungeübtesten leicht das richtige Resultat ergiebt, ja sie sind, möchte man sagen, zu klar, so klar, um als transparent übersehen zu werden, weil man durch sie, als selbstverständliche, hindurchsieht. Dies geschieht stets, wenn wir, wie hier, mitten drinnen stehen in einer Entwicklungsperiode, in welcher wir während der eigenen Generation selbst erst hineingewachsen sind. Erst nachdem bestimmte Phasen abgelaufen sind, erkennt man beim Rückblick auf die Periode der Vergangenheit ihren Zusammenhang, dann aber auch zu spät die Verluste, welche durch frühere Vernachlässigung zum zweiten Male nicht gut zu machen sind. In der Ethnologie stehen wir augenblicklich an einem kritischen Wendepunkte, wir besitzen bereits aus kurzer Vorgeschichte genügende Belege, um zu verstehen, wie noch jetzt leitend einzugreifen, während wir, wenn uns diese letzte Handhabe entgeht, willenlos und widerstandslos werden fortgeschwemmt werden von den Fluthen der Zeit, die dann die ethnologische Welt für immer in die Nacht des Nichtsein begraben muss.

solchen Typus liegen dann die Keime, welche des Menschen
geistiger Natur gemäss unbegränzter Fortentwickelung fähig
sind, und hier würden wir eine Erschöpfung dann erreicht
haben, wenn die verschiedenen Formeln in den Möglichkeiten
arithmetischer oder geometrischer Progressionen, für solche
Fortentwickelung in infinitum, herausgerechnet sind.

Möge es uns gelingen, jetzt, in der elften Stunde noch,
die Materialien zu sichern: Die unter dem buntfarbig
verschiedenem Geschiller ethnischer Wandlungen in glänzenden Strahlenbüscheln emporgestiegenen Hoffnungssterne des
Menschengeistes, (ehe sie für immer in ewiger Nacht erloschen
sind) — möge es uns gelingen zum Heil unserer Aller, um,
mit Erkenntniss der physiologisch gesunden Wachsthumsgesetze, die im Ganzen, wie im Einzelnen fühlbaren Schäden
der Volksseele zu heilen, an denen sie stets gekrankt hat, in
einer oder andern Form, je nach dem Genius Epidemicus
der Epoche, wie die Geschichte es lehrt.

Wenn ich mir erlaubt habe, vor Ihnen, meine Herren,
diese wohlbekannten Sachen nochmals zur Sprache zu bringen, so geschah es in dem unruhigen Drängen, dass bei
der noththuenden Eile nichts versäumt werden darf, weshalb
ich auch diese Gelegenheit nicht vorübergehen lassen wollte,
ohne ein Scherflein wenigstens beizutragen, damit die ethnologische Zeitfrage baldigst die ihr schuldige Anerkennung
erhalte.

Die Probleme der mit der Ethnologie sich eng ergän-
zende Anthropologie sind ausser Betracht geblieben, weil mit
dem Gewicht voller Autorität von einem Freunde zu behandeln, dem sich auf Reisen zugleich die Berührungspunkte
boten.

A. W. Schado's Buchdruckerei (L. Schado) in Berlin, Stallschreiberstr. 45/46.